深圳职业技术学院学术著作出版资助项目

高职高专国家级示范性院校校企合作项目

机动车检验技术与设备

主　编　薛元飞

副主编　白云川　金　灵　杨晓松

主　审　于得水

西安电子科技大学出版社

内 容 简 介

　　本书对机动车检验技术和设备进行了全面、系统的研究和讲述。全书共 10 章，内容分别为机动车检验技术概述，发动机技术状况检验，机动车动力性能检验，机动车经济性能检验，机动车制动性能检验，机动车转向操纵性能检验，机动车排放污染物检验，机动车其他性能检验(如前照灯检验、喇叭声级检验、ABS 防抱死制动检验)，机动车系统总成与装置检验以及机动车检验检测机构等。

　　本书可作为广大汽车工程技术人员和机动车检测、维修人员的技术培训用书或参考用书，也可用作高职高专院校及应用型本科院校车辆工程、汽车运用工程、交通运输、汽车服务工程以及汽车检测与维修等专业的教材。

图书在版编目(CIP)数据

机动车检验技术与设备 / 薛元飞主编. —西安：西安电子科技大学出版社，2023.3
ISBN 978–7–5606–6665–5

Ⅰ. ①机…　Ⅱ. ①薛…　Ⅲ. ①机动车—检测　Ⅳ. ①U472.9

中国国家版本馆 CIP 数据核字(2023)第 036552 号

策　　划　李惠萍
责任编辑　李惠萍
出版发行　西安电子科技大学出版社(西安市太白南路 2 号)
电　　话　(029) 88202421　88201467　　　　邮　　编　710071
网　　址　www.xduph.com　　　　　电子邮箱　xdupfxb001@163.com
经　　销　新华书店
印刷单位　陕西天意印务有限责任公司
版　　次　2023 年 3 月第 1 版　　2023 年 3 月第 1 次印刷
开　　本　787 毫米×1092 毫米　1/16　印张 16
字　　数　377 千字
印　　数　1～2000 册
定　　价　42.00 元
ISBN　978–7–5606–6665–5 / U
XDUP 6967001–1
如有印装问题可调换

前　言

随着我国国民经济的快速发展和人们生活水平的日益提高，我国机动车的保有量在不断增加，机动车检验和维修行业也逐步繁荣发展壮大起来。机动车的性能直接关系到人们的行车安全和生产运输的效率。机动车检验是指利用各种现代的检测技术和检测设备，对机动车各项性能或技术状况进行检验，及时发现机动车的故障或者潜在的故障，并进行修理、维护。通过机动车的检验可以提高汽车的使用可靠性，避免交通事故，确保行车安全，确保人们的生命和财产安全。

本书以 GB 38900—2020《机动车安全技术检验项目和方法》中规定的检测项目为主线，系统地介绍了机动车的检验项目、检验方法、检验技术要求以及检验设备的结构与工作原理。本书在编写时参考了最新的国家和行业标准、法规，做到有法可依，有规可循。全书共 10 章，具体内容主要包括机动车检验技术概述，发动机技术状况检验，机动车动力性能检验，机动车经济性能检验，机动车制动性能检验，机动车转向操纵性能检验，机动车排放污染物检验，以及机动车其他性能检验(包括前照灯检验、喇叭声级检验、ABS 防抱死制动检验)，机动车系统、总成与装置检验，最后还详细介绍了机动车检验检测机构(包括机动车安全技术检测站、机动车环保检测站、机动车综合性能检测站与机动车检验检测机构认证)。**(注：本书中"检测"与"检验"两词有时含义相同，有时含义不同，故全书未完全统一)**

本书注重专业知识的前沿性和实用性，突出新标准和新技术。全书从机动车检验前的准备、检验技术要求、检验设备以及检验流程几个方面详细介绍了机动车检验方法，符合学生学习机动车检测方法的逻辑思维，具有较强的适用性；书中还介绍了目前检测站的常用检测设备的使用和维护方法，具有较强的实用性。书中既有检验原理、方法的介绍，又有检测结果分析，对从事汽车检测、维修相关专业的技术与科研人员具有很好的参考价值。

本书由薛元飞任主编，白云川、金灵、杨晓松任副主编，参加编写的还有陈成法、卢山、陈伟、毛琛元等，全书由于得水主审。编写过程中参阅了许多专家、同行的教材、著作，引用了相关技术标准；本书的出版还获得深圳职业技术学院学术著作出版基本资助，在此一并致谢。

　　因作者水平有限，书中疏漏难免，恳请读者对本书的内容和章节安排等提出宝贵意见，并对书中存在的错误及不当之处提出批评和修改建议，以便本书修订再版时完善。

编　者
2023 年 2 月

目　　录

第一章　机动车检验技术概述 1

第一节　机动车检验技术发展概况 1

一、机动车检验的概念 1

二、国外机动车检验的发展概况 2

三、国内机动车检验的发展概况 4

第二节　机动车检验维修相关标准法规 7

一、标准的分类 7

二、汽车检验维修标准体系 8

三、现行汽车检验维修标准 9

第三节　机动车术语 14

一、汽车 14

二、挂车 17

三、汽车列车 17

四、摩托车 18

五、拖拉机运输机组 19

六、轮式专用机械车 19

七、其他机动车 19

第四节　机动车安全技术检验项目与
　　　　检验要求 19

一、机动车安全技术检验项目 19

二、机动车安全技术检验要求 25

三、机动车检验监督要求 28

本章小结 29

复习思考题 29

第二章　发动机技术状况检验 30

第一节　发动机性能指标及功率检测 30

一、发动机性能指标 30

二、发动机功率检测 33

第二节　发动机密封性检测 34

一、气缸压缩压力检测 34

二、气缸漏气量(率)检测 38

三、曲轴箱窜气量检测 40

第三节　发动机起动系检测诊断 43

第四节　发动机润滑系检测诊断 45

一、机油压力检测 45

二、机油消耗量检测 46

三、润滑油品质检测 46

第五节　发动机电子控制系统故障
　　　　检测与诊断 51

一、发动机电子控制系统故障的
　　基本检查程序 51

二、发动机不能起动且无着车征兆 52

三、发动机冷车怠速不稳或易熄火 53

四、发动机上常见传感器故障检测 53

本章小结 62

复习思考题 63

第三章　机动车动力性能检验 64

第一节　动力性能评价指标和技术要求 64

一、动力性能评价指标 64

二、机动车动力性的影响因素 65

第二节　汽车底盘测功机 65

一、底盘测功机的功能 66

二、底盘测功机的结构 66

三、底盘测功机的工作原理 68

第三节　动力性能台试检验方法 69

一、检验前的准备 69

二、驱动轮输出功率检验方法 69

三、驱动轮轮边稳定车速检验 75

四、检测结果分析 77

第四节　动力性能路试检验方法 77

一、检验条件 77

二、检验仪器 78

三、检验方法 80

本章小结 87

复习思考题 88

第四章　机动车经济性能检验 89

　第一节　燃料经济性评价指标及要求 89

　　一、评价指标 89

　　二、汽车燃料消耗量标识 89

　　三、燃料经济性标准限值 91

　第二节　油耗仪 95

　　一、容积式油耗仪 95

　　二、质量式油耗仪 96

　　三、碳平衡油耗仪 97

　第三节　经济性能台试检验方法 98

　　一、碳平衡法燃料消耗量检测 98

　　二、道路运输车辆燃料消耗量检测 103

　第四节　经济性能路试检验方法 104

　　一、检验前的准备 104

　　二、检验方法 105

　　三、试验结果的重复性检验和
　　　　置信区间 106

　　四、检验结果分析 107

　本章小结 110

　复习思考题 110

第五章　机动车制动性能检验 111

　第一节　制动性能评价指标及要求 111

　　一、制动性能的评价指标 111

　　二、提高制动性能的措施 114

　第二节　制动性能检验设备 115

　　一、滚筒反力式制动检验台 115

　　二、平板式制动检验台 116

　　三、轴重检测台 118

　　四、制动性能测试仪 118

　第三节　制动性能台试检验方法 119

　　一、滚筒反力式制动检验台
　　　　检验方法 119

　　二、平板式制动检验台检验方法 119

　　三、台式制动检验标准限值 120

　　四、检验结果分析 121

　第四节　制动性能路试检验方法 123

　　一、路试行车制动性能检验方法 123

　　二、路试驻车制动性能检验方法 123

　　三、路试制动检验标准限值 123

　本章小结 125

　复习思考题 126

第六章　机动车转向操纵性能检验 127

　第一节　转向盘自由转动量检验 127

　　一、转向盘自由转动量的评价指标 127

　　二、转向力角测量仪 128

　　三、转向盘最大自由转动量的检验 129

　第二节　转向轮横向侧滑量检测 131

　　一、转向轮横向侧滑量检测要求 131

　　二、侧滑检验台 132

　　三、转向轮横向侧滑检验方法 135

　　四、检测结果分析 136

　第三节　机动车悬架特性检验 136

　　一、机动车悬架特性评价指标和
　　　　要求 136

　　二、悬架特性检验台 137

　　三、悬架特性检验方法 141

　第四节　车轮动平衡检验 142

　　一、车轮不平衡的检验标准限值
　　　　要求 142

　　二、车轮平衡机 144

　　三、车轮不平衡量的检测方法 145

　本章小结 147

　复习思考题 148

第七章　机动车排放污染物检验 149

　第一节　机动车排放污染物的种类和
　　　　限值要求 149

　　一、机动车排放污染物的种类与
　　　　危害 149

　　二、机动车环保检验项目 150

　　三、机动车环保检测的限值要求 158

　第二节　机动车排放污染物的
　　　　检验设备 162

　　一、排气分析仪 162

　二、不透光烟度计 ……………… 164
第三节　汽油车排放污染物的
　　　　检验方法 …………………… 166
　一、汽油车双怠速污染物的
　　　检测程序 …………………… 166
　二、汽油车稳态工况(ASM)
　　　检测方法 …………………… 167
　三、汽油车瞬态工况检测方法 …… 169
　四、简易瞬态工况法 …………… 173
　五、燃油蒸发排放控制系统检验 … 175
　六、检验结果分析 ……………… 176
第四节　柴油车排放污染物的
　　　　检验方法 …………………… 177
　一、无负载检测方法 …………… 177
　二、加载减速工况法 …………… 178
　三、林格曼烟度法 ……………… 179
　四、检验结果分析 ……………… 181
　本章小结 ………………………… 182
　复习思考题 ……………………… 182
第八章　机动车其他性能检验 …… 183
第一节　机动车前照灯检验 ………… 183
　一、机动车前照灯检验的限值要求 … 183
　二、汽车前照灯的检测设备 …… 185
　三、检验方法 …………………… 187
第二节　喇叭声级检验 ……………… 188
　一、机动车喇叭声级的限值要求 … 188
　二、声级计 ……………………… 189
　三、喇叭声级的检验方法 ……… 191
　四、检验结果分析 ……………… 192
第三节　ABS 防抱死制动检验 ……… 192
　一、防抱死制动系统(ABS)的
　　　作用和组成 ………………… 192
　二、防抱死制动系统的常规检查 … 195
　三、防抱死制动系统自诊断 …… 195
　本章小结 ………………………… 198

　复习思考题 ……………………… 198
第九章　机动车系统、总成与装置检验 … 199
第一节　检验的项目 ……………… 199
第二节　机动车人工检验的
　　　　方法与要求 ……………… 201
　一、联网查询 …………………… 201
　二、车辆唯一性检查 …………… 201
　三、车辆特征参数检查 ………… 203
　四、车辆外观检查 ……………… 206
　五、安全装置检查 ……………… 212
　六、底盘动态检查 ……………… 216
　七、车辆底盘部件检查 ………… 217
　八、其他部件检查 ……………… 220
　本章小结 ………………………… 220
　复习思考题 ……………………… 221
第十章　机动车检验检测机构 …… 222
第一节　机动车安全技术检测站 …… 222
　一、安全技术检测站的职能 …… 222
　二、安全技术检验流程 ………… 223
　三、检测线的工艺布局 ………… 229
第二节　机动车环保检测站 ………… 230
　一、环保检测站职能 …………… 230
　二、环保检验流程 ……………… 230
　三、检测车间的工艺布局 ……… 232
第三节　机动车综合性能检测站 …… 233
　一、综合性能检测站职能 ……… 233
　二、综合性能检测流程及仪器设备 … 233
第四节　机动车检验检测机构认证 … 241
　一、管理要求 …………………… 241
　二、人员要求 …………………… 241
　三、场所要求 …………………… 245
　四、设备要求 …………………… 246
　本章小结 ………………………… 247
　复习思考题 ……………………… 247
参考文献 …………………………… 248

第一章　机动车检验技术概述

随着行驶里程的增加和使用时间的增长，机动车的技术性能会不断降低。机动车检验是在机动车不解体(或者仅拆卸个别零部件)的条件下，对机动车技术状况进行检验，确定机动车工作能力所进行的一切检验活动。机动车检验技术是对机动车的技术状况进行测试和检验的一门综合技术，它伴随着机动车技术的发展而发展。在机动车发展的早期，维修人员主要是通过"眼看""耳听""手摸"方式发现故障并有针对性地进行故障处理和修理的。随着科学技术的进步，汽车检测设备也逐步智能化。目前，人们能够依靠各种先进的、智能化的仪器设备对机动车进行不解体检测，检验结果可为判断车辆是继续使用还是进行维护、修理提供科学依据。

本章主要介绍机动车检验技术的发展概况、机动车检验维修相关标准法规、机动车术语以及机动车安全技术检验项目与检验要求。

第一节　机动车检验技术发展概况

GA 802—2019《道路交通管理　机动车类型》规定：机动车是由动力装置驱动或者牵引，上道路行驶的供人员乘用或者用于运送物品以及进行工程专项作业的轮式车辆，包括汽车及汽车列车、摩托车、轮式专用机械车、挂车、有轨电车、特型机动车和上道路行驶的拖拉机，不包括虽有动力装置但最大设计车速、整备质量、外廓尺寸等指标符合有关国家标准的残疾人机动轮椅车和电动自行车。机动车检验技术是对机动车的技术状况进行测试和检验的一门综合技术。下面将详细介绍国内外机动车检验技术的发展概况。

一、机动车检验的概念

机动车检验是指在机动车出厂、使用、维护和修理中对机动车的技术状况和工作能力进行测试和检验所进行的各项活动。机动车检验含有测量和检验双重含义。测量是指运用检测工具对被测机动车，在规定环境条件下，确定项目量值的过程；而检验是对机动车进行测量后，将实测指标值与相应的国家规定的标准值进行比较。目前国家已经颁布了一些标准法规，对机动车外观尺寸、结构、性能以及安全性能相关的指标进行了定性或者定量的规定，检验就是将实测值与这些定性或者定量的规定进行比较，通过比较判断，评价机动车相应的技术状况。

机动车在使用过程中，随着使用时间和行驶里程的增加，其零部件将不同程度地产生磨损、腐蚀、疲劳、变形以及老化等，车轮的技术状况将逐渐变差，动力性下降、经济性变差、安全性变低。如果能够利用机动车检验设备对机动车的技术状况进行检测，及时发现故障和潜在隐患，并采取相应措施，可以提高汽车的使用可靠性，避免交通事故，同时还可以充分发挥汽车的效能，减少维修费用。

机动车检验技术是伴随着机动车技术的发展而发展的。在机动车发展的早期，人们主要是凭借有经验的维修人员通过直观检测发现机动车的故障并进行有针对性的修理，这种直观检测就是指过去人们常讲的"眼看""耳听""手摸"方式。随着现代科学技术的进步，特别是计算机技术的进步，机动车检测技术得到了飞速发展。目前，人们能够依靠各种先进的、智能化的仪器设备对机动车进行不解体检测，而且安全、迅速、可靠。

二、国外机动车检验的发展概况

（一）国外机动车检验发展历程

从机动车检测、诊断技术与设备的发展过程来看，国外机动车检验大致经历了以下 4 个不同的发展阶段。

第一阶段：在 20 世纪 50 年代以前，国外就开发了以故障诊断和性能调试为主的单项检测技术和生产单项检测设备。20 世纪 60 年代初期就有美国的发动机分析仪、英国的发动机点火试验仪进入我国。这是国外早期发展的机动车检测设备和仪器检查的第一个阶段，即检测、诊断设备是以机械结构为主，单机人工操作。虽然检测、诊断设备和仪器结构较简单，测试精度也不高，但这已从过去的人工定性检查进化为设备、仪器的定量检测。从现场或路试发展为相关性台架的试验检测，不仅省时、省钱，而且在检测数据精度上也有了一个质的飞跃。

第二阶段：随着科技进步，国外机动车检测设备在自动化、精确化和综合化等方面有了新的发展，应用新技术，开拓新的检测领域，研制出许多新型检测设备和仪器，进入检测技术发展的第二个阶段。20 世纪 60 年代，国外大量开发出应用电子、光学以及理化与机械相结合的光机电、理化机电一体化的检测、诊断设备，并与单板机、单片机或微型计算机相结合，使检测、诊断设备首先走向单机自动化，例如非接触式速度计、前照灯检测仪、车轮定位仪和尾气分析仪等。20 世纪 70 年代以后，随着计算机技术的发展，出现了具有机动车检测诊断控制自动化、数据采集处理自动化、检测结果直接打印等功能的机动车性能检测仪和设备。

第三阶段：随着机动车技术的发展，机动车检测设备越来越智能化，机动车检测线更是朝着自动化、智能化和网络化方向发展。随着电子计算机应用技术的发展，机动车检测设备向智能化方面发展，出现了一些具有智能化功能的检测设备，它们能对设备本身和机动车技术状况进行检测，并能判断出故障发生的部位，引导维修人员迅速排除故障。如四轮定位检测系统和电控发动机综合检测仪等。20 世纪 80 年代，出现了集检测工艺、操作、数据采集和打印、存储与显示等功能于一体的系统软件，使机动车检测线实现了全自动化。这样不仅可以避免人为的判断错误，提高检测的精确性和检测速度，而且可以把受检车辆的技术状况储存在计算机中，既可作为车辆技术性能的档案资料备查，也可供处理交通事故时参考。

第四阶段：这一阶段是车载自诊断系统及机动车故障诊断专家系统阶段。车载自诊断系统一般是作为机动车结构的组成部分，利用安装在机动车内各个部位的传感器，将机动车的主要技术状况经常地、自动地向驾驶员显示。显示方式有声光信号，也有数字式图形信号。美国凯迪拉克轿车系列，日本丰田、本田轿车系列等均已先后采用了车载自诊断系统。随着车载自诊断系统和机动车故障诊断专家系统的进一步发展，会有更多的机动车性能参数在这些系统中被检测出来，甚至可能影响到目前广泛实行的机动车定期检查、审验制度的改变。

（二）国外机动车检验制度

1. 日本汽车检验制度

日本法律规定普通轿车新车第一次车检是购车登记后三年，以后每两年车检一次，其中，卡车、客车、特种车辆需要每年进行车检。车检的费用，包括检查费、手续费、保险费、车辆重量税以及更换零部件的费用等，根据不同车型、车身自重、排量等，验车费用不同，一般在 8 万到 18 万日元不等，相当于平均每年有 2500～5000 元人民币的车检费用。

日本有专门设置的检测场但数量不多，验车的工作基本会授权给一些大型汽车用品店，甚至在比较小的地区还会授权一些加油站来代理完成。

2. 美国汽车检验制度

美国每个州的汽车年检政策不一样。对于有年检要求的州来说，法律上会认为车主有义务来保障自己车辆的安全，并使路上的其他车辆、行人在安全度上有所提升。

大部分州要求汽车年检，汽车年检包括安全检查、尾气排放检测。汽车安全检查有半年一次、一年一次、两年一次甚至终身一次之分，但尾气排放检查基本都是两年一次。也有的州不要求汽车年检，比如阿拉斯加州等。

美国没有专门的检测机构，所有车辆年检工作基本都交由拿到授权的车行或修理厂、加油站来完成，整个验车的过程也相对简单。除了基本的汽车安全和排放检查，检测人员还会针对车辆出现故障的零部件告知车主并给出报价，一般在没有严重问题的情况下可以不用更换零部件。

除了汽车年检的步骤和要求外，年检的价格也是固定的，主要分为以下三档：重量超过 26 000 磅（1 公斤≈2.2046 磅）的卡车以及乘车人数超过 15 人的车，验车费用为 51 美元；家用车、房车为 16 美元；摩托车为 12 美元。

3. 欧洲汽车检验制度

欧洲很多国家的汽车检测制度依据 1996 年通过的欧盟交通立法执行，因此基本都是相同的，但在细节方面略有差别。根据欧盟的法律，所有成员国都要定期对车辆进行年检。欧洲大多数国家没有政府运营的检测机构，检测机构属私营企业，车主可自行选择检测机构。但检测机构对车辆的年检政策的执行是非常苛刻的，其中最为严谨的年检制度主要针对面包车（封闭货车）、卡车、拖车、出租车、救护车、教练车等，以上车型均为每年一次年检，年检内容主要包括汽车安全性和汽车尾气排放。

8 座以内的家用车购置新车四年后进行第一次年检,随后每两年进行一次年检。另外,欧洲还有专门的老爷车牌照,这类车同样为两年一检。在年检后,车检部门会发放车检标识,与其他国家地区不同的是,欧洲的车检贴被放置在车辆的牌照上,并且每年的标识颜色都不同,这样对于车辆的检查也就更醒目更方便了。

4. 大洋洲汽车检验制度

根据澳大利亚联邦法律,澳洲车检都要在官方授权的汽车修理厂完成,大致情况与美国和欧洲有些相似,但年检项目比较宽松,主要围绕汽车安全性来进行检测。对于卡车、大型客车或营运类车辆的检测项目则相对苛刻,甚至对轮胎的使用年限也有具体要求,以此来尽可能地避免因车辆自身问题所引发的交通事故。澳大利亚汽车年检的时间间隔也同样宽松,一般新车在 5 年内不用年检。新西兰的汽车年检项目同样也比较宽松,但在时间间隔上则要频繁得多,对于非营运类车辆,采取新车第一次三年一检,而后就变成每年一检。验车的费用这两个国家差不多,折合人民币在 150~200 元之间。

三、国内机动车检验的发展概况

(一) 我国机动车检验技术发展历程

我国从 20 世纪 60 年代开始研究汽车检验技术。为了满足汽车维修需要,由交通部(即中华人民共和国交通运输部,下同)主持进行了发动机汽缸漏气量检测仪、点火正时仪等较简单的检测仪器的研究与开发。

进入 20 世纪 70 年代,为了改变我国汽车维修落后的局面,汽车不解体检测技术及设备被列为国家科委的开发应用项目,我国的汽车检测技术也得到了较大的发展。由交通部主持研制开发了滚筒反力式汽车制动检验台、惯性式汽车制动检验台、发动机综合检测仪、汽车性能综合检验台(具有制动性检测、底盘测功、速度测试等功能)等。

20 世纪 80 年代,我国的汽车制造业和公路交通运输业发展迅猛,汽车保有量迅速增加,随之而来的交通安全和环境保护等社会问题,以及如何保证汽车运行快速、经济、灵活,并尽可能减轻环境污染等问题,逐渐被政府有关部门提到了议事日程。由交通部主持研制开发了汽车制动检验台、侧滑检验台、轴(轮)重仪、速度表检验台、前照灯检测仪、发动机综合性能检测仪、底盘测功机等。

在单台检测设备研制成功的基础上,为了保证汽车技术状况良好,加强在用汽车的技术管理,充分发挥检测设备的作用,交通部从 1980 年开始有计划地在全国公路运输和汽车管理系统(交通部当时负责汽车监理)筹建汽车检测站,检测内容以汽车安全性能检测为主。20 世纪 80 年代初,交通部在大连市建立了我国第一个汽车检测站,并从工艺上提出将各种单台检测设备安装联线,构成功能齐全的汽车检测线。继大连检测站之后,作为"六五"科技项目,交通部先后要求 10 多个省市自治区交通厅(局)筹建汽车检测站。

20 世纪 80 年代中期,汽车监理由公安部主管,公安部在交通部建设汽车检测站的基础上进行了推广和发展。在此基础上,由国家相关部委起草颁布实施了规范和约束汽车检测与汽车检测设备的国家标准:GB 7258—1987《机动车运行安全技术条件》和 GB 11798.1~11798.6—1989《汽车检测设备　检定技术条件》。

20世纪90年代至21世纪初，伴随着国民经济的高速增长和科学技术特别是计算机技术的突飞猛进，我国的汽车检验技术在标准化、科学化、智能化和网络化方面也取得了飞速的发展。尤其是在2010年以后，汽车检测行业有了重大的变革。2014年，国家发布了私家车6年内免于上线检测的通知。2015年，国家有关部门积极推广了检测数据实时上传、检测过程联网监控、远程线上审核、现场直接打印标志等车辆检测综合信息管理体系，实现了全国车辆检测信息的联网。2018年，国务院正式发布了"三检合一"的通知，实现了一次上线、三份报告、三检认可。

(二) 我国机动车检验分类

现在我国的机动车检验主要分布在以下几个领域，分别隶属于不同的国家管理部门。

1. 机动车安全技术检验

机动车安全环保检测的目的是在汽车不解体的情况下建立安全监控体系，确保车辆具有符合要求的外观容貌和良好的安全性能。汽车安全技术检测是根据《中华人民共和国道路交通安全法》《中华人民共和国道路交通安全法实施条例》等法规以及GB 38900—2020《机动车安全技术检验项目和方法》、GB 7258—2017《机动车运行安全技术条件》等技术标准，定期检测与车辆安全有关的项目，以保证汽车安全行驶。汽车安全技术检测主要负责在用汽车的检测，由公安部所属的交通警察部门负责，用于在用汽车的年审工作。

2. 机动车综合性能技术检验

机动车综合性能检测的目的是在汽车不解体的情况下，确定运行车辆的技术状况，查明故障部位及原因，对维修车辆实行质量监督，建立质量监控体系，确保车辆具有良好的安全性、可靠性、动力性、经济性以及排放性能。汽车综合性能检测是根据《中华人民共和国道路运输条例》《道路运输车辆技术管理规定》等法规以及GB 18565—2016《道路运输车辆综合性能和检验方法》等技术标准，对道路运输车辆进行的检测。汽车综合性能检测由交通部所属的运输管理部门负责，用于营运汽车的年审工作。

3. 机动车环保检验

机动车排放检测是根据《中华人民共和国大气污染防治法》等法规以及GB 18285—2018《汽油车污染物排放限值及测量方法(双怠速法及简易工况法)》、GB 3847—2018《柴油车污染物排放限值及测量方法(自由加速法及加载减速法)》等技术标准，对在用机动车的排放污染物进行检测，以确定其是否达标。排放检测业务指导由国务院生态环境主管部门负责。2018年颁布的排放法规规定的检测项目主要包括外观检验(含对污染控制装置的检查和环保信息随车清单核查)、车载诊断系统(OBD)检查以及排气污染物检测。

(三) 我国机动车检验技术的发展趋势

我国机动车检验技术应在汽车检验技术基础、检验设备智能化和检验管理网络化等方面进行研究和发展。

1. 机动车检验技术基础规范化

目前，我国的检测方法和限值标准大多采用发达国家的标准，而真正符合我国国情且被国际公认的检测方法和限值标准还太少。在我国汽车检测诊断技术的发展过程中，既要重视硬件技术，还要加强检测方法、限值标准等基础性技术的研究。随着检测手段的完善，与硬件相配套的检测技术软件的建设也应进一步完善。因此应重点开展检测技术的基础研究，其主要内容包括：

(1) 制定和完善汽车检测项目的检测方法和限值标准。如发动机排放、驱动轮输出功率，底盘传动系统功率损耗、滑行距离、加速时间和距离、悬架性能、可靠性等。

(2) 制定用于综合性能检测站大型检测设备的认证规则，以保证综合性能检测站履行其职责。

2. 机动车检验设备智能化、集成化、综合化

(1) 智能传感、微型计算机、单片机将成为诊断仪器的一个组成部分，虚拟仪器技术与嵌入式系统的广泛应用，使汽车检测诊断技术的自动化、智能化水平进一步提高。

(2) 信息科学中的时-频分析技术、机械系统中的磨屑光谱分析技术、红外热成像技术、机械振动、噪声分析技术、近似推理、模糊识别、机器学习、数据挖掘、知识发现应用于汽车智能诊断系统，为汽车故障分析开辟了新的途径，汽车故障诊断将向多参数综合方向发展。

(3) 汽车检验技术向集成化、综合化方向发展。大型汽车检测诊断设备将综合采用声、光、电等技术，进一步提高诊断系统的智能化、自动化水平；便携式检测诊断设备体积将更小、具有更加友好的人机界面，在统一的硬件平台下，采用更换软件模块的方法，实现更强大的功能。

3. 机动车检验管理网络化

目前，汽车检测站主要检测设备采用了计算机联网控制，但计算机测控方式千差万别，大多在汽车检测站内部实现了网络化。

随着技术和管理的进步，今后汽车检测将实现真正的网络化。从汽车检测站内部来讲，它是一个功能齐全、检测流程合理、管理严密、工作效率和专业化程度较高的局域网。通过内部局域网，可以完成汽车检测自动化、汽车维修、检测管理、检测数据统计查询、检测结果告示、检测财务管理等功能。检测站与检测站之间，通过广域网可做到信息资源共享、硬件资源共享、软件资源共享。在此基础上，将全国的汽车安全检测站、汽车综合性能检测站、汽车质量保证检测线和汽车修理厂用检测线联成一个全国范围的广域网，使上级汽车管理部门可以及时了解各地区不同行业汽车的技术状况。

4. 机动车远程故障诊断

利用 Internet 和各种通信网络，更多的汽车远程故障诊断与技术支援系统投入使用。人们可以通过网上查询法迅速获得需要的大量资料，可以热线咨询专家问题。当汽车有故障时，可以获得"故障诊断专家系统"的指导。通过网络技术，可以将传感器检测到的数据远程传输到计算中心进行处理，并可立即得到分析结果同时可将其反馈回现场指导汽车故障诊断。

总之，机动车检验技术将朝着技术更先进、设备更智能、标准更科学、检测网络更发达、检测数据更准确、检测流程更合理、检测管理更完善的方向发展。

第二节　机动车检验维修相关标准法规

一、标准的分类

(一) 标准的定义

标准是为了在一定范围内获得最佳秩序，经协商一致制定并由公认机构批准，共同使用和重复使用的一种规范性文件。标准宜以科学、技术和经验的综合成果为基础，以促进最佳的共同利益为目的。

(二) 标准的种类

1. 按适用范围区分

按照标准的适用范围，标准可以分为国家标准、行业标准、地方标准和企业标准。

国家标准权威性最高，行业标准不得与国家标准相抵触，地方标准不得与国家标准、行业标准相抵触。

1) 国家标准

国家标准是由国家制定的冠以中华人民共和国国家标准字样颁布的标准，在全国范围内执行，具有强制性和权威性。国家标准一般由行业部委提出，由国家标准化行政主管部门发布，国家标准一经发布，全国各个单位都要严格执行。国家标准的代号为"国标"，用汉语拼音的第一个字母"GB"表示。如 GB 38900—2020《机动车安全技术检验项目和方法》，其中 GB 表示国家标准，38900 表示编号，2020 表示发布年号。

2) 行业标准

行业标准由国家行业部门制定，公共安全行业标准代号为 GA，汽车行业标准代号为 QC，交通行业标准代号为 JT。如 JT 711—2016《营运客车燃油消耗量限值及测量方法》，其中 JT 表示行业标准，711 表示编号，2016 表示发布年号。

3) 地方标准

地方标准是由省、自治区、直辖市标准化行政主管部门制定和发布的，在本地区范围内统一使用的标准。

4) 企业标准

企业标准是由企业制定的标准，并报当地标准化行政主管部门或行业主管部门备案，在本企业范围内使用。为了提高产品质量，企业标准一般严于国家标准或行业标准。

2. 按标准性质区分

按照标准的性质，标准可以分为强制性标准和推荐性标准。

1) 强制性标准

强制性标准是国家为了保护社会利益和公众利益而制定的标准，它是政府实施管理的重要基础。安全、卫生、环境保护等方面的标准和法律、法规等，是必须执行的强制性标准。如 GB 7258—2017《机动车运行安全技术条件》便是强制性国家标准。我国汽车强制性标准如图 1-1 所示。

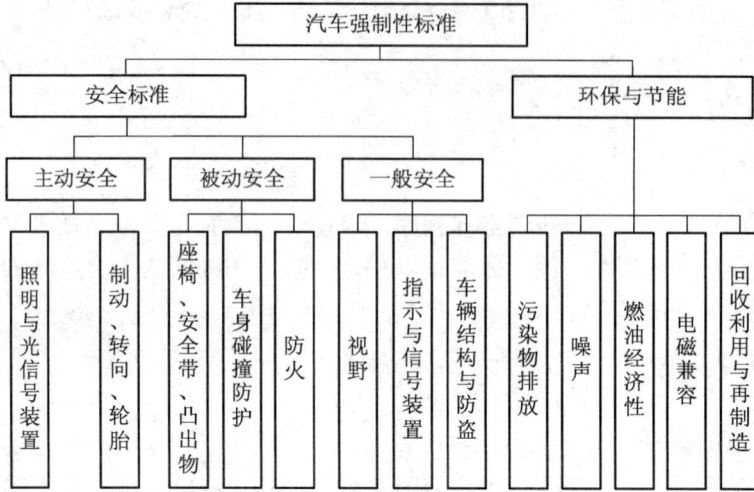

图 1-1　我国汽车强制性标准分类图

2）推荐性标准

凡是国家标准中带有"T"符号的，均为推荐性国家标准，"T"即为"推荐"的"推"字汉语拼音的缩写。如 GB/T 17993—2017《汽车综合性能检验机构能力的通用要求》。我国汽车推荐性标准分类如图 1-2 所示。

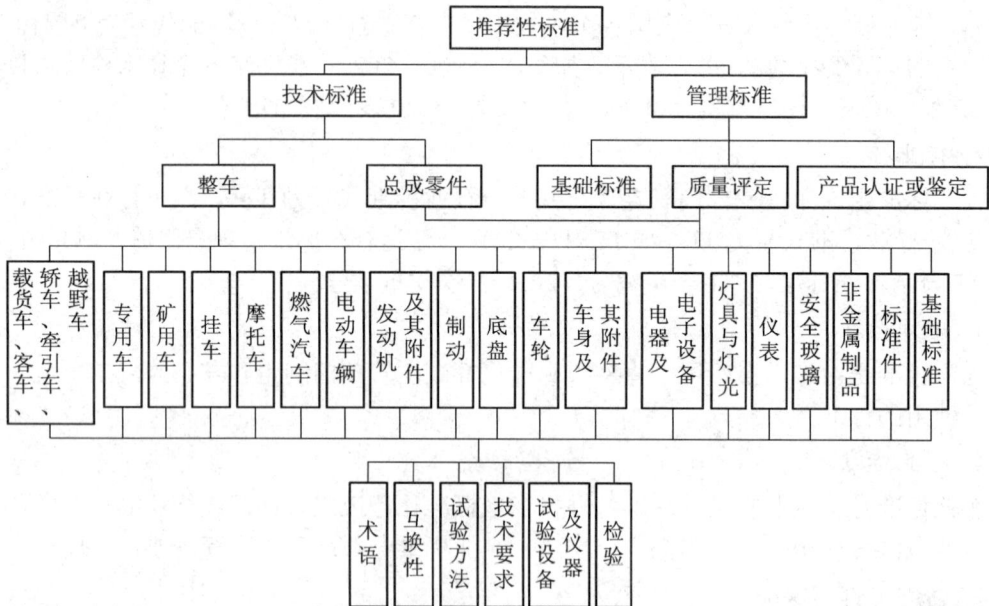

图 1-2　我国汽车推荐性标准分类图

二、汽车检验维修标准体系

标准化工作有利于保证和提高汽车维修服务质量，有利于提高汽车检测诊断维修设备的产品质量，是规范市场行为、提倡公平竞争、增强经济效益的重要手段，是推行科学管理、促进技术进步的有效途径，有利于更可靠、更经济地应用新技术、新工艺、新材料开发新产品，也有利于提高汽车使用水平，降低使用消耗，保证汽车的各项性能，减少汽车的环境污染。

汽车维修标准体系如图 1-3 所示。标准体系确定了汽车维修行业的标准体系，给出了汽车维修标准体系总结构图、标准明细表。标准明细表适用于我国汽车维修行业标准体系的建立和国家标准、行业标准规划、计划的编制和修订。

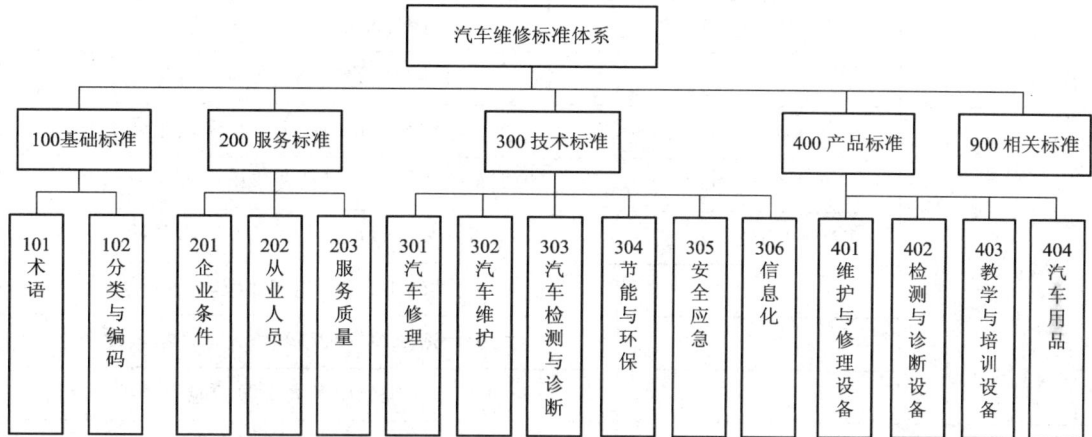

图 1-3 汽车维修标准体系结构

汽车维修标准体系分为五个层次：基础标准、服务标准、技术标准、产品标准和相关标准，基本上涵盖了汽车维修的基础、管理、维修工艺、检测方法、维修检测设备等各个分支领域，形成了较为完整的汽车维修标准体系。其第一层是基础标准，包括 101 术语、102 分类与编码等两方面基础通用性标准。其第二层是服务标准，包括 201 企业条件、202 从业人员、203 服务质量三个方面。其第三层是技术标准，包含 301 汽车修理、302 汽车维护、303 汽车检测与诊断、304 节能与环保、305 安全应急、306 信息化六个方面。其第四层是产品标准，包含 401 维护与修理设备、402 检测与诊断设备、403 教学与培训设备及 404 汽车用品四个方面。第五层为相关标准，是与汽车维修相关的标准，由其他相应的专业技术标委会归口管理。

三、现行汽车检验维修标准

根据汽车维修标准体系，现有汽车检测维修的基础标准见表 1-1，服务标准见表 1-2，技术标准见表 1-3，产品标准见表 1-4，相关标准见表 1-5。

表 1-1　汽车检测维修的基础标准

类　别	标准代号和编号	标准名称
101 术语	GB 5624—2019	汽车维修术语
102 分类与编号	QC/T 265—2004	汽车维修配件编码规则
	JT/T 297—1996	机动车检测维修设备及工具分类与代码

表 1-2　汽车检测维修的服务标准

类　别	标准代号和编号	标　准　名　称
201 企业条件	GB/T 16739.1—2014	汽车维修业开业条件　第 1 部分：汽车整车维修企业
	GB/T 16739.2—2014	汽车维修业开业条件　第 2 部分：汽车综合小修及专项维修业务
	GB/T 17993—2017	汽车综合性能检验机构能力的通用要求
	GB/T 18189—2008	摩托车维修业开业条件
		机动车维修救援服务执业条件
202 从业人员	JT/T 425—2000	汽车维修业质量检验人员技术水平要求
	JT/T 698—2007	机动车维修技术人员从业资格培训技术要求
	GB/T 21338—2008	机动车维修从业人员从业资格条件
		公共汽电车修理工岗位操作规程
		纯电动汽车电控系统维修人员资格条件
		上门汽车维修服务人员服务能力要求
203 服务质量	GB/T 15746—2011	汽车修理质量检查评定方法
	JT/T 816—2011	机动车维修服务规范
	JT/T 900—2014	汽车售后服务客户满意度评价方法

表 1-3　汽车检测维修的技术标准

类　别	标准代号和编号	标　准　名　称
301 汽车修理	GB/T 3798—2021	汽车大修竣工出厂技术条件
	GB/T 15746—2011	汽车修理质量检查评定方法
	GB/T 3799—2021	商用汽车发动机大修竣工出厂技术条件
	GB/T 5336—2005	大客车车身修理技术条件
	GB/T 18274—2017	汽车制动系统修理竣工技术规范
	GB/T 19910—2005	汽车发动机电子控制系统修理技术要求
	JT/T 720—2008	汽车自动变速器维修通用技术条件
	JT/T 774—2010	汽车空调制冷剂回收、净化、加注工艺规范
	JT/T 795—2011	事故汽车修复技术规范
302 汽车维护	GB/T 18344—2016	汽车维护、检测、诊断技术规范
	GB/T 25349—2010	使用乙醇汽油车辆检查、维护技术规范

续表

类　别	标准代号和编号	标　准　名　称
302 汽车维护	GB/T 25350—2010	使用乙醇汽油车辆燃油供给系统清洗工艺规范
	GB/T 27876—2011	压缩天然气汽车维护技术规范
	GB/T 27877—2011	液化石油气汽车维护技术规范
	JT/T 1009—2015	液化天然气汽车维护技术规范
	JT/T 1010—2015	液化天然气汽车日常检查方法
	JT/T 1011—2015	纯电动汽车日常检查方法
303 汽车检测与诊断	GB 21861—2014	机动车安全技术检验项目和方法
	GB 38900—2020	机动车安全技术检验项目和方法
	GB 18565—2016	道路运输车辆综合性能要求和检验方法
	QC/T 476—2007	客车防雨密封性限值及试验方法
	GB/T 18276—2017	汽车动力性台架试验方法和评价指标
	JT/T 198—2016	道路运输车辆技术等级划分和评定要求
	GB/T 18566—2011	道路运输车辆燃料消耗量检测评价方法
304 节能与环保	GB/T 14951—2007	汽车节油技术评定方法
	JT/T 306—2007	汽车节油产品使用技术条件
	GB 12981—2012	机动汽车制动液
	GB/T 25351—2010	使用乙醇汽油车辆性能技术要求
	JT/T 938—2014	汽车喷烤漆房能源消耗量限值及能源效率等级
305 安全应急	JT/T 937—2014	在用汽车喷烤漆房安全评价规程
306 信息化	JT/T 478—2017	汽车检测站计算机控制系统技术规范
	JT/T 640—2021	汽车维修管理信息系统技术规范

表 1-4　汽车检测维修的产品标准

类　别	标准代号和编号	标　准　名　称
401 维护与修理设备	JT/T 155—2021	汽车举升机
	JT/T 324—2008	汽车喷烤漆房
	JT/T 635—2005	轮胎拆装机
	JT/T 636—2005	立轴缸体缸盖平面磨床
	JT/T 637—2005	气门座镗床

类　别	标准代号和编号	标准名称
401 维护与修理设备	JT/T 639—2005	汽车车体校正机
	JT/T 115—2007	移动式气缸镗床
	JT/T 122—2007	连杆轴瓦镗床
	JT/T 123—2007	气缸体轴瓦镗床
	JT/T 125—2007	气缸珩磨机
	JT/T 126—2007	立式制动鼓镗床
	JT/T 129—2007	磨气门机
	JT/T 783—2010	汽车空调制冷剂回收、净化、加注设备
402 检测与诊断设备	GB/T 13563—2007	滚筒式汽车车速表检验台
	GB/T 13564—2022	滚筒反力式汽车制动检验台
	JT/T 386.1—2017	机动车排气分析仪　第 1 部分：点燃式机动车排气分析仪
	JT/T 386.2—2020	机动车排气分析仪　第 2 部分：压燃式机动车排气分析仪
	JT/T 445—2021	汽车底盘测功机
	JT/T 448—2021	汽车悬架装置检测台
	JT/T 503—2004	汽车发动机综合检测仪
	JT/T 504—2004	前轮定位仪
	JT/T 505—2004	四轮定位仪
	JT/T 506—2004	不透光烟度计
	JT/T 507—2021	汽车侧滑检验台
	JT/T 510—2004	汽车防抱制动系统检测技术条件
	JT/T 632—2018	汽车故障电脑诊断仪
	JT/T 633—2005	汽车悬架转向系间隙检查仪
	JT/T 634—2005	汽车前轮转向角检验台
	JT/T 638—2005	汽车发动机电喷嘴清洗检测仪
	JT/T 413—2000	就车式车轮动平衡仪技术条件
	JJG 188—2017	声级计检定规程
	JJG 653—2003	测功装置检定规程
	JJG 688—2017	汽车排放气体测试仪检定规程

续表二

类　别	标准代号和编号	标　准　名　称
402 检测与诊断设备	JJG 976—2010	透射式烟度计
	JJG 745—2016	汽车前照灯检测仪检定规程
	JJG 847—2011	滤纸式烟度计检定规程
	JJG 906—2015	滚筒反力式制动检验台检定规程
	JJG 1020—2017	平板式制动检验台检定规程
	JJG 908—2009	汽车侧滑检验台检定规程
	JJG 909—2009	滚筒式车速表检验台检定规程
	JJG 976—2010	透射式烟度计检定规程
	JJG(交通) 007—2005	汽车转向盘转向力—转向角检测仪检定规程
	JJG(交通) 008—2005	汽车制动踏板力计检定规程
	JJG(交通) 013—2005	汽车发动机检测仪检定规程
	HJ/T 289—2006	汽油车双怠速法排气污染物测量设备技术要求
	HJ/T 291—2006	汽油车稳态工况法排气污染物测量设备技术要求
	HJ/T 290—2006	汽油车简易瞬态工况法排气污染物测量设备技术要求
	HJ/T 292—2006	柴油车加载减速工况法排气烟度测量设备技术要求
	JT/T 649—2006	多功能汽车制动性能检验台
	JT/T 1012—2015	汽车外廓尺寸检测仪
	JT/T 1013—2015	碳平衡法汽车燃料消耗量检测仪
403 教学与培训设备	JT/T 1070.1—2016	汽车维修培训设备第 1 部分：发动机实训台
	JT/T 1070.2—2016	汽车维修培训设备第 2 部分：自动变速器实训台
	JT/T 1070.3—2016	汽车维修培训设备第 3 部分：防抱死制动系统实训台
404 汽车用品	JT 225—1996	汽车发动机冷却液安全使用技术条件
	GB/T 23435—2009	电喷汽车喷油嘴清洗液
	GB/T 23436—2009	汽车风窗玻璃清洗液
	GB/T 23437—2009	汽车上光蜡
	GB 29743—2013	机动车发动机冷却液
	GB/T 31025—2014	机动车发动机外表面清洗液
	GB/T 31026—2014	机动车发动机润滑系清洗液
	GB/T 31027—2014	机动车发动机冷却系统内部清洗剂
	JT/T 224—2008	中负荷车辆齿轮油

表 1-5　汽车检测维修的相关标准

类　别	标准代号和编号	标准名称
900 相关标准	GB/T 7607—2010	柴油机油换油指标
	GB/T 8028—2010	汽油机油换油指标
	GB 7258—2017	机动车运行安全技术条件
	GB 18285—2018	汽油车污染物排放限值及测量方法（双怠速法及简易工况法）
	GB 3847—2018	柴油车污染物排放限值及测量方法（自由加速法及加载减速法）
	GB/T 18566—2011	道路运输车辆燃料消耗量检测评价方法
	GB 26877—2011	汽车维修业水污染物排放标准

第三节　机动车术语

机动车是指由动力装置驱动或者牵引，上道路行驶的供人员乘用或者用于运送物品以及进行工程专项作业的轮式车辆，包括汽车及汽车列车、挂车、摩托车、拖拉机运输机组、轮式专用机械车、有轨电车、特型机动车和上道路行驶的拖拉机；不包括虽有动力装置但最大设计车速、整备质量、外廓尺寸等指标符合有关国家标准的残疾人机动轮椅车和电动自行车。下面详细介绍各种机动车。

一、汽车

汽车(Motor Vehicle)是指由动力驱动、具有四个或四个以上车轮的非轨道承载的车辆，包括与电力线相连的车辆(如无轨电车)，主要用于：载运人员和/或货物(物品)；牵引载运货物(物品)；特殊用途及专项作业。

汽车还包括以下由动力驱动、非轨道承载的三轮车辆：

① 整车整备质量超过 400 kg、不带驾驶室、用于载运货物的三轮车辆；

② 整车整备质量超过 600 kg、不带驾驶室、不具有载运货物结构或功能且设计和制造上最多乘坐 2 人(包括驾驶人)的三轮车辆；

③ 整车整备质量超过 600 kg 的带驾驶室的三轮车辆。

1. 载客汽车

载客汽车(Passenger Vehicle)是指设计和制造上主要用于载运人员的汽车，包括装置有专用设备或器具但以载运人员为主要目的的汽车。

1) 乘用车

乘用车(Passenger Car)是指设计和制造上主要用于载运乘客及其随身行李和/或临时物

品的汽车,包括驾驶人座位在内最多不超过9个座位。它可以装置一定的专用设备或器具,也可以牵引一辆中置轴挂车。

2) 旅居车

旅居车(Motor Caravan)是指装备有睡具(可由桌椅转换而来)及其他必要的生活设施、用于旅行宿营的汽车。

3) 客车

客车(Bus)是指设计和制造上主要用于载运乘客及其随身行李的汽车,包括驾驶人座位在内座位数超过9个。根据是否设置有站立乘客区,客车分为未设置乘客站立区的客车和设有乘客站立区的客车。

未设置乘客站立区的客车是指设计和制造上无乘客站立区、不允许乘客站立、全体乘客均乘坐在座位上或卧睡的客车,包括公路客车、旅游客车、未设置乘客站立区的公共汽车、专用客车等。公路客车又称长途客车,是指为城间(城乡)运输乘客设计和制造、专门从事旅客运输的客车,包括卧铺客车,即设计和制造供全体乘客卧睡的客车。旅游客车是指为旅游设计和制造、专门用于运载游客的客车。未设置乘客站立区的公共汽车是指为城市内运输乘客设计和制造的、有固定的公交营运线路和车站、主要在城市道路运营的客车。专用客车是指设计和制造上是用于载运特定人员并完成特定功能的客车,如专用校车,也包括装置有专用设备或器具,座位数(包括驾驶人座位)超过9个的专用汽车。

设有乘客站立区的客车是指最大设计车速小于 70 km/h、设有座椅及乘客站立区,并有足够的空间供频繁停站时乘客上下车走动,有固定的公交营运线路和车站,主要在城市建成区运营的客车,也包括无轨电车,即以电机驱动,与电力线相连的客车。

4) 校车

校车(School Bus)是指用于有组织地接送3周岁以上学龄前幼儿或接受义务教育的学生上下学的7座以上的载客汽车。

幼儿校车是指接送3周岁以上学龄前幼儿上下学的校车。

小学生校车是指接送小学生上下学的校车。

中小学生校车是指接送九年制义务教育阶段学生(小学生和初中生)上下学的校车。

专用校车是指设计和制造上为专门用于运送3周岁以上学龄前幼儿或义务教育阶段学生的专用客车。

2. 载货汽车

载货汽车(Goods Vehicle)又称货车,是指设计和制造上主要用于载运货物或牵引挂车的汽车,也包括:

(1) 装置有专用设备或器具但以载运货物为主要目的的汽车;

(2) 由非封闭式货车改装的,虽装置有专用设备或器具,但不属于专项作业车的汽车。

注:封闭式货车是指载货部位的结构为封闭厢体且与驾驶室联成一体,车身结构为一厢式或两厢式的载货汽车。

1）半挂牵引车

半挂牵引车(Semi-Trailer Towing Vehicle)是指装备有特殊装置、用于牵引半挂车的汽车。

2）低速汽车

低速汽车(Low-Speed Vehicle)是指三轮汽车和低速货车的总称。

三轮汽车是指最大设计车速小于或等于 50 km/h 的，具有三个车轮的载货汽车。低速货车又称低速载货汽车，是指最大设计车速小于 70 km/h 的，具有四个车轮的载货汽车。

3. 专项作业车

专项作业车(Specical Motor Vehicle)又称专用作业车，是指装置有专用设备或器具，在设计和制造上用于工程专项(包括卫生医疗)作业的汽车，如汽车起重机、消防车、混凝土泵车、清障车、高空作业车、扫路车、吸污车、钻机车、仪器车、检测车、监测车、电源车、通信车、电视车、采血车、医疗车、体检医疗车等，但不包括装置有专用设备或器具而座位数(包括驾驶人座位)超过 9 个的汽车(消防车除外)。

4. 气体燃料汽车

气体燃料汽车(Gaseous Fuel Vehicle)是指装备以石油气、天然气或煤气等气体为燃料的发动机的汽车。

5. 两用燃料汽车

两用燃料汽车(Bi-Fuel Vehicle)是指具有两套相互独立的燃料供给系统，且两套燃料供给系统可分别但不可同时向燃烧室供给燃料的汽车，如汽油/压缩天然气两用燃料汽车、汽油/液化石油气两用燃料汽车等。

6. 双燃料汽车

双燃料汽车(Dual-Fuel Vehicle)是指具有两套燃料供给系统，且两套燃料供给系统按预定的配比向燃烧室供给燃料，在缸内混合燃烧的汽车，如柴油-压缩天然气双燃料汽车，柴油-液化石油气双燃料汽车等。

7. 纯电动汽车

纯电动汽车(Battery Electric Vehicle)是指由电机驱动，且驱动电能来源于车载可充电能量储存系统的汽车。

8. 插电式混合动力汽车

插电式混合动力汽车(Plug-In Hybrid Electric Vehicle)是指具有可外接充电功能，且有一定纯电驱动模式续驶里程的混合动力汽车，包括增程式电动汽车。

9. 燃料电池汽车

燃料电池汽车(Fuel Cell Electric Vehicle)是指以燃料电池作为主要动力电源的汽车。

10. 教练车

教练车(Training Vehicle)是指专门从事驾驶技能培训的汽车。

11. 残疾人专用汽车

残疾人专用汽车(Vehicle for Handicapped Driving)是指在采用自动变速器的乘用车上加

装符合标准和规定的驾驶辅助装置，专门供特定类型的肢体残疾人驾驶的汽车。

二、挂车

挂车(Trailer)是指设计和制造上需由汽车或拖拉机牵引，才能在道路上正常使用的无动力道路车辆，包括牵引杆挂车、中置轴挂车和半挂车，用于载运货物和特殊用途。

1. 牵引杆挂车

牵引杆挂车(Draw-Bar Trailer)又称全挂车，是指至少有两根轴的挂车，具有如下特点：

(1) 一轴可转向；

(2) 通过角向移动的牵引杆与牵引车联结；

(3) 牵引杆可垂直移动，联结到底盘上，因此不能承受任何垂直力。

2. 中置轴挂车

中置轴挂车(Centre Axle Trailer)是指牵引装置不能垂直移动(相对于挂车)，车轴位于紧靠挂车的重心(当均匀载荷时)的挂车，这种车辆只有较小的垂直静载荷作用于牵引车，不超过相当于挂车最大质量的10%或10 000 N的载荷(两者取较小者)。其中一轴或多轴可由牵引车来驱动。

3. 半挂车

半挂车(Semi-Trailer)是指均匀受载时挂车质心位于车轴前面，装有可将垂直力和/或水平力传递到牵引车的联结装置的挂车。

4. 旅居挂车

旅居挂车(Caravan)是指装备有睡具(可由桌椅转换而来)及其他必要的生活设施、用于旅行宿营的挂车，包括中置轴旅居挂车和旅居半挂车。

三、汽车列车

汽车列车(Combination of Vehicles)是指由汽车(低速汽车除外)牵引挂车组成的列车，包括乘用车列车、货车列车和铰接列车。

1. 乘用车列车

乘用车列车(Passenger/Car Trailer Combination)是指乘用车和中置轴挂车的组合。

2. 货车列车

货车列车(Goods Road Train)是指货车和牵引杆挂车或中置轴挂车的组合。

(1) 牵引杆挂车列车。牵引杆挂车列车(Draw-Bar Trailer Combination)又称全挂拖斗车、全挂汽车列车，是指货车和牵引杆挂车的组合。

(2) 中置轴挂车列车。中置轴挂车列车(Centre Axle Trailer Combination)是指货车和中置轴挂车的组合。

3. 铰接列车

铰接列车(Articulated Vehicle)又称半挂汽车列车，是指半挂牵引车和半挂车的组合，也包括带有连接板的货车和旅居半挂车的组合。

四、摩托车

摩托车(Motorcycle and Moped)是指由动力装置驱动的，具有两个或三个车轮的道路车辆，但不包括：

(1) 整车整备质量超过 400 kg、不带驾驶室、用于载运货物的三轮车辆；

(2) 整车整备质量超过 600 kg、不带驾驶室、不具有载运货物结构或功能且设计和制造上最多乘坐 2 人(包括驾驶人)的三轮车辆；

(3) 整车整备质量超过 600 kg 的带驾驶室的三轮车辆；

(4) 最大设计车速、整车整备质量、外廓尺寸等指标符合相关国家标准和规定的，专供残疾人驾驶的机动轮椅车；

(5) 符合电动自行车国家标准规定的车辆。

1. 普通摩托车

普通摩托车(Motorcycle)是指无论采用何种驱动方式，其最大设计车速大于 50 km/h；或如使用内燃机，其排量大于 50 mL；或如使用电驱动，其电机额定功率总和大于 4 kW 的摩托车，包括两轮普通摩托车、边三轮摩托车、正三轮摩托车。

1) 两轮普通摩托车

两轮普通摩托车(Motorcycle with Two Wheels)是指车辆纵向中心平面上装有两个车轮的普通摩托车。

2) 边三轮摩托车

边三轮摩托车(Motorcycle with Sidecar)是指在两轮普通摩托车的右侧装有边车的摩托车。

3) 正三轮摩托车

正三轮摩托车(Right Three-Wheeled Motorcycle)是指装有三个车轮，其中一个车轮在纵向中心平面上，另外两个车轮与纵向中心平面对称布置的普通摩托车，包括：

(1) 装有与前轮对称分布的两个后轮的摩托车，且如设计和制造上允许载运货物或超过 2 名乘员(含驾驶人)，其最大设计车速小于 70 km/h；

(2) 装有与后轮对称分布的两个前轮、设计和制造上不具有载运货物结构且最多乘坐 2 人(包括驾驶人)的摩托车。

2. 轻便摩托车

轻便摩托车(Moped)是指无论采用何种驱动方式，其最大设计车速不大于 50 km/h 的摩托车，且如使用内燃机，其排量不大于 50 mL；如使用电驱动，其电机额定功率总和不大于 4 kW。

1) 两轮轻便摩托车

两轮轻便摩托车(Moped with Two Wheels)是指车辆纵向中心平面上装有两个车轮的轻便摩托车。

2) 正三轮轻便摩托车

正三轮轻便摩托车(Right Three-Wheeled Moped)是指装有与前轮对称分布的两个后轮的轻便摩托车。

五、拖拉机运输机组

拖拉机运输机组(Tractor Towing Trailer for Transportation)是指由拖拉机牵引一辆挂车组成的用于载运货物的机动车，包括轮式拖拉机运输机组和手扶拖拉机运输机组。

拖拉机是指最高设计车速不大于 20 km/h、牵引挂车方可从事道路货物运输作业的手扶拖拉机和最高设计车速不大于 40 km/h、牵引挂车方可从事道路货物运输作业的轮式拖拉机。

手扶拖拉机运输机组还包含手扶变型运输机，即发动机 12 h 标定功率不大于 14.7 kW，采用手扶拖拉机底盘，将扶手把改成方向盘，与挂车连在一起组成的折腰转向式运输机组。

六、轮式专用机械车

轮式专用机械车(Wheeled Mobile Machinery for Special Purposes)又称轮式自行机械车，是指有特殊结构和专门功能，装有橡胶车轮，可以自行行驶，最大设计车速大于 20 km/h 的轮式机械车，如装载机、平地机、挖掘机、推土机等，但不包括叉车。

七、其他机动车

1. 危险货物运输车辆

危险货物运输车辆(Road Transportation Vehicle for Dangerous goods)是指设计和制造上用于运输危险货物的货车、挂车、汽车列车。

2. 特型机动车

特型机动车(Special-Sized Vehicle)是指质量参数和/或尺寸参数超出 GB 1589 规定的汽车、挂车、汽车列车。

第四节　机动车安全技术检验项目与检验要求

机动车安全技术检验是指根据《中华人民共和国道路交通安全法》及其实施条例规定，按照国家机动车安全技术标准等要求，对上道路行驶的机动车进行检验活动，包括机动车注册登记检验和在用机动车检验。

一、机动车安全技术检验项目

机动车安全技术检验依据的国家标准主要是 GB 38900—2020《机动车安全技术检验项

目和方法》、GB 7258—2017《机动车运行安全技术条件》以及 GA 801—2019《机动车查验工作规程》，这些标准规定了机动车运行安全技术条件和机动车安全技术检验项目。其中 GB 38900—2020《机动车安全技术检验项目和方法》中规定了机动车注册登记安全技术检验项目和在用机动车安全技术检验项目。

(一) 注册登记机动车安全技术检验项目

机动车注册登记安全检验项目见表 1-6。对需领取机动车牌证方可上道路行驶的入境机动车进行检验时，应覆盖表 1-6 规定的注册登记安全技术检验项目，并按照注册登记安全技术检验要求执行。机动车注册登记安全技术检验时，应按照 GB 7258 和 GA 802 核定的车辆类型确定检验项目。

表 1-6　注册登记机动车安全技术检验项目表

序号	检 验 项 目	适用车辆类型					
		载客汽车		载货汽车(三轮汽车除外)、专项作业车	挂车	三轮汽车	摩托车
		非营运[a]小型、微型载客汽车	其它类型载客汽车				
1	联网查询	车辆事故、违法、安全缺陷召回等信息					
		●	●	●	●	●	●
2	车辆唯一性检查	车辆品牌/型号					
		●	●	●	●	●	●
		车辆识别代号(或整车出厂编号)					
		●	●	●	●	●	●
		发动机号码(或驱动电机号码)					
		●	●	●	●	●	●
		车身颜色和车辆外形					
		●	●	●	●	●	●
3	车辆特征参数检查	外廓尺寸					
			●	●	●	●	○
		轴距					
				●	●		
		核定载客人数和座椅布置					
		●	●	●			○
		栏板高度					
				○	○		
		悬架					
				●	●		
		客车出口					
			○				
		客车乘客通道和引道					
			○				
		货厢/罐体					
				○	○	●	
4	车辆外观检查	车身外观					
		●	●	●	●	●	●
		外观标识、标注和标牌					
		●	●	●			
		外部照明和信号装置					
		●	●	●		●	●
		轮胎					
		●	●	●	●	●	●
		号牌板(架)					
		●	●	●	●	●	●
		加装/改装灯具					
		●	●	●		●	

序号	检验项目		适用车辆类型					
			载客汽车		载货汽车(三轮汽车除外)、专项作业车	挂车	三轮汽车	摩托车
			非营运小型、微型载客汽车	其它类型载客汽车				
5	安全装置检查	汽车安全带	●	●	●			
		应急停车安全附件	●	●	●		○	
		灭火器		○	○	○		
		行驶记录装置		○	○			
		车身反光标识			○	○	●	
		车身尾部标志板			○	○		
		侧、后、前下部防护			○	○		
		应急锤		○				
		急救箱		○				
		车速限制/报警功能或装置		○	○			
		防抱死制动装置		○	○	○		
		辅助制动装置		○	○			
		盘式制动器		○	○	○		
		制动间隙自动调整装置		○	○	○		
		紧急切断装置		○	○			
		发动机舱自动灭火装置		○				
		手动机械断电开关		○				
		副制动踏板		○	○			
		校车标志灯和校车停车指示标志牌		○				
		危险货物运输车辆标志			○	○		
		驾驶区隔离设施		○	○			
		肢体残疾人操纵辅助装置						
6	底盘动态检验	转向系	○	●	●		●	●
		传动系	○	●	●		●	●
		制动系	○	●	●		●	●
		仪表和指示器	○	●	●		●	●

续表二

序号	检验项目		适用车辆类型					
			载客汽车		载货汽车(三轮汽车除外)、专项作业车	挂车	三轮汽车	摩托车
			非营运小型、微型载客汽车	其它类型载客汽车				
7	车辆底盘部件检查	转向系部件	○	●	●		●	
		传动系部件	○	●	●		●	
		行驶系部件	○	●	●	●	●	
		制动系部件	○	●	●		●	
		其他部件	○	●	●		●	
8	仪器设备检验	整备质量			●	●	●	○
		行车制动 b 空载制动率	●	●	●	●	●	●
		行车制动 b 空载制动不平衡率	●	●	●			
		行车制动 b 加载轴制动率			○	○		
		行车制动 b 加载轴制动不平衡率				○		
		驻车制动 c	○	○			○	
		前照灯远光发光强度	●	●	●		●	●
		转向轮横向侧滑量			○	○		

注 1：表中序号 1～7 的检验项目列入人工检验项目。

注 2："●"表示该检验项目适用于该类车注册登记安全技术检验的全部车型，"○"表示该检验项目适用于该类车注册登记安全技术检验的部分车型。

注 3：对于适用车辆类型为"非营运小型、微型载客汽车"的，"○"对应的检验项目适用于面包车(即发动机中置且宽高比小于或等于 0.9 的乘用车)、7 座及 7 座以上车辆。

注 4：对于适用车辆类型为"摩托车"的，"○"对应的检验项目适用于带驾驶室的正三轮摩托车以及不带驾驶室、不具有载运货物结构或功能且设计和制造上最多乘坐 2 人(包括驾驶人)的正三轮摩托车。

注 5：对于申请因质量问题更换整车的变更登记检验时，参照注册登记检验项目进行检验。

注：a. 非营运的机动车是指个人或者单位不以获取利润为目的而使用的机动车。

b. 三轴及三轴以上的货车、总质量大于 3500 kg 的并装双轴或并装三轴挂车，对部分轴(最后一轴及货车第一轴除外)还应测试加载轴制动率和加载轴制动不平衡率。采用空气悬架的车辆、总质量为整备质量 1.2 倍以下的车辆不测试加载轴制动率和加载轴制动不平衡率。

c. 驻车制动使用电子控制装置的汽车，不检验驻车制动。

(二) 在用机动车安全技术检验项目

在用机动车安全技术检验项目见表 1-7。

表 1-7 在用机动车安全技术检验项目表

序号	检验项目		适用车辆类型					
			载客汽车		载货汽车(三轮汽车除外)、专项作业车	挂车	三轮汽车	摩托车
			非营运[a]小型、微型载客汽车	其它类型载客汽车				
1	联网查询	车辆事故、违法、安全缺陷召回等信息	●	●	●	●	●	●
2	车辆唯一性检查	车辆品牌/型号	●	●	●	●	●	●
		车辆识别代号(或整车出厂编号)	●	●	●	●	●	●
		发动机号码(或驱动电机号码)	●	●		●	●	●
		车身颜色和车辆外形	●	●	●	●	●	●
3	车辆特征参数检查	外廓尺寸			○	○		
		核定载人数和座椅布置	●	●				○
		栏板高度			○	○		
		悬架			●	●		
		客车出口		○				
		客车乘客通道和引道		○				
		货厢/罐体			○	○	●	
4	车辆外观检查	车身外观	●	●	●	●	●	●
		外观标识、标注和标牌	●	●	●	●	●	
		外部照明和信号装置	●	●	●	●	●	●
		轮胎			●	●	●	
		号牌板(架)			●	●	●	●
		加装/改装灯具	●	●	●	●		
5	安全装置检查	汽车安全带	●	●	●			
		应急停车安全附件	●	●	●		○	
		灭火器	○	○	○			
		行驶记录装置		○	○			

序号	检验项目		适用车辆类型					
			载客汽车		载货汽车(三轮汽车除外)、专项作业车	挂车	三轮汽车	摩托车
			非营运小型、微型载客汽车	其它类型载客汽车				
5	安全装置检查	车身反光标识			○	○	●	
		车身尾部标志板			○	○		
		侧、后、前下部防护			○	○		
		应急锤		○				
		急救箱		○				
		辅助制动装置		○	○			
		紧急切断装置			○	○		
		发动机舱自动灭火装置		○				
		手动机械断电开关		○				
		副制动踏板 [b]		○	○			
		校车标志灯和校车停车指示标志牌		○				
		危险货物运输车辆标志			○	○		
		驾驶区隔离设施		○	○			
		肢体残疾人操纵辅助装置	○					
6	底盘动态检验	转向系	○	●	●		●	●
		传动系	○	●	●		●	●
		制动系	○	●	●		●	●
		仪表和指示器	○	●	●		●	●
7	车辆底盘部件检查	转向系部件	○	●	●		●	
		传动系部件	○	●	●		●	
		行驶系部件	○	●	●	●	●	
		制动系部件	○	●	●	●	●	
		其他部件	○	●	●	●	●	

续表二

序号	检验项目		适用车辆类型					
			载客汽车		载货汽车(三轮汽车除外)、专项作业车	挂车	三轮汽车	摩托车
			非营运小型、微型载客汽车	其它类型载客汽车				
8	仪器设备检验	空车质量			○	○		
		行车制动 c — 空载制动率	●	●	●	●	●	●
		行车制动 c — 空载制动不平衡率	●	●	●	●	●	●
		行车制动 c — 加载轴制动率			○	○		
		行车制动 c — 加载轴制动不平衡率			○			
		驻车制动 d	○	○	○		○	
		前照灯远光发光强度	●	●	●		●	●
		转向轮横向侧滑量	○		○			

注1：表中序号1~7的检验项目列入人工检验项目。

注2："●"表示该检验项目适用于该类车在用机动车安全技术检验的全部车型，"○"表示该检验项目适用于该类车在用机动车安全技术检验的部分车型。

注3：对于适用车辆类型为"非营运小型、微型载客汽车"的，"○"对应的检验项目适用于面包车、7座及7座以上车辆，以及使用年限超过10年的车辆。

注4：对于适用车辆类型为"摩托车"的，"○"对应的检验项目适用于带驾驶室的正三轮摩托车以及不带驾驶室、不具有载运货物结构或功能且设计和制造上最多乘坐2人(包括驾驶人)的正三轮摩托车。

注5：对于因更换发动机、车身或者车架申请变更登记的机动车检验时，参照在用机动车安全技术检验项目。

注：a. 非营运的机动车是指个人或者单位不以获取利润为目的而使用的机动车。

b. 自学用车还应检验副制动踏板和辅助后视镜。

c. 三轴及三轴以上的货车、总质量大于3500 kg的并装双轴或并装三轴挂车，对部分轴(最后一轴及货车第一轴除外)还应测试加载轴制动率和加载轴制动不平衡率。采用空气悬架的车辆、总质量为整备质量1.2倍以下的车辆不测试加载轴制动率和加载轴制动不平衡率。

d. 驻车制动使用电子控制装置的汽车，不检验驻车制动。

二、机动车安全技术检验要求

(1) 公安机关交通管理部门车辆管理所查验机动车应在专门查验区进行，但特殊情况下不能在专门查验区进行查验并经省级公安机关交通管理部门备案的除外。

(2) 专门查验区的视线应良好，其场地应平坦、硬实，场地长度、宽度和高度应能满足查验车型的实际需要。专门查验区应该画有标志线，安装有视频监控系统，按标准配备有查验工具箱。

(3) 查验员在查验机动车时，应佩带全省统一式样的证卡，按标准配备随身查验工具，按照规定使用机动车查验智能终端，依法依规履行相关法律法规赋予的职责。查验过程中，民警查验员应按照规定使用执法记录仪，非民警查验员应按照规定使用与执法记录仪功能相同的视音频记录装置。

(4) 查验员应按照规定的项目查验机动车，按照相关法律法规和 GB 7258、GB 1589 等机动车国家安全技术标准确认所查验项目是否符合规定，使用机动车查验智能终端记录机动车查验结果、采集查验照片和视频，录入机动车查验监管系统，制作《机动车查验记录表》或《校车查验记录表》。与车辆结构或安全装置相关的查验项目，应按照机动车出厂时所执行版本的机动车国家安全技术标准确认是否符合规定，但法律法规和强制性国家标准另有规定的除外。

(5) 公安机关交通管理部门车辆管理所查验机动车时应进行视频录像或拍摄照片。视频或照片应能确认查验是否在专门查验区进行并识别车辆特征(对申请注册登记的机动车应能确认车辆识别代号，对已注册登记机动车应能识别号牌号码或确认车辆识别代号)。一张照片能同时确认查验是否在专门查验区进行并识别车辆特征的，视为该查验满足要求。

(6) 机动车登记服务站查验机动车时应通过视频录像或拍摄照片等方式记录查验过程，并通过计算机网络实时向公安机关交通管理部门上传关键项目查验照片(或视频)和查验结果。

(7) 进口机动车注册登记，专项作业车、挂车、中型(含)以上载客汽车、中型(含)以上载货汽车的注册登记和变更登记(变更迁出除外)，危险货物运输车辆的所有登记业务，以及申领机动车登记证书和校车使用许可、报废机动车法定监督解体、嫌疑车辆调查取证等业务的机动车查验应由民警查验员负责。

(8) 确定车辆类型时，机动车实车车长符合 GB 1589 等机动车国家安全技术标准的规定且实车车长与《道路机动车辆生产企业及产品公告》(以下简称《公告》)、机动车整车出厂合格证明等技术文件记载的名义车长的偏差在允许范围内时，按照《公告》、机动车整车出厂合格证明等技术文件记载的名义车长核定车辆类型。

(9) 确定车身颜色时，应根据实车核定，车身颜色随观察位置的不同及光线的明暗程度会发生变化的，应根据机动车标准照片确定相应的车身颜色。

(10) 确定核定的乘载人数时，对客车、发动机中置且宽高比小于或等于 0.9 的乘用车、车高大于或等于 1850 mm 的小型普通客车，应实车查看座位数、座间距及座椅布置情况，对驾驶室前排核定乘坐 3 人的汽车，应实车测量驾驶室(区)内部宽度。

(11) 查验车辆识别代号时，应实车查看车辆识别代号的字母和数字，核对是否与机动车整车出厂合格证明、货物进口证明书、机动车行驶证等凭证或者机动车登记信息一致，确认车辆识别代号有无被凿改等嫌疑；对 2018 年 1 月 1 日起出厂的总质量大于或等于 12 000 kg 的栏板式、仓栅式、自卸式、罐式货车及总质量大于或等于 10 000 kg 的栏板式、仓栅式、自卸式、罐式挂车，还应查验其货箱或常压罐体上是否按规定打刻了车辆识别代号。办理机动车注册登记、转入、转移登记、变更迁出、更换车身或者车架、更换整车、申领机动车登记证书业务及重新打刻车辆识别代号变更备案时，应核对车辆识别代号拓印膜与实车打刻的车辆识别代号的字体、间距(或拍摄/制作打刻的车辆识别代号 1 : 1 还原照片)，使用机动车查验智能终端拍摄打刻的车辆识别代号照片；属于重新打刻车辆识别代号的，收存重新打刻的车辆识别代号拓印膜。注册登记查验时，还应按车辆产品使用说明书(或其他经主管部门认可的技术资料,如车辆产品一致性证书)的标示确定打刻的车辆识别代号的位置是否符合规定,使用机动车查验智能终端对货箱或常压罐体上打刻的车辆识别代号进行拍照。

(12) 注册登记查验发动机(驱动电机,下同)号码时,应实车查看打刻(或铸出)的发动机型号和出厂编号,核对其是否与机动车整车出厂合格证明、货物进口证明书等凭证一致,确认发动机号码有无被凿改等嫌疑;如打刻(或铸出)的发动机型号和出厂编号不易见,只查看发动机易见部位或覆盖件上能永久保持的标有发动机型号和出厂编号的标识。因更换发动机申请变更登记的,查验安全技术检验合格证明上记载的发动机型号和出厂编号是否符合规定,在《机动车查验记录表》上记录相关信息;对更换发动机时不属于打刻原发动机号码的,在《机动车查验记录表》的备注栏内记录新的发动机型号和出厂编号。非注册登记查验时,查验发动机标识记载的内容或可见的发动机号码是否与登记信息一致;发现更换了发动机的,按照规定予以变更登记;发现登记错误的,按照规定予以档案更正;对于发动机标识缺失或发动机标识的内容与打刻(或铸出)的发动机型号和出厂编号不一致的,确认、排除嫌疑并记录相关信息后予以办理;对2004年4月30日前注册登记的机动车,有疑问的应核对发动机出厂编号拓印膜。

(13) 查验车辆外廓尺寸、轴距等尺寸参数时,应采用机动车安全技术检验机构或其他具备资质的机构按照规定确定的使用量具测量相关尺寸参数,并与《公告》、机动车整车出厂合格证明等凭证、技术资料记载的数值进行比对,确认是否在允许的误差范围内;对侧面及后下部防护装置离地高度、车身反光标识和车辆尾部标志板尺寸、面积等参数有疑问时,也应使用规定的量具测量相关尺寸。

(14) 查验整备质量时,应采用机动车安全技术检验机构或其他具备资质的机构按照规定测得的整备质量数值,并与《公告》、机动车整车出厂合格证明等凭证、技术资料记载的数值进行比对,确认是否在允许的误差范围内。

(15) 查验安全装置时,应:

① 查看《公告》、机动车整车出厂合格证明、安全技术检验合格证明等技术资料凭证,确认机动车是否具有限速功能或限速装置;

② 查看驾驶室(区)内的辅助制动装置操纵开关或车辆相关凭证和技术资料,确认机动车是否安装了辅助制动装置;

③ 实车查看车轮(因实车结构限制无法查看时只查看车辆相关凭证和技术资料),确认是否安装了盘式制动器;

④ 打开机动车电源,观察ABS指示灯并判断ABS自检功能是否正常,实车查看时可半挂车,确认机动车是否安装了防抱制动装置;

⑤ 打开发动机舱盖并目视检查,确认客车是否按照规定安装了发动机舱自动灭火装置。

(16) 核对机动车安全技术检验合格证明时,应审查安全技术检验的项目是否齐全及检验结论是否为合格结论。

(17) 查验公安交通管理综合应用平台提示的涉嫌违规的机动车产品时,应查验实车是否存在提示的违规情形并拍照留存。

(18) 监督报废机动车解体时,应现场或远程视频监督车辆的五大总成解体;如发现车辆的五大总成不齐全,应要求机动车所有人出具相应的书面材料予以说明,但车架(车身)

缺失时应认定为车辆缺失。

三、机动车检验监督要求

公安机关交通管理部门车辆管理所应通过计算机联网核查机动车安全技术检验数据、比对机动车安全技术检验机构上传的检验照片(包括检验项目照片和检验资料照片)或视频,以及通过现场或远程视频抽查安全技术检验过程、查阅原始检验记录和报告等方式对机动车安全技术检验机构的安全技术检验行为进行监督。

市公安机关交通管理部门车辆管理所应建设机动车安全技术检验远程视频监管中心,安排专门的工作人员,使用全国统一的机动车安全技术检验监管系统对机动车安全技术检验机构上传的检验照片(或视频)、检验数据和结果进行监督。机动车安全技术检验远程视频监管中心的面积及从事审核的工作人员的数量应与需审核的检验业务量相适应。从事审核的工作人员应具备相应机动车车型的查验员资格,其负责人应为民警查验员。摩托车和非营运小型、微型载客汽车(面包车除外)以及经省级公安机关交通管理部门备案的其他类型机动车,实行先行核发机动车检验合格标志后监督检查的检验方式。先行核发机动车检验合格标志后监督检查的,机动车安全技术检验远程视频监管中心应在检验照片(或视频)上传后的 24 h 内将检验照片(或视频)比对完毕;采用了符合规定的机动车检验智能审核监管方式的,按比例抽查。比对结果表明检验项目不符合 GB 7258 国家标准及其他相关规定的,应要求机动车安全技术检验机构通知送检的机动车重新进行检验,并按规定对机动车安全技术检验机构予以处罚。

核对机动车安全技术检验合格证明时,应审查安全技术检验合格证明上是否有本市行政辖区内具有资质的机动车安全技术检验机构的签章和授权签字人签字,确认安全技术检验的项目是否齐全及检验结论是否为合格结论。

比对机动车安全技术检验机构上传的检验照片(或视频)时,工作人员应确认检验照片(或视频)的数量及要求是否符合规定。检验照片(或视频)的审核结果为合格且机动车安全技术检验监管系统无检验异常情况预警或报警提示的,应远程核发机动车检验合格标志。

比对机动车安全技术检验机构上传的检验照片(或视频)时,发现检验照片(或视频)的数量及要求不符合规定的,应通过机动车安全技术检验监管系统告知机动车安全技术检验机构不符合规定的具体情形,并要求机动车安全技术检验机构重新上传整改后的检验照片(或视频);目测能确认检验照片(或视频)所反映检验项目不符合 GB 7258 及其他相关规定的,比对结果为不合格,经调查核实机动车安全技术检验机构存在不按机动车国家安全技术标准和国家机动车安全技术检验标准检验、出具虚假检验报告等情形的,应按规定对机动车安全技术检验机构予以处罚。

机动车安全技术检验监管系统出现检验异常情况预警报警提示时,应及时分析原因,告知机动车安全技术检验机构预警报警提示信息的具体内容并要求机动车安全技术检验机构查清核实;预警报警提示信息经核实并非异常情形的,应及时远程核发检验合格标志;属于机动车安全技术检验机构不按机动车国家安全技术标准和国家机动车安全技术检验标准检验、出具虚假检验报告等情形的,应按规定对机动车安全技术检验机构予以处罚。监督中发现机动车存在被盗抢骗嫌疑、走私嫌疑,以及非法改装、拼装等情形时,应按国标的相关规定执行。

市公安机关交通管理部门车辆管理所应定期分析本地机动车安全技术检验情况,每月将参检率、检验合格率、异地检验率等数据及机动车安全技术检验机构违规信息上报省级公安机关交通管理部门;省级公安机关交通管理部门应每月分析机动车安全技术检验异常数据,每季度向公安部交通管理局上报本省机动车安全技术检验情况。数据分析发现异常的,公安机关交通管理部门应及时组织核查;发现机动车安全技术检验机构存在违规情形的,应按规定对机动车安全技术检验机构予以处罚并通报。省级公安机关交通管理部门应结合本地实际细化机动车安全技术检验监督相关规定,明确机动车安全技术检验远程视频监管中心的建设和运行要求。

本章小结

(1) 机动车是由动力装置驱动或牵引,上道路行驶的供人员乘用或用于运送物品以及进行工程专项作业的轮式车辆,包括汽车及汽车列车、摩托车、拖拉机运输机组、轮式专用机械车、挂车。

(2) 机动车检验技术是以机动车检测技术为基础,依靠人工智能科学地确定汽车技术状态,识别、判断故障的综合性技术。检测结果是合理使用、维护、修理机动车的科学依据。

(3) 汽车检测的目的不同,可分为安全技术性能检测、综合性能技术检测、汽车排放检测三种类型。

(4) 检测标准按适用范围分为四级,即国家标准、行业标准、地方标准和企业标准。国家标准权威性最高,行业标准不得与国家标准相抵触,地方标准不得与国家标准、行业标准相抵触。按性质不同,检测标准区分为强制性标准与推荐性标准两级。

(5) 我国机动车环保检测的标准限制主要依据是 GB 18285—2018《汽油车污染物排放限值及测量方法(双怠速法及简易工况法)》、GB 3847—2018《柴油车污染物排放限值及测量方法(自由加速法及加载减速法)》。

(6) 我国机动车安全技术检验项目包括人工检验和仪器设备检验。检验顺序为联网查询、车辆唯一性检查、车辆特征参数检查、车辆外观检查、安全装置检查、底盘动态检查、车辆底盘部件检查以及仪器设备检验。仪器设备检验项目主要包括汽车整备质量、行车制动性能、驻车制动性能、前照灯远光发光强度以及转向轮横向侧滑量检验。

复习思考题

1. 简述机动车的定义。
2. 简述汽车检测技术的定义及其作用。
3. 根据检测目的的不同,汽车检测分为哪几类?
4. 按检测标准的适用范围不同,检测标准分为哪四级?相互间是什么关系?
5. 机动车安全技术检验项目有哪些?

第二章　发动机技术状况检验

发动机是汽车的心脏，是汽车的动力来源。发动机性能的好坏直接影响汽车动力性、经济性、排放等指标的发挥。发动机技术状况检测诊断是考核发动机性能的重要手段。

本章主要介绍发动机特性和性能指标、密封性检测、起动系检测、润滑系检测以及发动机电子控制系统故障检测与诊断流程和方法。

第一节　发动机性能指标及功率检测

发动机性能指标分为两种：一种是以工质对活塞做功为基础的性能指标，简称指示指标，包括平均指示压力 p_{mi}、指示功率 P_i、指示燃油消耗率 g_i 和指示热效率 η_i。指示指标不受动力输出过程中机械摩擦和附件消耗等各种外来因素的影响，直接反映由燃烧到热功转换的工作循环进行的好坏，因而在工作过程的分析研究中得到广泛的应用。另一种是以曲轴输出功率为基础的性能指标，简称有效指标。有效指标被用来直接评定发动机实际工作性能的优劣，因而在生产实践中获得广泛的应用。发动机有效指标包括动力性指标、经济性指标、强化性指标、环境性能指标等，本节主要对此进行介绍。

发动机性能指标随调整运转工况而变化的关系称为发动机特性。其中性能指标随调整情况变化的关系称为调整特性；性能指标随运转工况变化的关系称为性能特性。发动机特性用曲线表示称为特性曲线。通过特性曲线可以分析在不同使用工况下发动机特性变化的规律及影响因素，评价发动机性能，从而提出改善发动机性能的途径。

一、发动机性能指标

(一) 发动机动力性指标

1. 有效功率 P_e

发动机的指示功率 P_i 并不能完全对外输出，在发动机内部的传递过程中，不可避免地有损失，这些损失包括：

(1) 发动机内部运动零件的摩擦损失，如活塞、活塞环对缸壁的摩擦，曲柄连杆机构轴承的摩擦，气阀机构的摩擦等。这部分损失所占比例最大。

(2) 驱动附属机构的损失，如驱动水泵、机油泵、喷油泵、风扇、发电机等。

(3) 泵气损失，指进排气过程所消耗的功。

上述损失所消耗的功率称为机械损失功率 P_m。指示功率减去机械损失功率，才是发动机对外输出的功率，称为有效功率 P_e(单位是 kW)。

发动机有效功率由试验测得。

2. 有效扭矩 T_{tq}

发动机工作时，由功率输出轴输出的扭矩称为有效扭矩 T_{tq}。它与有效功率 P_e 之间的关系是

$$P_e = \frac{2\pi n T_{tq}}{60\times1000} = \frac{T_{tq}n}{9549} = 0.1047 T_{tq}n\times10^{-3} \tag{2-1}$$

式中：T_{tq}——有效扭矩，单位为 N·m；

　　　n——发动机转速，单位为 r/min。

3. 平均有效压力 p_{me}

平均有效压力 p_{me}(单位是 MPa)是发动机单位气缸工作容积输出的有效功。它与有效功率 P_e 之间的关系如下：

$$P_e = \frac{p_{me}V_s in}{30\tau} \tag{2-2}$$

式中：V_s——发动机气缸工作容积，单位为 L；

　　　n——发动机转速，单位为 r/min；

　　　i——发动机气缸个数；

　　　τ——发动机冲程数，四冲程 $\tau = 4$，二冲程 $\tau = 2$。

四行程发动机：

$$P_e = \frac{p_{me}V_s in}{120} \tag{2-3}$$

二行程发动机：

$$P_e = \frac{p_{me}V_s in}{60} \tag{2-4}$$

由式(2-2)可得到：

$$p_{me} = \frac{30P_e\tau}{V_s in} \tag{2-5}$$

将公式(2-1)代入上式可到：

$$p_{me} = 3.14\frac{T_{tq}\tau}{iV_s}\times10^{-3}$$

由此可得，p_{me} 值大，说明单位气缸工作容积对外输出的功多，做功能力强。它是评定发动机动力性的重要指标。汽油机的 p_{me} 的一般范围为 0.7～1.3 MPa，柴油机的 p_{me} 为 0.6～1.0 MPa，增压柴油机的 p_{me} 为 0.9～2.2 MPa。

4. 转速 n 和活塞平均速度 C_m

提高发动机转速，增加单位时间的做功次数，从而使发动机在体积、重量基本不变的情况下获得较大功率。转速 n 增加，活塞平均速度 C_m 也增加，n 与 C_m(m/s)的关系为

$$C_m = \frac{S\cdot n}{30}$$

式中：S——活塞行程，单位为 m。

C_m 大，则活塞组的热负荷和曲柄连杆机构的惯性力均增大，磨损加剧，寿命下降。C_m 已成为表征发动机强化程度的参数。一般汽油机的 C_m 不超过 18 m/s，柴油机的 C_m 不超过 13 m/s。

为了提高转速又不使活塞平均速度 C_m 过大，由上式可知，可以减小行程 S，即对于高速发动机，在结构上采用较小的行程缸径比值。但行程缸径比值小也会造成燃烧室高度减小，其表面积与容积的比 A/V 值增大，混合气形成条件变差，不利于燃烧。

(二) 发动机经济性指标

1. 有效热效率 η_e

η_e 是发动机的有效功 W_e(单位为 J)与所消耗燃油热量 Q_1(单位为 J)的比值：

$$\eta_e = \frac{W_e}{Q_1}$$

2. 有效燃油消耗率 b_e

b_e 是单位有效功的耗油量(简称耗油率)，通常以每千瓦小时的耗油量表示，单位为 g/(kW·h)，计算公式为

$$b_e = \frac{B}{P_e} \times 1000$$

式中：B——每小时的耗油量，单位为 kg/h；

　　　P_e——有效功率，单位为 kW。

汽油机、柴油机的有效热效率和有效燃油消耗率的范围如表 2-1 所示。

表 2-1　有效热效率、有效燃油消耗率范围

名称	η_e	b_e
汽油机	0.25～0.30	270～325
柴油机	0.30～0.45	190～285

(三) 环境性能指标

发动机的环境指标主要指排气品质和噪声。由于它们关系到人类的生存环境和健康，因此各国都采取了许多对策并制定相应的法规给予严格控制。排放和噪声已成为发动机的重要性能指标。

1. 排放指标

发动机的排放物中含有对人类有害的有毒物质，造成大气污染，从而形成公害。其排出的有害物主要有以下两类。

(1) 有害气体。汽油车排放的尾气中，有害气体成分主要有一氧化碳、碳氢化合物及氮氧化合物等。以前使用含铅汽油作为燃油时，尾气中还会有含铅化合物。

(2) 排气微粒。排气微粒指排气中除水以外的，单个颗粒大于 0.002 μm 的任何液体或固体微粒。其中，以碳为主要成分的固体颗粒形成碳烟，是排气微粒最主要的成分，目前我国只规定碳烟限值。

2. 噪声

噪声会刺激神经，使人心情烦躁、反应迟钝，甚至产生耳聋、高血压和神经系统疾病。汽车是城市的主要噪声源之一，发动机又是汽车的主要噪声源，因此必须给予控制。我国 GB 7258—2017 规定，测量汽车喇叭声级时，应将声级计置于被检车辆前 2 m 处，传声器距地高 1.2 m，并指向被检车辆驾驶员位置，按响喇叭并保持发声 3 s 以上，测取声压级，声压级应在 90 dB(A)～115 dB(A) 之间；汽车驾驶员耳旁噪声声级应不大于 90 dB(A)。

二、发动机功率检测

(一) 功率检测方法

发动机的有效功率是曲轴对外输出的净功率，是发动机综合性能的评价指标。发动机功率检测常采用两种方法：稳态测功法和动态测功法。

稳态测功是指发动机在节气门开度一定、转速一定和其它参数保持不变的稳定状态下，在测功机上测定功率的一种方法，须在测功机试验台架上进行测量。发动机台架系统一般由试验台基座和发动机支架、测功机、燃油供给系统、机油冷却和自动控温系统、发动机冷却系统、进排气系统以及装有各种测量装置、仪表和操纵机构的控制台等组成。发动机性能试验测量的主要性能参数有：发动机有效扭矩、转速、有效功率、有效燃油消耗率等。

动态测功是指发动机在节气门开度和转速均为变动的状态下，测定其功率的一种方法。由于动态测功时无须对发动机施加外部负荷，因而又称为无负荷测功或无外载测功。

由于动态测功可以在发动机不解体的情况下快速测定发动机功率，不需大型设备，既可以在台架上进行测量，也可以就车进行测量，因而提高了检测的快捷性。所以，对于在用发动机，常采用动态测功方法进行检测。

(二) 动态测功原理

动态测功是基于一种动力学方法来进行测量的。如果把发动机的所有运动部件看成一个绕曲轴中心线转动的回转体，当没有任何外界负荷时，发动机在怠速下突然将节气门打开至最大开度时，发动机产生的动力除克服机械阻力矩和压缩气缸内混合气的阻力矩外，所剩余的有效扭矩将全部用来使发动机运动部件加速。此时，发动机将克服本身惯性力矩迅速加速到空载最大转速。对于某一型号的发动机而言，其运动部件的转动惯量近似为一个定值。如果被测发动机的有效功率愈大，则其瞬时角加速度愈大，运动部件的加速度也愈大，加速时间愈短。因此，可以通过测定发动机在某一转速下的瞬时角加速度或指定转速范围内急加速时的平均加速度来确定发动机有效输出功率的大小。

(三) 动态测功的方法

目前，国内很少有单一功能的无负荷测功仪，无负荷测功通常由发动机综合性能检测仪完成。发动机综合性能检测仪除了能完成发动机功率测量外，通常还可以完成发动机点火系性能检测、低压电路检测、气缸密封性检测等。发动机综合性能检测仪型号很多，其功能与使用方法也各不相同，因此，使用之前一定要认真阅读仪器的使用说明书。

1. 动态功率检测前的准备

进行动态功率测量之前需做以下准备：

(1) 调整发动机配气机构、供油系统和点火系统，使之处于技术完好状态；预热发动机至正常工作温度(80℃～90℃)；调整发动机怠速，使之在规定范围内稳定运转。

(2) 接通电源，预热仪器并调零，把传感器按要求连接在规定部位。

(3) 对于测量加速时间-平均功率的仪器，应按要求把起始转速 n_1、终止转速 n_2 调好。

(4) 对于需置入转动惯量 J 的仪器，要把被测发动机的转动惯量 J 置入仪器内。若被测发动机的转动惯量未知，则应先测定其转动惯量。其方法为：先选一台已知最大功率 $P_{e\max}$ 的同类型发动机，并设定其转动惯量为 J_1，利用无负荷测功仪对该发动机进行多次功率测量，若测得的最大功率为 P_1，则被测发动机的转动惯量 J 可按下式计算：

$$J = \frac{J_1}{P_1} \times P_{e\max}$$

2. 动态功率检测方法

常用的动态功率测试方法主要为怠速加速法。

发动机在怠速下稳定运转，然后突然将节流阀开到最大位置，发动机转速猛然上升，当转速达到所确定的测试转速(测瞬时功率)或超过终止转速 n_2 时，仪表显示出所测功率值。此后应立即松开加速踏板，以避免发动机长时间高速运转。记下或打印出读数后，按"复零"键使指示装置复零。为保证测试结果可靠，一般重复测量 3 次取其平均值。该测试方法既适用于汽油机，又适用于柴油机。

必须说明的是，上述无外载测功的理论依据在机理上尚需斟酌，首先这一方法所测得的是发动机的加速性能，仅仅是动力性的一个侧面，而不是全部。众所周知，功率指标高的发动机其加速性能不一定优良。

但因无外载测功法简单易行，在没有测功设备或无需严格要求最终测试结果的情况下，例如作为同一台发动机调整前后或维修前后的质量判断，这种测功法还是十分有效的。

第二节　发动机密封性检测

发动机气缸密封性与气缸活塞组(气缸、活塞、活塞环、气门、气缸盖和气缸垫等包围发动机工作介质的零部件)的技术状况直接相关，因而气缸密封性的检测参数可作为气缸活塞组技术状况的评价指标。

评价气缸密封性的主要参数有：气缸压缩压力、气缸窜气量(率)、曲轴箱窜气量等。

一、气缸压缩压力检测

(一) 利用气缸压力表检测

1. 气缸压力表

气缸压力表(图 2-1)是一种专用压力表，一般由表头、导管、单向阀和接头等组成。气缸压力表接头有螺纹管接头和锥形或阶梯形橡胶接头两种。螺纹管接头可以拧在火花塞或喷油器的螺纹孔中；橡胶接头可以压紧在火花塞或喷油器孔中。单向阀处于关闭位置时，可保持测得的气缸压缩压力读数(保持压力表指针位置)；单向阀打开时，可使压力表指针回零，以便于下次测量。

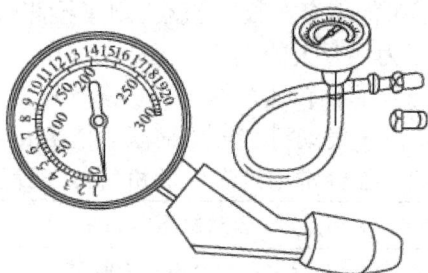

图 2-1　气缸压力表

2. 检测方法

(1) 起动发动机，使其运转至正常工作温度(冷却水温 70℃～90℃)。

(2) 发动机熄火，清除发动机火花塞或喷油器(柴油机)周围赃物并将火花塞或喷油器全部拆下。

(3) 把节气门和阻风门置于全开位置。

(4) 把气缸压力表的锥形橡胶接头压紧在被测气缸的火花塞孔内(或把螺纹管接头拧在火花塞孔上)。

(5) 用起动机带动曲轴旋转 3～5 s (不少于四个压缩行程)，指针稳定后读取读数，然后按下单向阀使指针回零。

(6) 重复步骤(5)。需要说明的是：每个气缸的测量次数应不少于两次，测量结果应取其测量次数的平均值。

(7) 按上述方法依次检测各个气缸。

3. 检测结果的影响因素

使用气缸压力表测得的气缸压缩压力，不仅与气缸密封性有关，还受发动机转速的影响，即所测气缸压缩压力与活塞在缸内压缩行程所持续的时间密切相关。图 2-2 为气缸压缩压力与发动机曲轴转速的关系曲线。

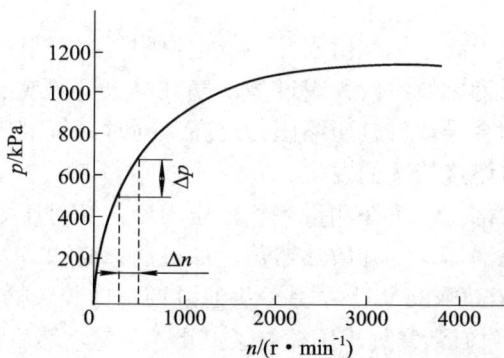

图 2-2　气缸压缩压力与曲轴转速的关系

由 2-2 图可见，当起动机带动发动机在较低转速范围内运转时，即使转速差 Δn 较小，也能使气缸压缩压力检测结果发生较大的变化 ΔP。只有当发动机曲轴转速超过某一值时(一般为 1500 r/min)，检测结果受转速的影响才会较小。而不同型号的发动机，由起动机带动曲轴的转速不可能一致，即使同一型号的发动机，由于蓄电池、起动机和发动机的技术状况不一致，其起动转速也不可能完全一致。这就出现了检测转速是否符合规定值的问题，这是用气缸压力表检测气缸压力误差大的主要原因之一。因此在使用气缸压力表测取气缸压缩压力时，应该用转速表监视曲轴转速，尽可能在发动机转速符合制造厂规定的数据下进行检测，表 2-2 为部分常用汽车发动机气缸压缩压力值(rpm = r/min)。

表 2-2　部分常用汽车发动机气缸压缩压力

汽车或发动机型号	压缩比	气缸压力/kPa	检测时曲轴转速/rpm
桑塔纳 2000AFE	9.0	1000～1300	200～250
广州本田雅阁	8.9	930～1230	200～250
东风 EQ6100-1	7.0	不小于 833(各缸压差＜147)	100～150
解放 CA6120	7.4	930	100～150
跃进 NJG427A	7.5	981	200～250
夏利 TJ7100	9.5	1029～1225	350
捷达	8.5	900～1200(各缸压差＜300)	200～250

4. 检测结果分析

当气缸压缩压力的检测值低于标准值时，常根据润滑油具有密封作用的特点，用下述方法确定导致气缸密封性不良的原因所在。

由火花塞或喷油器孔注入适量(一般为 20～30 mL)润滑油后，再次检测气缸压缩压力，并比较两次检测结果。

(1) 如果第二次检测结果比第一次高，并接近标准值，则表明气缸密封性不良是由于气缸、活塞环、活塞之间磨损过大或活塞环对口、卡死、断裂及缸壁拉伤等原因而引起的。

(2) 如果第二次检测结果与第一次近似，则表明气缸密封性不良的原因为进、排气门或气缸衬垫不密封(滴入的润滑油难以达到这些部位)。

(3) 如果两次检测结果均表明某相邻两缸压缩压力低，则其原因可能是两缸相邻处的气缸衬垫烧损窜气。

如果所测气缸压缩压力高于标准值，并不一定说明气缸密封性好，而应结合使用和维修情况分析具体原因。因为燃烧室内积炭过多、气缸衬垫过薄或缸体与缸盖的结合平面经多次修理后加工过度，均会导致气缸压缩压力过高。同时，气缸压缩压力高于标准值常会导致爆燃、早燃等不正常燃烧情况的发生。

为了准确地测出故障部位，可在测量完气缸压力后，针对压力低的气缸，采用以下方法进行确诊：拆下空气滤清器，打开散热器盖、加机油口盖和节气门，用一条 3 m 长的胶管，一头接压缩空气气源(600 kPa 以上)，另一头通过锥型橡胶头插在火花塞或喷油器孔内。摇转发动机曲轴，使被测气缸活塞处于压缩终了上止点位置，然后将变速器挂入低速挡，拉紧驻车制动器，打开压缩空气开关，注意倾听发动机漏气声。如果在进气管口处听到漏气声，说明进气门关闭不严密；如果在排气消声器口处听到漏气声，说明排气门关闭不严密；

如果在散热器加水口处看到有气泡冒出，说明气缸衬垫不密封造成气缸与水套沟通；如果在加机油口处听到漏气声，说明气缸活塞配合副磨损严重。

气缸压缩压力与发动机的压缩比有直接关系，因此也可根据下列公式近似计算，但对于新型轿车，该计算值偏低。

$$P = 0.15\varepsilon - 0.22$$

式中：P——气缸压缩压力，单位为 MPa；

ε——压缩比。

5. 诊断参数标准

对于在用汽车发动机，按照交通部令第 13 号《汽车运输业车辆技术管理规定》第五十八条第三款的规定，在用车发动机气缸压力不得低于原设计值的 25%以上。对于营运车辆发动机的性能检测，根据 GB 18565—2016《道路运输车辆综合性能要求和检验方法》的规定，发动机各气缸压缩压力不小于原设计规定值的 85%；每缸压力与各缸平均压力的差值为：汽油机应小于 8%，柴油机应小于 10%。

对于大修竣工发动机，按照 GB/T 15746—2011《汽车修理质量检查评定方法》规定：大修竣工发动机的气缸压力应符合原设计规定，每缸压力与各缸平均压力的差值为：汽油机不超过 5%，柴油机不超过 8%。

(二) 利用气缸压力测试仪检测

1. 检测原理

发动机起动过程中，起动机的电磁转矩 M 为驱动力矩，稳定运转时，应与发动机的起动阻力矩 M' 平衡。发动机的起动阻力矩 M' 由机械阻力矩、惯性阻力矩和气缸压缩空气的反力矩构成。正常情况下，前两种阻力矩变化不大，可看作常数；而压缩空气反力矩显然是周期性波动的，在每一缸活塞到达压缩行程上止点时具有峰值。若阻力矩增加，电磁转矩 M 便暂时小于阻力矩 M'，起动机转速 n 下降；随着 n 下降，反电动势 E' 将减小，而电枢电流 I_s 将增大。于是电磁转矩 M 随之增加，直到与阻力矩 M' 达到新的平衡。若阻力矩降低，则起动机加速旋转，转速 n 增大，反电动势 E' 随之增大，从而电枢电流 I_s 及转矩 M 减小，直至 M 与 M' 平衡。由此可见，发动机起动时，压缩压力的波动引起了起动机起动工作电流的波动，电流波动的峰值与气缸压缩压力成正比。如果能确定某一电流峰值所对应的气缸，如第一缸，按点火次序即可确定各缸所对应的起动电流峰值，其大小可代表该缸气缸压缩压力值。用示波器记录的起动机起动电流曲线见图 2-3。如果在测取发动机起动电流的同时，用缸压传感器测出任一气缸(例如 1 缸)的气缸压缩压力值，则其他各缸的气缸压缩压力值可按其起动电流波形峰值计算而得。

起动机工作电流 I_s 与蓄电池端电压 V 的关系为

$$V = E - I_s \cdot R$$

式中：E——蓄电池电动势，单位为 V；

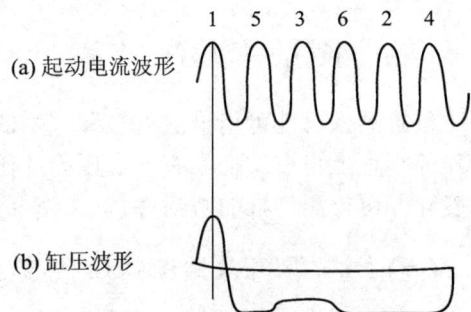

图 2-3　起动电流与缸压波形图

R——蓄电池内阻，单位为 Ω。

因此，由气缸压缩空气阻力矩引起的起动机工作电流波动会导致蓄电池端电压的波动。起动电流增大时，端电压降低，即起动电流与电压降成正比。如前所述，起动电流峰值与气缸压缩压力成正比，因此起动时蓄电池的电压降也与气缸压缩压力成正比。所以，可以通过测量蓄电池的起动电压降检测气缸压缩压力。

根据上述原理制成的气缸压缩压力测试仪，称为起动电流式或起动电压降式气缸压缩压力测试仪。有的测试仪可以显示各缸压缩压力的具体数值，甚至在显示各缸压缩压力具体数值的同时并能与标准值对照；有的仅能定性显示"合格"或"不合格"；有的只能显示波形。对于后者，如果检测时显示的各缸波形振幅一致，峰值又在规定范围内，说明各缸压缩压力符合要求；若各缸波形振幅不一致，对应某缸电流峰值低于规定范围，则说明该缸压缩压力不足，应借助其他方法测出压缩压力的具体数值，以便分析判断。至于各缸波形峰值对应的缸号，一般是通过点火传感器或喷油传感器(柴油机)确定 1 缸波形位置，其他缸的波形位置按点火次序确定。

2. 检测方法

用气缸压力测试仪检测气缸压力时，发动机亦应首先运转至正常工作温度，并把节气门和阻风门置于全开位置。其传感器的安装及测试过程中的操作应按测试仪使用说明书的要求进行。

使用国产 WFJ—I 型发动机检测仪(济南)测试气缸压力时，传感器的安装和操作过程如下：

(1) 拆下任一缸火花塞，把缸压传感器安装在火花塞孔中。

(2) 把电流传感器夹在蓄电池的搭铁线上，传感器上箭头指向蓄电池负极，两爪对正、密合；转速传感器安装于分缸线上，白金信号红鱼夹夹在点火线圈"—"极接线柱上或分电器接线柱上(触点点火系统)，白金信号黑鱼夹搭铁。

(3) 在输入键盘上键入操作码 06，用起动机带动发动机运转 4～6 s，仪器将会自动打印出各缸的压缩压力值。缸压传感器所在缸为标准缸，其余各缸的压缩压力值从标准缸以下按点火次序排列。

应注意的是：标准缸的气缸压缩压力值是由缸压传感器直接测出的，其余各缸的压力值则是通过各缸起动电流峰值与标准缸起动电流峰值相比较而得到的。因此，为保证测试结果可靠、准确，应经常用气缸压力表的检测值与用缸压传感器检测的检测值相比较，以检查缸压传感器是否可靠。

二、气缸漏气量(率)检测

气缸的密封性可用检测气缸漏气量的方法进行评价。检测时，发动机不运转，活塞处于压缩行程上止点；把具有一定压力的压缩空气从火花塞或喷油器孔充入气缸，通过压力的变化即可检测气缸的密封性。

(一) 气缸漏气量检测仪结构与工作原理

图 2-4 为某型气缸漏气量检测仪(这里为气缸窜气分析仪)，它主要由调压阀(也叫减压

阀)、进气压力表、测量表、校正孔板、橡胶软管、快速管接头、充气嘴等组成。测试时，检测仪的充气嘴安装于所测气缸的火花塞孔上，该缸活塞处于上止点位置。外接气源的压力应相当于气缸压缩压力，一般为 0.6~0.8 MPa，其具体压力值由进气压力表显示；经调压阀调压至某一确定压力 P_1(0.4 MPa)后，压缩空气经过校正孔板上的量孔及快速管接头、充气嘴进入气缸。当气缸密封不严时，压缩空气就会从不密封处溢漏出去，校正孔板上量孔后的空气压力下降为 P_2。则 P_1 和 P_2 的关系式为：

$$P_1 - P_2 = \frac{\rho \cdot Q^2}{2\varphi^2} \cdot A^2$$

式中：Q——空气流量；

　　　A——量孔截面积；

　　　ρ——空气密度；

　　　φ——流量系数。

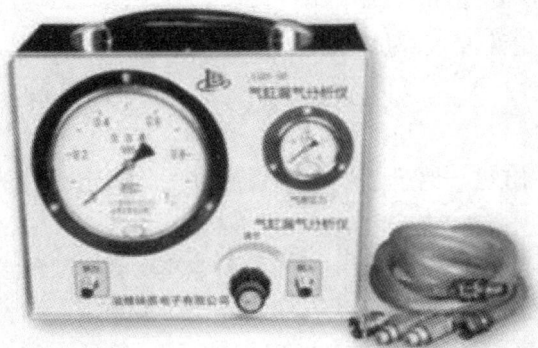

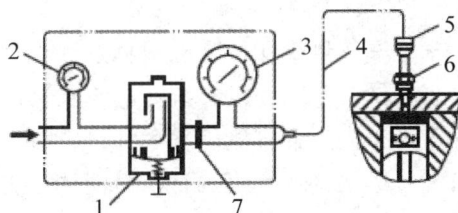

(a) 仪器外形图　　　　　　　　　(b) 工作原理图

1—调压阀；2—进气压力表；3—测量表；4—橡胶软管；

5—快速管接头；6—充气嘴；7—校正孔板

图 2-4　气缸窜气分析仪

当校正孔板量孔截面积和结构一定时，A 和 φ 为常数；而进气压力 P_1 及测试时的环境温度一定时，空气密度 ρ 亦为常数，因此校正孔板量孔后的压力 P_2(由测量表指示)取决于经过量孔的空气流量 Q。显然，空气流量 Q 的大小(漏气量)与气缸的密封程度有关。由于气缸、活塞、活塞环和气门、气门座等处磨损过大或因故障密封不良时，漏气量 Q 增大而使测量表指示压力 P_2 低于进气压力 P_1 的量增大。因此，根据测量表压力下降值即可判断气缸的漏气量，并由此判断出气缸的密封性。

对于气缸漏气率检测，无论所使用的是何种仪器、检测方法，还是何种判断故障的方法，都与气缸窜气量的检测基本一致。所不同的是气缸漏气量的测量表以 kPa 或 MPa 为单位，而气缸漏气率测量表的标定单位为百分数(%)，即：密封仪器出气口，漏气率为 0 时测量表指针指示 0；而打开仪器出气口，表示气缸内压缩空气完全漏掉，测量表指针指示值为 100%。测量表指示值在 0~100% 之间均匀分度，并以百分数表示。这样，把原表盘的气压值标定为漏气的百分数，就能直观地指示气缸的漏气率。

(二) 检测方法

(1) 将发动机各火花塞卸下，利用手摇把转动曲轴，使活塞处于上止点，挂直接挡，拉紧驻车制动器，以防测试时压缩空气推动活塞移动。

(2) 在处在压缩上止点的第一缸上拧上送气接头，将导气管带快换接头一端与测量仪输出端相接，同时，将空气压缩机与测量仪输入端相接。将仪器调压阀门关闭(使用时将调压器旋钮拉出)。

(3) 开动空气压缩机充气，当充到 0.8 MPa 时关闭，准备好计时秒表，迅速开启调压阀，同时按动秒表，记录保压时间，观察测量压力表的变化，当表压降至 0.4 MPa 时，按停秒表，记录表压从 0.8 MPa 降到 0.4 MPa 所用的时间，用这个时间的长短进行同类机比较，即可诊断出气缸漏气量损坏的程度，维持时间越长，气缸密封性越好；如保压维持时间很短，通常在 10 秒以下，说明气缸漏气严重，必须进行修理。为方便测试，各缸的测试顺序依气缸点火顺序进行，曲轴每转半圈(180°)，即可试验一个气缸。

(4) 进行漏气部位判断，方法同气缸压力检测漏气部位判断方法。

(三) 检测参数标准

气缸漏气量检测标准应根据发动机种类、缸径、磨损情况等因素通过试验确定。对于气缸窜气量，我国还没有统一的诊断标准。

表 2-3 为气缸漏气量参考性诊断参数标准。表 2-4 是气缸漏气率参考性检测标准。当气缸漏气率达 30%～40%时，若能确认进排气门、气缸衬垫、气缸盖等处均不漏气，则说明气缸活塞摩擦副的磨损临近极限值。

表 2-3　气缸漏气量参考性诊断参数标准

气缸密封状况	测量表读数值/kPa	气缸密封状况	测量表读数值/kPa
合格	>250	不合格	<250

表 2-4　气缸漏气率参考性诊断参数标准值

气缸密封状况	测量表读数/%	气缸密封状况	测量表读数/%
良好	0～10	较差	20～30
一般	10～20	换环或镗缸	30～40

三、曲轴箱窜气量检测

(一) 检测原理

气缸活塞组配合副磨损、活塞环弹性下降或黏结均会使气缸密封性下降，工作介质和燃气将会从不密封处窜入曲轴箱。窜入曲轴箱的气体量越多，表明气缸与活塞、活塞环间不密封程度越高。我们可以用发动机工作时单位时间内窜入曲轴箱的气体量来衡量气缸活塞配合副的密封性。窜入曲轴箱的废气可以溢出的通道有：加机油口、机油尺口和曲轴箱强制通风阀。

显然，曲轴箱窜气量与使用工况有关，在稳定工况下，曲轴箱窜气量可反映气缸活塞组的技术状况或磨损程度。图 2-5 表明曲轴箱窜气量与发动机输出功率和油耗的关系。

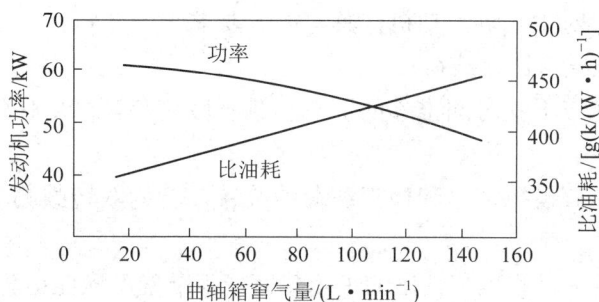

图 2-5   曲轴箱窜气量与功率、油耗的关系

(二) 检测方法

由于从曲轴箱窜出的气体具有温度高、体积少、脉动、污浊等特点，因而检测难度较大。根据国家标准 GB 11340—2005《装用点燃式发动机重型汽车曲轴箱污染物排放限值及测量方法》和 GB 18285—2018《汽油车污染物排放限值及测量方法(双怠速法及简易工况法)》规定，对于装用点燃式发动机重型汽车，其曲轴箱污染物排放试验可以用整车在底盘测功机上进行，也可以用与被试车辆相应的发动机在发动机台架上进行。用发动机台架试验时，试验发动机应安装与被试车辆相同的零部件(如空气滤清器、曲轴箱污染物控制装置等)。装用点燃式发动机的轻型汽车采用整车在底盘测功机上进行试验。

1. 试验条件

(1) 怠速调整到制造厂规定的状况。

(2) 当用底盘测功机进行曲轴箱污染物排放试验时，车辆运转工况见表 2-5。

表 2-5   曲轴箱排放试验运转工况

工况顺序	车速/(km/h)	测功机吸收的功率
1	0	无
2	50 ± 2(三挡或前进挡)	车辆以基准质量，在平坦路面上，以直接挡 50 km/h 等速行驶时的负荷
3	50 ± 2(三挡或前进挡)	工况 2 的负荷乘以系数 1.7
注：对于装用点燃式发动机的轻型汽车，在进行工况 2、工况 3 试验时采用 3 挡或前进挡。		

(3) 当用发动机台架进行曲轴箱污染物排放试验时，发动机运转工况为表 2-5 所示的三个工况。但是表 2-5 中工况顺序 2 中测功机吸收的功率及车速，必须用被试车辆以基准质量在平坦道路上以直接挡 50 km/h 等速行驶时测取的发动机负荷和转速来替代。工况顺序 3 中测功机吸收的功率为工况顺序 2 中测功机吸收功率的 1.7 倍。发动机的转速同

工况顺序 2。

2. 试验设备

1) 测功系统

(1) 发动机测功机：可测定发动机稳定工况、精度符合 GB/T 18297《汽车发动机性能试验方法》规定的测功机。

(2) 底盘测功机：对于底盘测功机，具有如下要求：

① 测功机必须能模拟道路载荷。

② 测功机的设定应不受时间推移的影响，且不应使车辆产生任何妨碍车辆正常运行的振动。

③ 测功机必须装有模拟惯量和模拟载荷的装置，若为双转鼓测功机，则这些模拟装置要与前转鼓连接。

④ 准确度满足要求。测量和读出的指示载荷，其准确度应能达到 ±5%；测功机在 50 km/h 时载荷设定的准确度必须达到 ±5%；车速应通过转鼓(对于双转鼓测功机，用前转鼓)的转速来测量。车速大于 10 km/h 时，其测量准确度应为 ±1 km/h。对于轻型汽车，测量测功机指示的车速，其准确度应在 ±2 km/h 以内。

⑤ 载荷设定合适。应在 50 km/h 等速下调整载荷模拟器，使其吸收作用在驱动轮上的功率。

2) 压力测量设备

(1) 进气支管中的压力测量，应使用准确度在 ±1 kPa 以内的压力计。

(2) 曲轴箱内的压力测量，应使用准确度在 ±0.01 kPa 以内的压力计。

3. 试验方法

(1) 发动机的缝隙或孔隙应保持原装配状态。

(2) 应在适当位置测量曲轴箱内的压力，如在机油标尺孔处使用倾斜式压力计测量。

(3) 如果在规定的各测量工况下测得的曲轴箱内的压力均不超过测量时的大气压力，则应认为该车辆满足要求。

(4) 如果在规定的测量工况下，在曲轴箱内测得的压力超过大气压力，若制造厂提出要求，则应进行追加试验。

4. 追加试验

追加试验的方法如图 2-6 所示。

(1) 发动机的缝隙或孔隙应保持原装配状态。

(2) 在机油标尺孔处连接一个其容积大约为 5 L 的不泄露曲轴箱气体的柔性袋。在每次测量前应将气袋排空。

(3) 每次测量前气袋应该封闭，在规定的每种测量工况下，气袋应与曲轴箱接通 5 min。

(4) 若在规定的每一测量工况下，气袋均没有出现可观察到的充气现象，则认为曲轴箱污染物排放满足要求。

(5) 若受发动机结构的限值，不能按照追加试验中(1)~(4)所述方法进行试验，则应按下述方法进行测量。

① 试验之前，除回收气体所需的孔外，所有的缝隙或孔隙均应封闭。

② 气袋应装在再循环管路中一个不应导致任何额外压力损失的合适的取气管中，且再循环装置直接装在发动机联接孔上。

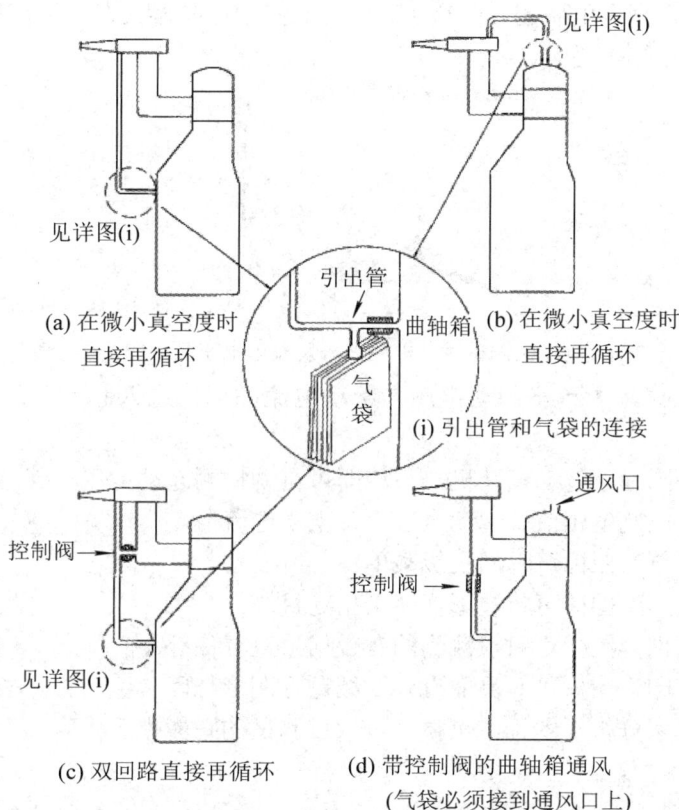

图 2-6 轻型汽车曲轴箱污染物试验检查方法

(三) 诊断参数标准

依据国标规定，发动机曲轴箱通风系统不允许有任何曲轴箱污染物排入大气。

第三节 发动机起动系检测诊断

发动机起动系用于在接通起动机电源时，起动机带动曲轴以高于保证发动机顺利起动所必须的最低转速运转。起动系统性能主要取决于起动电流、蓄电池起动电压、起动转速。起动系统检测时，通常在关闭车上所有电器的情况下接通起动机，由起动机带动曲轴旋转，测量蓄电池的输出总电流、蓄电池正负极柱间的电压和发动机曲轴转速 3 个参数，一般分别简称为起动电流、起动电压和起动转速。

起动系统检测诊断设备包括发动机综合性能检测仪和汽车电器万能试验台，下面分别介绍它们的使用方法。

1. 发动机综合性能检测仪检测起动系统

1) 测试方法

起动电流、电压的测试，在检测前，将大电流钳测试线夹在与电瓶相连的电动机电流线上(大电流钳测试线箭头的指向应与电流的流向相同)，将电瓶电压及充电电压测试线的红色夹、黑色夹分别夹在电瓶的正负极上，将一缸信号适配器夹在一缸高压线上，如图2-7所示。

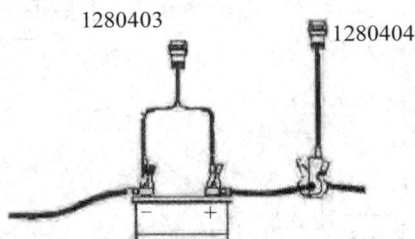

图 2-7　大电流钳测试线和电瓶电压及充电电压测试线安装示意图

在汽油机测试菜单中单击起动电压与起动电流图标，进入起动电压与起动电流测试界面。

单击"测试"图标，起动发动机，系统即可自动检测起动电压、起动电流波形并显示发动机当前转速、电瓶电压值、起动电压值、电动电流值。

单击"显示菜单"图标可返回上级菜单。

单击"保存波形"图标可将波形保存于指定目录。

单击"保存数据"图标可对检测到的有效结果进行保存。

单击"图形打印"图标可对界面有效区域进行图形打印。

单击"显示专家分析"图标，可显示本项目测试的智能提示内容。

2) 检测标准

一般采用 12 V 电源系统的汽油机，起动初始电压 U_B 应大于或等于 12.0 V，起动终止电压 U_E 应大于或等于 9.6 V；采用 24 V 电源系统的柴油机，起动初始电压 U_B 应大于或等于 24.0 V，起动终止电压 U_E 应大于 19.2 V。汽油机的起动转速 n 应为(50～70) r/min，柴油机的起动转速应为 n (100～200)r/min。起动电流因蓄电池和起动机配置不同差异很大，每一车型的起动初始电流 I_B 和起动稳定电流 I_E 的实测值应符合该车型相关资料的规定。

3) 检测结果分析

检测结果分析如下：

(1) 起动电流：黄颜色曲线是起动后的起动电流变化曲线。在开始起动瞬间，起动机所用电流非常大，一般为 100～200 A，经过 1～2 s 的时间，起动电流就比较稳定；蓄电池内阻越大，起动电流的曲线就越粗。

(2) 起动电压：红颜色曲线是蓄电池空载时的电压曲线，黄颜色曲线是蓄电池起动后的电压变化曲线。取起动电压中间值为起动电压值，一般汽油机为 12 V。若起动电压末值比起动电压中值小得很多，则说明蓄电池亏电较多。

起动系统检测结果分析如表 2-6 所示。

表 2-6 起动系统检测结果

检测结果	检 测 参 数					故 障 原 因
	U_B	U_E	I_B	I_E	n	
	偏低	偏低	偏小	偏小	偏低	蓄电池内部故障或亏电严重
	正常	偏低	正常	偏小	偏低	蓄电池存电不足
	正常	偏低	偏大	偏大	偏低	起动机内部短路或发动机阻力过大
	正常	正常	偏小	偏小	偏低	起动机电路断路或接触不良
	正常	正常	正常	波动过大	波动过大	电刷与换向器接触不良，电磁开关故障，各缸压力差异过大

2. 汽车电器万能试验台检测起动系统

汽车电器万能试验台检测起动系统的使用方法如下：

1) 起动电压的检测

按下仪表面板上的 50 V 开关，将测试线的红、黑插片分别接到仪器的直流电压的正、负极接线柱上，然后将测试线另一端的红、黑夹子分别接到蓄电池的正极和搭铁线上，接通起动机开关，此时仪表读数值即为蓄电池起动电压。蓄电池起动电压一般应大于或等于 8 V。

2) 起动机工作状况的检测

按下仪表面板直流电流 300 A 开关，然后先将仪器的两根粗备用线的插片端(区别正负)牢固地拧在仪器直流电流 300 A 的接线柱上，备用线的另一端分别牢固地拧在备用的 300 A 分流器的两端；再自备两根粗备用线，其一端分别与 300 A 分流器的两端牢固连接，然后将自备的备用线区分极性与被测起动机串联。此时接通起动开关使起动机运转，300 A 仪表指针应指示在规定的范围内，否则说明起动机绕组有短路或搭铁故障。

第四节 发动机润滑系检测诊断

摩擦阻力是发动机起动和运转时的主要内部阻力，改善润滑状况可减小发动机的机械损失，提高发动机输出的有效功率；相反，润滑状况不良时，发动机做相对运动的配合副磨损加剧，正常配合间隙被破坏，还易于造成发动机"拉缸"或"烧瓦"等破坏性故障。因此，发动机润滑系统的技术状况对于保障发动机正常工作及提高其使用寿命是非常重要的。

润滑系统检测的主要参数为：机油压力、机油消耗量和机油品质。这些参数既可表征润滑系的技术状况，又可反映曲柄连杆机构有关配合副的技术状况。

一、机油压力检测

为了给摩擦表面不断供给润滑油，以使摩擦副保持可靠润滑，润滑系统的机油压力应高于某一最低压力。在低于最低允许压力时，由于润滑不良会使零件磨损加剧而造成损坏。技术状况正常的发动机在常用转速范围内，汽油机机油压力应为 196～392 kPa，柴油机应为 294～588 kPa。若中等转速下的机油压力低于 147 kPa，怠速时低于 49 kPa，则说明发动机润滑系机油压力过低，发动机继续运转则有可能导致严重故障。

发动机润滑系统机油压力的高低首先取决于润滑系统的技术状况，如机油泵性能、限压阀的调整、机油通道和机油滤清器的阻力等。同时，机油压力还与机油品质和机油的温度、黏度有关，机油黏度低、温度高，则机油压力变小；反之，则油压升高。此外，机油压力还与曲轴主轴承、连杆轴承和凸轮轴轴承的间隙有关，轴承磨损后间隙增大时，轴承间隙处机油泄漏量增大而使机油压力下降，因此机油压力也常常作为诊断相关轴承间隙的重要参数。若机油泵技术状况正常，则机油压力降低主要是由曲轴主轴颈和连杆轴颈磨损过大而引起的。试验表明，曲轴主轴承间隙每增加 0.01 mm 时，其机油压力大约降低 0.01 MPa。表 2-7 为部分发动机润滑系统机油压力。

表 2-7　部分发动机润滑系统的机油压力

厂牌车型	机油压力		主油道限压阀	
	转速/(r·min^{-1})	压力/kPa	安装位置	开启压力/kPa
北京 BJ2020	450～500 中速	≥49 196～392	汽缸体右前方 主油道末端	294～392
东风 EQ1090	450～550 1200～1400	≥147 ≥294		
东风 EQ1090E	热车怠速 其余工况	≥98 98～392		
解放 CA1090	怠速 1400～3000	≥98 294～392	汽缸体左侧 后部	392～441

润滑系统的机油压力值可在汽车仪表盘上的机油压力表上显示出来，但由于机油压力表和油压传感器不能保证必要的测量精度，因此在定期检测时，应采用专用机油油压检测仪器。检测时，首先拆下发动机润滑油道上的油压传感器，装上油压检测仪取样头；然后起动发动机使其在规定转速下运转，此时检测仪油压表上的指示值即为润滑系统的机油压力。

二、机油消耗量检测

机油消耗量的影响因素很多，润滑系统渗漏、空气压缩机工作不正常、机油规格不符、气缸活塞组磨损等都会影响机油消耗量。因此，机油消耗量除可反映发动机润滑系统技术状况外，还可据此判断发动机气缸活塞组的磨损情况。当气缸活塞组磨损过多、间隙增大时，机油会窜入燃烧室燃烧，导致机油消耗量增大。

汽车正常使用时，发动机机油消耗量并不大。磨损小、工作正常的发动机，机油消耗量约为 0.1～0.5 L/100 km；发动机磨损严重时，机油消耗量可达 1 L/100 km 或更多。

测定机油消耗量时，只需把汽车行驶一定里程(1000～1500 km)后机油的实际消耗量(L)换算为汽车每百公里的平均机油消耗量(L/100 km)即可。

三、润滑油品质检测

汽车发动机润滑油为机油，机油在使用过程中，由于杂质污染、燃油稀释、高温氧化、添加剂消耗或性能丧失等原因，致使机油品质逐渐下降直至功能丧失。同时机油品质在外观上，还表现为油品颜色变黑、黏度上升或下降。

引起机油污染的杂质主要来自摩擦表面的磨损微粒、外界尘埃以及积炭等；发动机工作不正常、不完全燃烧或缺火可使未燃燃油流入油底壳而使机油稀释；发动机工作过程中产生的高温，特别是当发动机气缸活塞组磨损严重、间隙增大，在燃烧行程有高温、高压气体窜入曲轴箱时，会加剧机油氧化，生成氧化产物和氧化聚合物而使机油变质。

机油中的清净分散剂是机油的一种重要添加剂，具有从发动机摩擦表面分散、移走磨损微粒、积炭等的能力，使之悬浮在机油中而不沉淀在摩擦表面，以减轻摩擦表面的磨损。由于机油在使用过程中清净分散剂的消耗及性能降低，也会逐渐失去其清净分散作用。

综上所述，机油品质下降将严重影响发动机性能，有时会导致严重后果，因而加强对机油的定期检测与分析，实行按质换油，具有极为重要的意义。这样做不仅可以节约机油，保证发动机良好润滑，而且可以据此了解掌握润滑系直至整台发动机技术状况的变化。在 GB 18565—2016《道路运输车辆综合性能要求和检验方法》中，明确规定了我国营运柴油车和汽油车的机油换油指标要符合 GB/T 7607《柴油机机油换油指标》和 GB/T 8028《汽油机机油换油指标》，表 2-8 为柴油机机油主要换油指标、表 2-9 为汽油机机油主要换油指标。表中机油的运动黏度在 100℃时的变化率 $\eta(\%)$ 按下式计算：

$$\eta = \frac{v_1 - v_2}{v_2} \times 100$$

式中：v_1——使用中机油黏度的实测值，单位为 mm^2/s；

$\quad\quad v_2$——新机油黏度的实测值，单位为 mm^2/s。

表 2-8　柴油机机油主要换油指标

项　目		换　油　指　标				试　验　方　法
		CC	DC、SF/CD	CF-4	CH-4	
运动黏度变化率(100℃)/%	>	±25		±20		GB/T 11137 和 GB/T 7607 中 3.2
闪点(闭口)/℃	<	130				GB/T 261
碱值下降率/%	>	50^b				SH/T0251^{c}SH/T068 和 GB/T 7607 中 3.3
酸值增值(以 KOH 计)/(mg/g)	>	2.5				GB/T 7304
正戊烷不溶物(质量分数)/%	>	2.0				GB/T 8926 B 法
水分(质量分数)/%	>	0.20				GB/T 260
铁含量/(μg/g)	>	200 100^a	150 100^a	150		SH/T 0077、GB/T 17476^c ASTM D6595
铜含量/(μg/g)	>	—		50		GB/T 17476
铅含量/(μg/g)	>	—		30		GB/T 17476
硅含量(增加值)/(μg/g)	>	—		30		GB/T 17476

注 1：执行本标准的柴油发动机技术状况和使用情况正常。

注 2：本标准 3.1 中涉及的项目参见 GB/T 7607 中的附录 A。

a. 适合于固定式柴油机。

b. 采用同一检测方法。

c. 此方法为仲裁方法。

表 2-9　汽油机机油主要换油指标

项　目		换 油 指 标		试 验 方 法
		SE、SF	SG、SH、SJ(SJ/GF-2) SL(SL/GF-3)	
运动黏度变化率(100℃)/%	>	±25	±20	GB/T 265 或 GB/T 11137[a] 和 GB/T 8028 中 3.2
闪点(闭口)/℃	<	100		GB/T 261
碱值-酸值(以 KOH 计)/(mg/g)	<	—	0.5	SH/T 0251 和 GB/T 7304
燃油稀释(质量分数)/%	>	5.0		SH/T 0474
酸值增加值(以 KOH 计)/(mg/g)	>	2.0		GB/T 7304
正戊烷不溶物(质量分数)/%	>	1.5		GB/T 8926 B 法
水分(质量分数)/%		0.2		GB/T 260
铁含量/(μg/g)	>	150	70	SH/T 17476[a] 和 SH/T 0077ASTM D6595
铜含量/(μg/g)	>	—	40	GB/T 17476
铅含量/(μg/g)	>	—	30	GB/T 17476
硅含量(增加值)/(μg/g)	>	30		GB/T 17476

注 1：执行本标准的汽油发动机技术状况和使用情况正常。

注 2：本标准 3.1 中涉及的项目参见 GB/T 8028 中的附录 A。

注：a. 此方法为仲裁方法。

机油品质检测与分析的常用方法有：不透光度分析法、介电常数分析法、滤纸斑点分析法、光谱分析法、铁谱分析法和磁性探测器分析法等。

(一) 不透光度分析法

利用机油不透光度制成的机油污染测定仪是最常用的机油不透光度分析法测定仪。如前所述，发动机在使用过程中，润滑油的杂质含量将逐渐增多，黏度下降或增加，添加剂性能丧失。表现在外表上，润滑油颜色会逐渐变黑。机油污染程度越大，变黑的程度也越大。根据这一现象，可通过测量一定厚度机油膜的不透光度来检测机油的污染程度。机油污染测定仪的结构原理由图 2-8 所示。稳压电源保证光源和电桥电路的电压稳定；油池由两块玻璃构成，具有确定的间隙，用于放入机油试样，以形成确定厚度的机油膜；其中电桥的一个臂上装有光导管，当电源发出的光线透过油膜照射到光导管上时，作为一个桥臂的光电管电阻发生相应变化，以此判定机油的污染程度。具体的检测过程是：

首先在油池内放入所测机油的标准油样(清洁机油)，调整参比电阻使电桥平衡，此时透光度计指示为零；然后把发动机刚停车后曲轴箱油尺上的机油作为测试油样滴入油池。由于测试油样已受到污染，油池内测试油样油膜与标准油样油膜的透光度有差异，光源照到光电管上的光线强度也有差异，从而引起光电管阻值的变化使电桥失去平衡。所测油样污染程度越大，电桥不平衡程度越大，电桥输出的电流越强，透光度计指针偏转越大，从而反映出机油的污染程度。

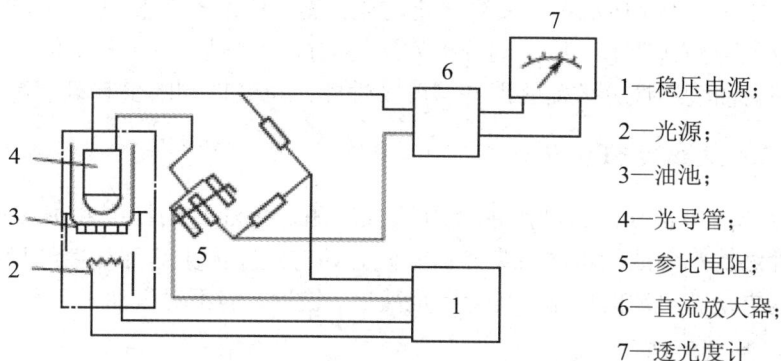

1—稳压电源；
2—光源；
3—油池；
4—光导管；
5—参比电阻；
6—直流放大器；
7—透光度计

图2-8　机油污染测定仪结构原理

(二) 介电常数分析法

利用不同物质介电常数不同的特性制成的机油污染测定仪是又一种常用的机油污染分析仪。

电容的电容值除了与两极板间的面积和极板间的距离有关外，还与极板间的填充物质有关。对于一个已经确定了极板面积和距离的电容，极板间填充物质对于电容值的影响可用一个系数反映，这个系数可称为介电常数，即

$$C = \frac{\varepsilon \cdot S}{\delta}$$

式中：C——电容；

S——极板间相互覆盖的面积；

δ——极板间距离；

ε——介电常数。

每种物质都有其自身的介电常数，润滑油也不例外。清洁机油不含有杂质，有其较为稳定的介电常数；而使用中的机油，由于污染程度不同，机油中所含杂质成分和数量也就不同，其介电常数势必也会发生变化。因此，介电常数值便可反映润滑油的污染程度。不难理解，被测机油的介电常数与清洁机油介电常数的差别越大，机油的污染程度也就越高。

国产 RZJ—2A 型润滑油质量检测仪外形如图 2-9 所示。该检测仪的关键元件为安装在油槽底部的螺旋状电容。测试时，机油作为电容介质。当机油污染后，其介电常数发生变化，引起该电容的电容值变化。以该电容作为传感器并使其作为检测仪测试电路的一部分，传感器电容的变化引起测试电路中电量的变化，电信号通过专用数字电路转变为数字信号，送入微电脑处理并与参考信号比较。当数字显示屏显示值为零时，表明所测机油无污染；当显示

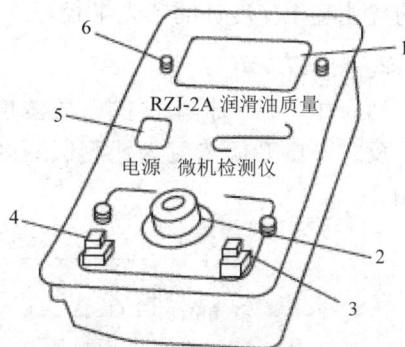

1—数字显示屏；2—机油传感器；3—清零按键；
4—测量按键；5—电源开关；6—固定螺钉

图 2-9　RZJ—2A 型润滑油质量检测仪

值不为零时，表明所测机油受到一定污染。显示值偏离零值越远，表明机油污染程度越大。

　　以上两种润滑油品质检测分析方法的共同特点是，仅能检测润滑油的污染程度，但不能反映机油清净性分散剂的消耗程度及性能，也难以判断引起机油污染的杂质种类。

(三) 滤纸油斑试验法

　　滤纸油斑试验法是利用现代电测方法测定机油污染程度和清净性添加剂消耗程度及清净性添加剂性能的机油污染测试方法。该方法在无全套理化性能指标化验检测手段时，可作为更换新机油的依据，其特点是简单、快速，但不对机油中各种杂质的成分进行测定。

1. 测试原理

　　实践证明，若把使用中的机油按规定要求滴在专用滤纸上，油滴逐渐向四周浸润扩散，最终形成中央有深色核心的颜色深浅不同的多圈环形油斑，见图 2-10。若机油所含杂质的浓度和粒度不同及清净分散能力不同，则所形成油斑每一环形区域的颜色深浅亦有不同。

　　如果机油中杂质粒度小，且清净分散剂性能良好，则杂质颗粒就会扩散到较远处，中心区与扩散区的杂质浓度及颜色深浅程度差别较小；若机油中杂质粒度大，且清净分散剂性能丧失，则机油中杂质就越来越集中于中心区，

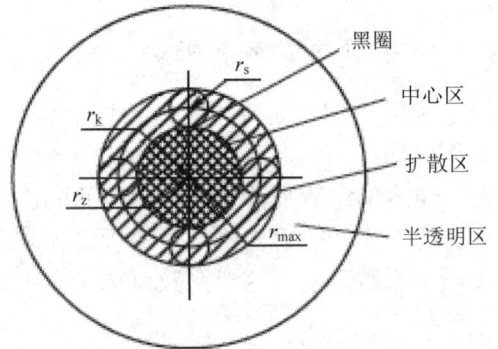

图 2-10　油斑斑痕

中心区与扩散区的杂质浓度和颜色深浅程度的差别也就越大。因此，油斑上中心区杂质浓度反映机油的总污染程度，而中心区单位面积的杂质浓度与扩散区单位面积的杂质浓度之差可反映机油中清净分散剂的清净分散能力。

　　为了可靠测定机油油斑中心区杂质浓度及扩散区杂质浓度，必须控制油斑尺寸并确定油斑的尺寸规律。对实际油斑尺寸的统计分析表明，油滴在滤纸上扩散终了时，扩散区的最大半径取决于滴棒的尺寸(直径)，所以应使用统一规格的滴棒，并使滴棒尺寸保证使油斑的尺寸等于光度计的感光半径。

2. 测试方法

　　油斑中心区和扩散区的杂质浓度可用两区域的透光度评价。透光度大，则杂质浓度小；反之，则杂质浓度大。测试两区域透光度所采用的滤纸油斑检验光度计的原理框图见图 2-11。

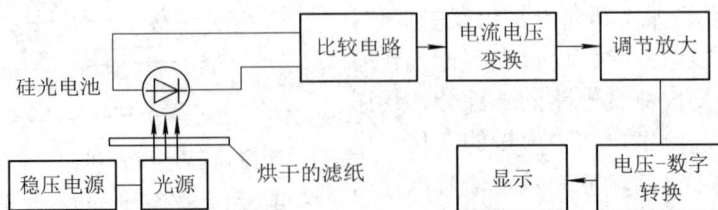

图 2-11　滤纸油斑检验光度计框图

第五节 发动机电子控制系统故障检测与诊断

一、发动机电子控制系统故障的基本检查程序

发动机电子控制系统故障的基本检查是在对电子控制系统故障维修之前对汽车基本情况的一个检查，针对电子控制发动机的基本检查主要包括基本怠速检查、基本点火正时检查和燃油压力检查等。在进行基本检查时，必须使发动机冷却液温度达到正常的工作温度(80℃以上)，同时关闭车上所有附加电器装置，如空调、除霜装置等，并且在冷却风扇未动作时进行检查调整，以免风扇动作的电源消耗影响检查的准确性。有时候为了获取冷车时的数据，也可在冷车时做一些基本检查。基本检查的诊断程序见图2-12所示。

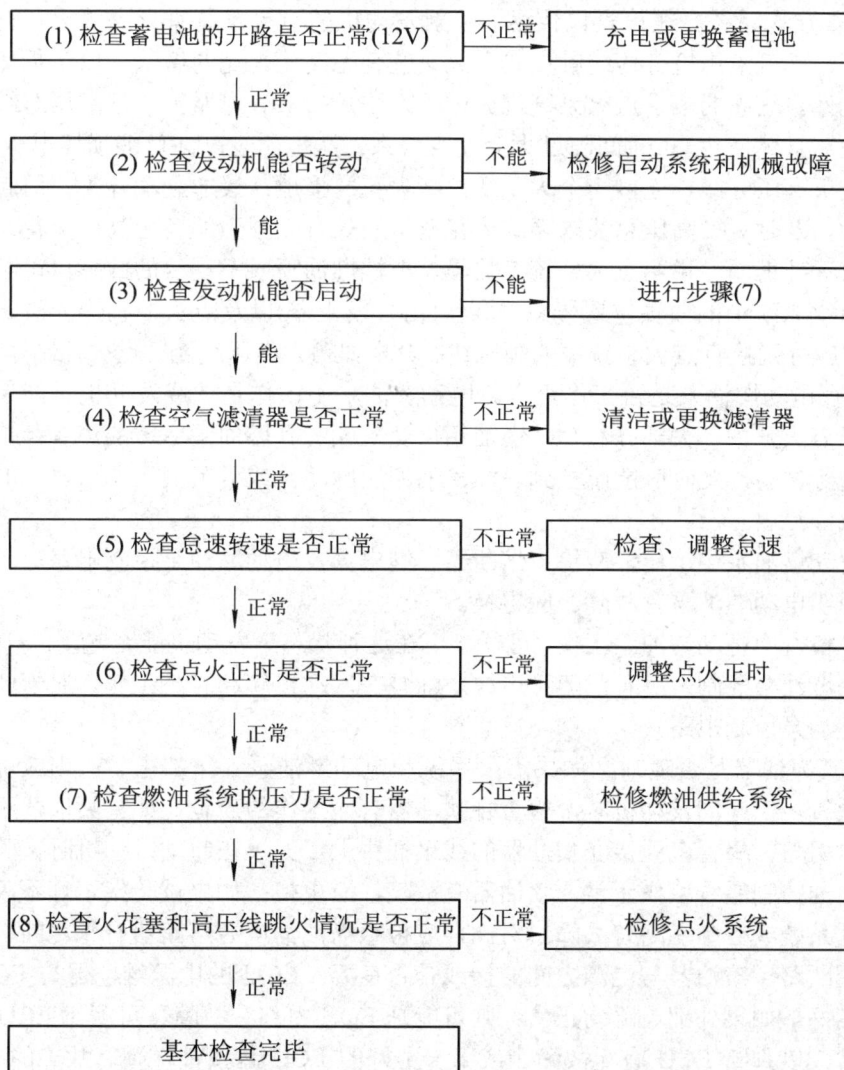

```
(1) 检查蓄电池的开路是否正常(12V) ──不正常──→ 充电或更换蓄电池
        │正常
(2) 检查发动机能否转动 ──不能──→ 检修启动系统和机械故障
        │能
(3) 检查发动机能否启动 ──不能──→ 进行步骤(7)
        │能
(4) 检查空气滤清器是否正常 ──不正常──→ 清洁或更换滤清器
        │正常
(5) 检查怠速转速是否正常 ──不正常──→ 检查、调整怠速
        │正常
(6) 检查点火正时是否正常 ──不正常──→ 调整点火正时
        │正常
(7) 检查燃油系统的压力是否正常 ──不正常──→ 检修燃油供给系统
        │正常
(8) 检查火花塞和高压线跳火情况是否正常 ──不正常──→ 检修点火系统
        │正常
基本检查完毕
```

图2-12 发动机电子控制系统故障的基本检查程序

二、发动机不能起动且无着车征兆

1. 故障现象

接通起动开关时，起动机能带动发动机正常转动，但发动机不能工作，且无着车征兆。

2. 故障原因

点火系统故障；起动时节气门全开；电动燃油泵不工作；喷油器不工作；油路压力过低；燃油箱中无油；发动机气缸压力过低。

3. 故障检测与诊断

(1) 检查燃油箱存油情况。打开点火开关，若燃油表指针不动或油量报警灯亮，则说明燃油箱内无油，应加油后再启动。

(2) 读出电控燃油喷射发动机的故障码，根据故障码检查相关元件。

(3) 检查点火系统。在检查电控燃油喷射发动机的点火系统有无高压火花时，应采用正确的方法，不可沿用检查传统触点式点火系统有无高压火花的做法，以防损坏点火系统中的电子元件。正确的电子点火系统跳火试验方法是：从分电器上拔下高压总线，让高压总线末端距离缸体 $5\sim6\ mm$(间隙过大会使点火系二次电压过高，可能损坏电子元件)，或从缸体上拔下高压分线，连接一个火花塞，将火花塞接地；接通起动开关，用起动机带动发动机转动，及时观察高压总线末端或火花塞电极处有无强烈的蓝色高压火花。如果没有高压火花或火花很弱，说明点火系统有故障。电控燃油喷射发动机的故障自诊断系统通常能检测出点火系统中的曲轴位置传感器(点火信号发生器)以及点火控制器的故障。如果无故障码，则应分别检查点火系统中的高压线、分电器盖、高压线圈、点火控制器、分电器。

(4) 检查电动燃油泵是否工作正常。电动燃油泵不工作是造成发动机不能启动的常见故障。打开点火开关，大部分汽车从燃油箱口处应能听到燃油泵运转的声音；也可用手捏住进油管进行试验，此时应能感觉到进油管的油压脉动；或拆下油压调节器上的回油管，此时应有汽油流出。

如果电动燃油泵不工作，应检查熔断器、继电器及电动燃油泵控制电路等。如果电路正常，则说明电动燃油泵有故障，应更换。

如果在检查中电动燃油泵工作，可试一下在这种状态下发动机能否起动。若可以启动，说明是电动燃油泵控制电路有故障，造成燃油泵在发动机起动时不工作。对于此故障，应检查电动燃油泵控制电路。

(5) 检查喷油器是否喷油。如果点火系统和电动燃油泵工作都正常，则应进一步检查喷油控制系统。在起动发动机时，检查各喷油器有无工作的声音。如果喷油器不工作，可用一个大电阻与二极管串联接在喷油器的线束插头上。如果在起动发动机时试验指示灯闪亮，说明喷油控制系统工作正常，喷油器有故障，应更换；如果试验指示灯不闪亮，则说明喷油控制系统或控制线路有故障。对此，应检查喷油器电源熔断器有无烧断，喷油器降压电阻有无断路，喷油器与电源之间的接线是否良好，ECU 的电源继电器与 ECU 之间的接线是否良好。如果外部电路均正常，则可能是 ECU 内部有故障，可测量 ECU 各端子电压是否正常，以判断 ECU 有无故障，或用一个好的 ECU 替换被怀疑有故障的 ECU 看能否起动。如能起动，可确定为 ECU 故障。

(6) 检测燃油系统压力。燃油系统油压过低会造成喷油量过少，导致不能起动。此时，应在不启动发动机的情况下，使电动燃油泵运转，检查燃油系统油压。在发动机末运转的状态下正常燃油压力应达 300 kPa 左右。如果燃油压力过低，可阻断回油通路；若燃油压力迅速上升，说明是油压调节器故障造成油压过低，应更换油压调节器；若燃油压力上升缓慢或不上升，则说明油路堵塞或电动燃油泵有故障。此时应先拆检燃油滤清器，如有堵塞，应更换；如滤清器良好，则应更换电动燃油泵。

(7) 检查气缸压力。若气缸压力低于标准值，则说明故障在于气缸密封性不好，此时可按气缸压力不足查找故障。

三、发动机冷车怠速不稳或易熄火

1. 故障现象
发动机冷车运转时怠速不稳或过低，易熄火，热车后怠速恢复正常。

2. 故障原因
怠速控制阀或旁通空气阀故障；冷却液温度传感器故障。

3. 故障检测与诊断
(1) 读出电控燃油喷射发动机的故障码，根据故障码检测相关元件。

(2) 检测旁通空气阀。拆下旁通空气阀，检查在冷车状态下旁通空气阀的阀门是否开启。如有异常，应检修或更换。

(3) 检测怠速控制阀。发动机熄火后拔下怠速控制阀线束插头，待发动机启动后再插上。如果发动机转速无变化，说明怠速控制阀不工作，应检查控制电路或拆检怠速控制阀。

(4) 测量冷却液温度传感器。如有短路、断路或电阻值不符合标准的情况，应更换冷却液温度传感器。如果没有被测车型的冷却液温度传感器检测标准数据，也可以拔下冷却液温度传感器线束插头，用一个 4~8 kΩ 的电阻代替冷却液温度传感器。如果发动机怠速恢复正常，说明冷却液温度传感器已损坏，应更换。

四、发动机上常见传感器故障检测

(一) 传感器概述

1. 传感器的组成
如图 2-13 所示，传感器一般由敏感元件、转换元件、转换电路三部分组成。

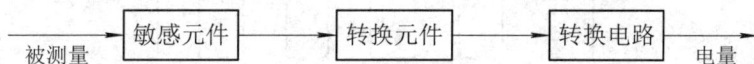

被测量 → 敏感元件 → 转换元件 → 转换电路 → 电量

图 2-13　传感器的组成

1) 敏感元件
敏感元件指直接感受被测量(一般为非电量)，并输出与被测量成确定关系的其他量(一般为电量)的元件。如压力传感器的弹性膜片就是敏感元件，它的作用是将压力转换成膜片的变形。

2) 转换元件

转换元件指传感器中能将敏感元件感受或响应的被测量转换成适合于传输的电信号的部分。

3) 转换电路

转换电路是将上述电路参数转换成电量输出的装置。实际上，有些传感器很简单，仅由一个敏感元件(兼作转换元件)组成，它感受被测量时直接输出电量，如热电偶。有些传感器由敏感元件和转换元件组成，没有转换电路。有些传感器转换元件不止一个，要经过若干次转换。由于传感器的输出信号一般很微弱，因此需有信号调制与转换装置对其进行放大、运算调制等。

2. 传感器的信号

汽车上传感器的电子信号可以分为五种类型：直流、交流、频率调制、脉宽调制和串行数据信号。

1) 直流信号

在任何周期里，方向不随时间变化的电压、电流信号属于直流信号。直流信号可以分为恒压直流信号和非恒压直流信号两种。在汽车中产生恒压直流信号的电源装置有蓄电池电压和 ECU 输出的传感器参考电压。

2) 交流信号

大小和方向随时间变化的信号属于交流信号。如图 2-14 所示，电磁式传感器的输出信号即为交流信号。

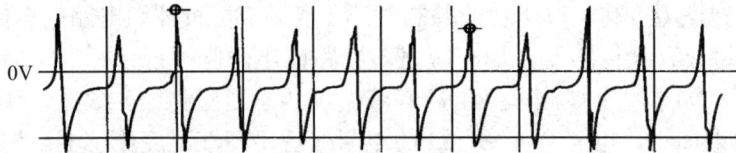

图 2-14　电磁式传感器产生的交流信号波形

3) 频率调制信号

保持波的幅度恒定而改变频率称为频率调制。如图 2-15 所示，在汽车中产生可变频率信号的传感器主要是光电式传感器和霍尔式传感器。

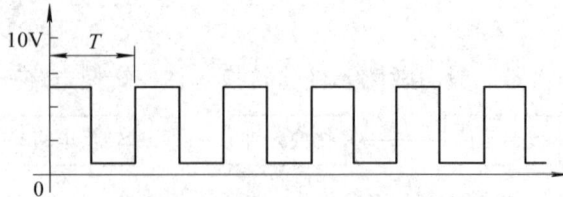

图 2-15　频率调制信号波形

4) 脉宽调制信号

脉宽调制信号就是经过脉冲宽度调制的信号。如图 2-16 所示，在一个周期内元件持续的工作时间称为脉冲宽度。

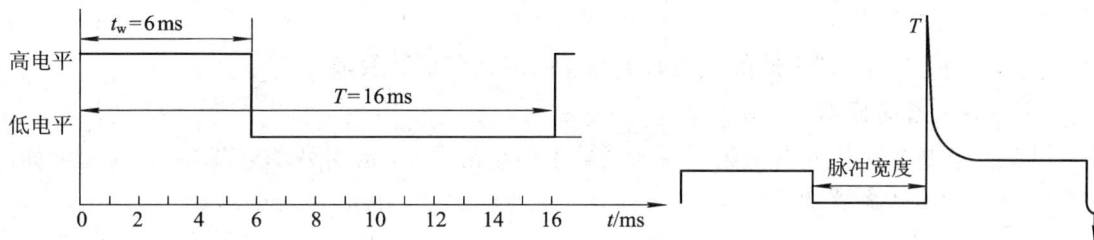

图 2-16 脉宽调制信号波形

在这里，要注意脉冲宽度与占空比的区别，占空比＝脉冲宽度/周期时间。不同占空比的波形信号如图 2-17 所示。

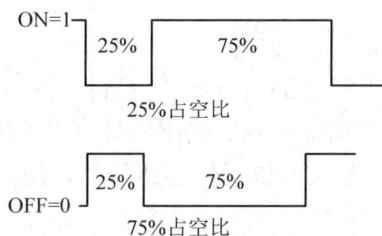

图 2-17 不同占空比波形信号

5) 串行数据(多路)信号

串行数据信号是按时序逐位将组成数据和字符的码元予以传输的信号。串行数据传输所需通信线少，串行传送的速度低，但传送的距离可以很长，因此串行适用于长距离而速度要求不高的场合。当发动机冷却液温度传感器产生故障时，ECU 输出串行数据信号波形如图 2-18 所示。

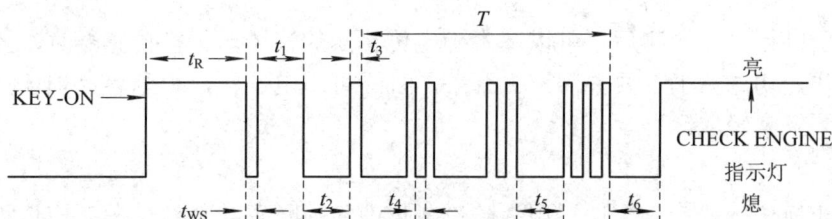

图 2-18 串行数据(多路)信号波形

3. 传感器检测程序

当汽车电子控制系统产生故障时，通过自诊断测试，指明某传感器有故障或怀疑某传感器有故障时，应用示波器、万用表等对传感器进行测试。测试前要明确测试数据、测试方法和测试条件，具体可参考该车型维修手册。检测传感器时，应该按照以下程序进行。

1) 自诊断测试

利用故障诊断仪确认被怀疑的传感器是否有故障码，并在数据流中加以强化判断。

2) 外部检查

为防止不是因为传感器本身故障而导致的传感器误判，要首先对怀疑的传感器部位进行外部检查，查看传感器的导线和连接的管路是否脱开、传感器是否有脏污、水泡、腐蚀、氧化、接触不良、变形等情况。

3) 线束检测

检测传感器与 ECU 之间的线束有无短路、断路和搭铁故障。

4) 电源电压的检测

为防止传感器由于没有供给电源而导致不能正常工作,应对外部电源进行检查。例如,霍尔式曲轴位置传感器如果没有 12 V 或 5 V 电压的供给,传感器是不会有信号输出的。

5) 本体检查

本体检查主要是进行外观检查和电阻检查,不用连接外部电路。针对能够进行电阻测量的传感器,如可变电阻式传感器、电磁式传感器,可以用万用表的电阻挡直接测量,从而判断传感器是否正常。

6) 输出信号检测

输出信号的检测可以使用万用表的电压挡或电流挡进行,但使用汽车专用万用表对输出信号只是作简单的判断,要更精确地判断输出信号可以使用示波器来进行。

① 对于模拟直流信号,如节气门位置传感器信号,用万用表直流电压量程检测即可满足要求。

② 对于模拟交流信号,如 ABS 轮速传感器信号、电磁式曲轴位置传感器信号,用汽车专用万用表交流电压量程检测即可满足要求。

③ 对于脉宽调制信号/频率调制信号,虽然可以使用万用表检测,但测量结果不够准确,要想看清信号具体的变化过程,必须使用示波器检测。例如,三菱汽车用的卡门漩涡式空气流量传感器,在怠速时,输出信号为 2.2~3.2 V,此电压为频率调制信号的平均电压,但用示波器就可以很方便地看出空气流量传感器信号的频率和幅值是否符合标准。

7) 维修与更换

对传感器进行以上检测后,可以基本确定传感器的好坏。更换传感器时,要严格按照操作规程操作,切忌蛮干。要关闭点火开关,且不可带电操作,否则容易损坏其他电子部件。安装时要轻拿轻放。

8) 检验

维修与更换传感器后,要切记用故障诊断仪消除故障码并重新试车,模拟故障出现时的状况。如果在试车过程中故障现象没有重复出现,检查故障码也没有重新出现,说明判断准确,安装正确,传感器检修操作完成。

(二) 空气流量计的检测

空气流量计又称为空气流量传感器,是供气系统最重要的部件。当其出现故障时,ECU就接收不到正确的进气量信号来控制喷油量,混合气就会过浓或过稀,从而导致发动机运转失常。检测或拆卸空气流量计时,应细心操作、切忌碰撞,以免损伤其零部件。空气流量计有翼片式、卡门旋涡式、热线式和热膜式多种类型,目前常用有卡门旋涡式空气流量计和热膜式空气流量计两种。

1. 卡门旋涡式空气流量计的检测

如图 2-19 为丰田雷克萨斯轿车 1UZ-FE 型发动机采用的卡门旋涡式空气流量计的原理

图和检测示意图。

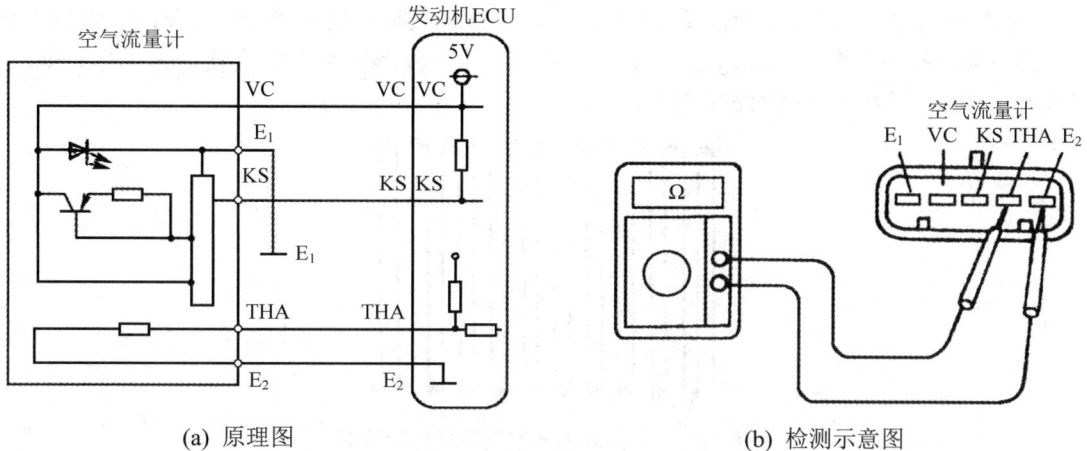

(a) 原理图　　　　　　　　　(b) 检测示意图

图 2-19　卡门旋涡式空气流量计的检测

1) 检测空气流量计的电阻

脱开空气流量计的导线插接器，用电阻表测量空气流量计上 THA 与 E_2 端子之间的电阻(见图 2-19b)，其标准电阻值见表 2-10，如果所测电阻值与标准电阻值不符，则须更换空气流量计。

表 2-10　卡门旋涡式空气流量计 VHA—E_2 端子间的电阻

端子	标准电阻值/Ω	温度/℃
VHA—E_2	10~20	-20
	4~7	0
	2~3	20
	0.9~1.3	40
	0.4~0.7	60

2) 检测空气流量计的电压

插好空气流量计的导线插接器，用电压表检测发动机 ECU 各端子 THA—E_2、VC—E_1、KS—E_1 间的电压，其标准电压值见表 2-11。如果检测结果与标准电压值不符，则应检查传感器与 ECU 之间的线束；如果线束良好，则拔下传感器插头并接通点火开关，检测 VC—E_1、KS—E_1 间的电压。如果电压均为 4.5~5.5 V，说明 ECU 工作正常，应当更换流量传感器；如果电压不为 4.5~5.5 V，则说明 ECU 故障，应检修或更换 ECU。

表 2-11　发动机 ECU 上 THA—E_2、VC—E_1、KS—E_1 端子间的电压

端　子	电　压/V	条　件
THA—E_2	0.5~3.4	怠速、进气温度20℃
VC—E_1	4.5~5.5	点火开关 ON
KS—E_1	4.5~5.5	点火开关 ON
	2~4(脉冲形式)	怠速

3) 检测空气流量计的波形

正常空气流量计的波形如图 2-20 所示，其波形的上限接近参考电压 5 V，下限接近对地电压 0 V，脉冲宽度相等，波形无峰尖或圆角。如果波形频率不能变化、无规律、杂乱，说明空气流量计故障，应检修或更换。

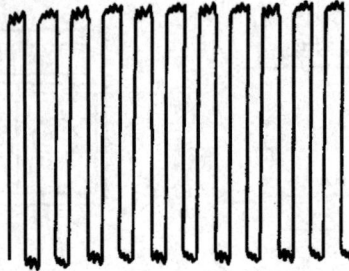

图 2-20　卡门旋涡式空气流量计的波形

2. 热膜式空气流量计的检测

下面以 Audi A4 AEB 发动机热膜式空气流量计为例进行检测。

1) 检测空气流量计的信号电压

如图 2-21 所示，发动机怠速时，MAF 信号(空气流量信号)约为 1.1 V；发动机转速为 3000 r/min 时，MAF 信号约为 1.9 V。如果不符合标准，则须更换空气流量计。

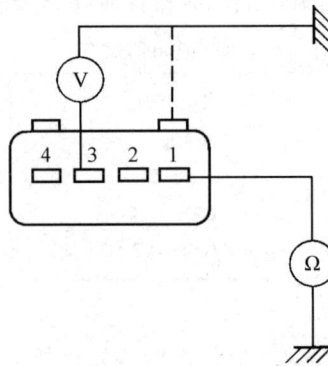

端子 1—搭铁；端子 2—MAF 信号；

端子 3—12 V 电源(从油泵继电器)；端子 4—ECU

图 2-21　Audi A4 AEB 发动机热膜式空气流量计的检测

2) 利用故障诊断仪读取数据块

选择功能"读取测量数据块"(功能 08)及显示组 2，屏幕显示如下：

读取测量数据块 2			
1	2	3	4

显示区 4 将显示进气量，单位为 g/s，其规定值为 1.8～4.0 g/s。小于 1.8 g/s 为进气系统有泄漏，应检查进气系统。大于 4.0 g/s 为发动机负荷太大，应消除额外负荷(如空调和动

力转向等)。如显示不符合规定要求，或故障存储器存储了与空气流量计有关的故障，则要检测空气流量计的供电情况。

3) 检测空气流量计的波形

热膜式空气流量计的波形如图 2-22 所示，如果波形不符，说明空气流量计故障，应检修或更换。

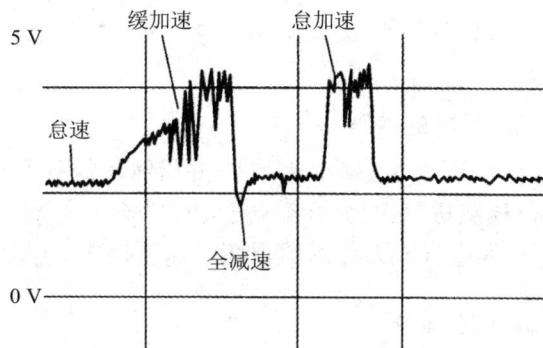

图 2-22　热膜式空气流量计的波形

有的热膜式空气流量计(如别克轿车的空气流量计)的输出信号为数字信号，它有三个接线端子，其中端子 A 为信号(频率)，端子 B 为搭铁，端子 C 为 12 V 电源。测量其信号电压时应为 0～5 V 的平均电压。其波形如图 2-23 所示，应为方波，频率信号随进气增大而增大，怠速时频率信号为 2000 Hz，频率信号低于 1200 Hz 时，ECM(电脑)会记录故障。

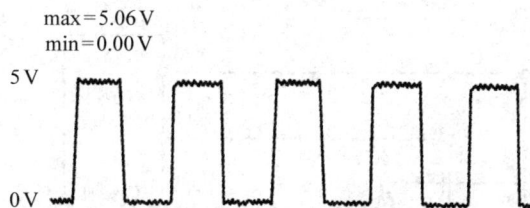

图 2-23　别克轿车空气流量计的波形

(三) 进气压力传感器的检测

进气压力传感器相当于采用直接测量空气流量的电控燃油喷射系统中的空气流量计。它能根据发动机的负荷状态检测出进气歧管内绝对压力的变化，并转换成电压信号与发动机转速信号一起输送给发动机电控单元 ECU，作为决定喷油器基本喷油的依据。

TU5JP/K 型发动机的进气压力传感器的电路如图 2-24 所示。

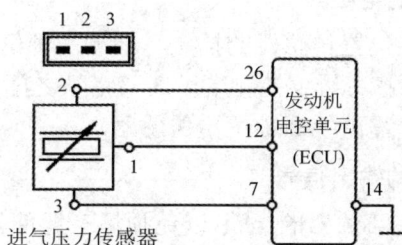

图 2-24　进气压力传感器的电路

进气压力传感器的检测方法如下：

1. 真空软管的检查

检查真空软管的密封情况，如有泄漏，则更换损坏的软管。

2. 进气压力传感器的电源电压的检测

取下进气压力传感器的插头后，打开点火开关，检测插头端子 1 与搭铁之间的电压，其标准值应为 5 V。否则应检查进气压力传感器与电控单元 ECU 之间的导线、电控单元 ECU 的电源电压、主继电器等。

3. 进气压力传感器工作情况的检查

关闭点火开关，插上进气压力传感器的插头，并暴露出线头。起动发动机，转速达到 1500 r/min，加速若干次，检测进气压力传感器插头的端子 3 与端子 2 之间的电压，应在 0.4～4.6 V 之间变化。否则为进气压力传感器损坏，需更换。

(四) 曲轴位置传感器的检测

曲轴位置传感器担负着向电控单元 ECU 传递以下三个信号的任务：发动机转速信号；发动机曲轴转角信号；第一、四(或六)缸活塞上止点位置信号。曲轴位置传感器可分为磁脉冲式、光电式和霍尔式三大类。就其安装部位而言，有在曲轴前端、凸轮轴前端、飞轮上和分电器内的，车辆不同，所采用的结构形式不完全一样。

TU5JP/K 型发动机的曲轴位置传感器的电路如图 2-25 所示。

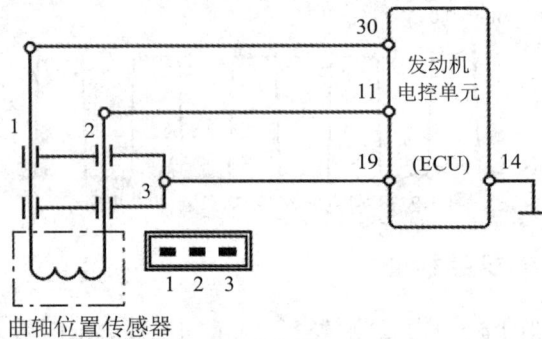

图 2-25　曲轴位置传感器的电路

曲轴位置传感器的检测方法如下：

1. 检测曲轴位置传感器的电阻

关闭点火开关，取下曲轴位置传感器的插头，检测曲轴位置传感器端子 1 和端子 2 之间的电阻，其电阻值应符合厂家标准；检测端子 3 与搭铁之间的电阻，其电阻值应为 0 Ω。如不符，则表明传感器损坏，需更换曲轴位置传感器。

2. 检测曲轴位置传感器的输出信号

关闭点火开关，取下所有喷油器的插头(以免损坏三元催化转换器)以及曲轴位置传感器的插头后，短暂启动发动机，检测曲轴位置传感器插座上的端子 1 和 2 之间的电压，其标准电压应为 4～8 V。如不符，则表明传感器损坏，需更换曲轴位置传感器。另外，也可用示波器检测传感器的输出波形是否正常，TU5JP/K 型发动机曲轴位置传感器的波形如图 2-26 所示。

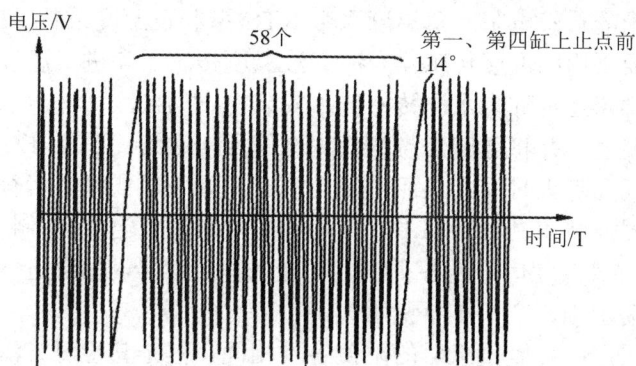

图 2-26　曲轴位置传感器的输出波形

(五) 节气门位置传感器的检测

节气门位置传感器的功用是将节气门开度的大小转换为电信号输送给发动机电控单元(ECU)。节气门位置传感器按总体结构分为触点开关式、滑动电阻式、触点与滑动电阻组合式三种，目前多数轿车采用滑动电阻式。

TU5JP/K 型发动机的节气门位置传感器的电路如图 2-27 所示，其检测方法如图所述。

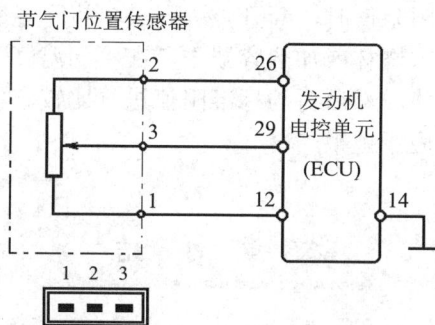

图 2-27　节气门位置传感器的电路

1. 检测节气门位置传感器的电阻

关闭点火开关，取下节气门位置传感器的插头，检测端子 2 和 3 之间的电阻，该电阻值应随着节气门开度增大而呈现线性增大。

2. 检测节气门位置传感器的电压

插上节气门位置传感器的插头，并暴露出线头，打开点火开关，检测端子 2 与搭铁之间的电压，应为 5 V 左右。检测端子 3 和端子 1 之间的电压，节气门关闭时，应为 0.4 V；节气门全开时，其电压不超过 4.5 V。注意，在节气门位置传感器工作时，电压变化应是平稳的。关闭点火开关，取下节气门位置传感器的插头后，再打开点火开关，检测插头的端子 2 与搭铁(电控单元(ECU)的端子 14)之间的电压，其标准电压应为 5 V。

(六) 温度传感器的检测

在汽车控制系统中，温度检测是重要的项目之一。根据不同的用途，可使用各种类型的温度传感器。常用的热敏电阻有负温度系数 NTC 型和正温度系数 PTC 型两种。发动机电子控制系统中主要采用的温度传感器有冷却液温度传感器和进气温度传感器。

冷却液温度传感器通常称为水温传感器，安装在发动机冷却液出水管上，其功用是检测发动机冷却液的温度，并将温度信号变换为电信号传送给 ECU。ECU 根据发动机的温度信号修正喷油时间和点火时间，从而使发动机工况处于最佳状态运行。

进气温度传感器安装在进气管路中，其功用是检测进气温度，并将温度信号变换为电信号传送给 ECU。进气温度信号是各种控制功能的修正信号。如果进气温度传感器信号中断，就会导致热起动困难、废气排放量增大。

虽然各型汽车采用的温度传感器的阻值各不相同，但是其检测方法基本相同。

1. 检测电源电压与信号电压

检测冷却液(进气)温度传感器时，可用高阻抗数字式万用表就车检测传感器的电源电压和信号电压。检测电源电压时，拔下冷却液温度传感器插头，接通点火开关，检测传感器线束插头上两端子间的电源电压应为 5 V 左右。插上传感器插头，接通点火开关，检测信号电压。对于负温度系数温度传感器，当温度高时电压低；温度低时电压高。如电压偏差过大，应当更换传感器。

2. 检测热敏电阻阻值

检测温度传感器热敏电阻阻值时，断开点火开关，拔下温度传感器插头，拆下温度传感器。将传感器和温度表放入烧杯或加热容器中，在不同温度下，用万用表电阻挡检测传感器插座上两端子间的电阻值，然后再与标准阻值进行比较。如阻值偏差过大、过小或为无穷大，说明传感器失效，应予更换。

本 章 小 结

(1) 发动机指示指标用于评定工作循环的好坏；发动机有效指标用于评定发动机性能的优劣。发动机有效功率、有效转矩、平均有效压力越大，动力性越好；发动机有效燃油消耗率越小，有效热效率越高，经济性越好。汽油发动机的排放物是烃类燃油的燃烧物，主要有 CO_2、H_2O、N_2、CO、HC、NO_x 等，其中受汽车排放法规限制的有害成分是 CO、HC 和 NO_x。柴油机废气中的有害排放物主要包括微粒、氮氧化合物(NO_x)、一氧化碳(CO)以及碳氢化合物(HC)等。与汽油机相比，柴油机废气中的 CO 以及 HC 相对比较少，NO_x 的排放量也较汽油机的低，而微粒的排放则是柴油机所特有的问题。

(2) 发动机的有效功率是曲轴对外输出的净功率，是发动机综合性能的评价指标。发动机功率检测常采用两种方法：稳态测功和动态测功。动态测功也称为无外载(负荷)测功，无外载测功方法所测得的是发动机的加速性能,这一性能仅仅是发动机动力性的一个侧面，而不是动力性的全部，因为众所周知，功率指标高的发动机其加速性能不一定优良。动态测功的常用设备是发动机综合性能检测仪。

(3) 评价气缸密封性的主要参数有：气缸压缩压力、气缸漏气量(率)、曲轴箱窜气量等。检测密封性的方法有多种，各自的检测原理也不同。

(4) 润滑系统检测的主要参数为：机油压力、机油消耗量和机油品质。这些参数既可表征润滑系的技术状况，又可反映曲柄连杆机构有关配合副的技术状况。机油品质检测与分析的常用方法有：不透光度分析法、介电常数分析法、滤纸斑点分析法、光谱分析法、铁谱分析法和磁性探测器分析法等。

(5) 传感器一般由敏感元件、转换元件、转换电路三部分组成。

复习思考题

1. 发动机性能指标有哪些？
2. 评价气缸密封性的主要参数是什么？各参数是如何检测的？
3. 润滑系统检测的主要参数有哪些？
4. 为什么要进行机油品质检测？机油品质检测与分析的常用方法有哪些？

第三章　机动车动力性能检验

机动车动力性是指汽车在良好路面上直线行驶时由汽车受到的纵向力决定的、所能达到的平均行驶速度。机动车是一种高效率的运输工具，运输效率的高低很大程度上取决于机动车的动力性。机动车动力性能检验有路试检验和台试检验两种方法。本章主要介绍机动车动力性评价指标、底盘测功机的结构与原理、台试检验方法以及路试检验方法。

第一节　动力性能评价指标和技术要求

一、动力性能评价指标

汽车检验部门通常以机动车的最高车速、加速性能、最大爬坡度、发动机输出功率以及汽车底盘输出功率作为机动车的动力性评价指标。

1. 最高车速 u_{max}

最高车速是指汽车在厂定最大总质量状态下，在风速小于或等于 3 m/s 的条件下，在干燥、清洁、平坦的混凝土或沥青路面上，能够达到的最高稳定行驶速度。

2. 加速性能

加速性能是指汽车在行驶中迅速增加行驶速度的能力，通常用汽车加速时间来评价汽车的加速性能。共有两个加速时间指标，一个是汽车原地起步连续换挡加速至某一高速所需的时间；另一个是汽车在最高挡由某一低速加速至另一高速所需的时间。后者主要反映汽车超车能力的强弱。

3. 最大爬坡度 i_{max}

最大爬坡度是指汽车满载时在良好路面上，使用最低挡所能爬上的最大坡度。现代载货汽车的最大爬坡度一般为30%左右，越野汽车的最大爬坡度为60%左右。

上述三个指标，特别是最高车速、加速性能，对于不同用途的汽车，其影响汽车动力性的程度是不相同的。例如，对于主要行驶在高速公路上的汽车，其动力性主要取决于最高车速的高低。而对于公共汽车，很明显它的动力性将不决定于最高车速，而取决于其加速能力的大小。

4. 驱动轮输出功率

驱动轮输出功率也就是汽车整车的输出功率，它是评价汽车技术状况的一项重要指标。驱动轮的输出功率是利用底盘测功机测得的，汽车动力性能台架试验时常用最大扭矩工况或额定功率工况下的驱动轮输出功率作为评价指标。

二、机动车动力性的影响因素

影响汽车动力性的主要因素可以从下列几个方面进行分析。

1. 发动机

(1) 比功率：汽车单位总质量所具有的功率称为比功率，即 $P_{em}(kW/t)$。汽车的比功率越大，其最高车速和加速度均越高，因此其动力性越好。比功率是一个经常用来评定汽车动力性最简单而又最具有综合性的指标。

(2) 发动机的转矩适应性：发动机的最大转矩与最大功率时转矩之比称为转矩适应性系数，即 $M_{e\,max}/M_p$。该比值愈大，汽车动力性愈好。因为汽车后备功率大，加速性好；汽车偶遇外界阻力增大，发动机转速将降低，但转矩升高，这有利于克服外界阻力，稳定汽车的行驶速度。

(3) 发动机最大功率时的转速与最大转矩时转速之比值：该比值越大，汽车偶遇外界阻力时发动机转速降低的允许值就较大，飞轮放出的惯性力矩也就较大，有利于克服外界阻力，稳定汽车的行驶速度。

2. 驱动桥减速器主传动比

一辆汽车主减速器主传动比的选择，必须与发动机和整车很好匹配，才能使汽车动力性和燃油经济性取得满意的结果。

3. 变速器

(1) 变速器挡数：变速器挡数增多，会使汽车动力性提高。挡位增加愈多，汽车的动力性愈好。当增加到无穷多个挡时，即所谓的无级变速，汽车在任何车速下，发动机都能在最大功率下工作，后备功率最大，具有理想的、最高的动力性。

(2) Ⅰ挡传动比：变速器Ⅰ挡传动比的大小，决定了汽车最大爬坡度和汽车最低稳定车速的大小。Ⅰ挡传动比愈大，在附着条件允许的条件下，汽车的最大爬坡度愈大。汽车的最低稳定车速是越野汽车能否通过松软地区的重要参数之一，通常为 3 km/h 左右。

4. 其它

(1) 汽车的总质量：汽车装载越多，或牵引越多，汽车的动力性越差。

(2) 汽车的空气阻力系数：汽车流线型越差，空气阻力系数越大，汽车动力性就越差，这对高速汽车表现越为突出。

(3) 汽车的维护保养：汽车的维护保养差，如发动机维护不好，动力不足；前束不合标准，轮胎气压不足，轮毂轴承调正不当等等，均会降低汽车的动力性。

第二节　汽车底盘测功机

底盘测功机是一种不解体检测汽车性能的检测设备，它是通过在室内台架上模拟道路行驶工况的方法来检测汽车的动力性的。同时能方便地进行汽车的加载调试和诊断汽车在有负载条件下出现的故障等。如果配备排气分析仪和油耗计，可以测量汽车在多种工况下的排气污染物和燃油消耗量。近年来由于电子计算机技术的高度发展，为数据的采集、处理及分析提供了有效的手段，同时为模拟道路状态准备了条件，加速了底盘测功机的发展，加之各类专用软件的开发和应用，使得汽车底盘测功机得到了广泛的应用。

一、底盘测功机的功能

底盘测功机具有如下功能：

(1) 测量汽车驱动轮输出功率；

(2) 检验汽车的加速能力；

(3) 检验汽车的滑行能力和传动系统传动效率；

(4) 校验车速表；

(5) 配以油耗计、废气分析仪等设备，检测汽车的燃油经济性和废气排放性能。

二、底盘测功机的结构

底盘测功机一般由滚筒装置、测功装置、飞轮机构、测速装置、控制与指示装置等构成。其机械部分的结构见图 3-1 所示。

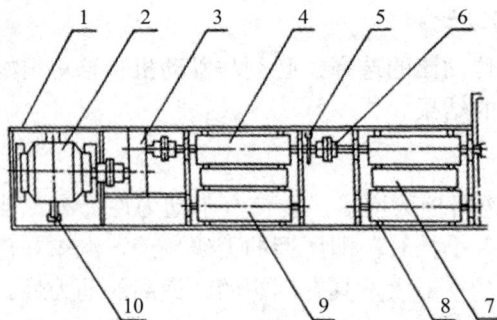

1—机架；2—功率吸收装置；3—变速箱；4—滚筒；5—速度传感器；

6—联轴器；7—举升器；8—制动器；9—滚筒；10—力传感器

图 3-1　底盘测功机机械部分结构示意图

1. 滚筒装置

(1) 滚筒直径：底盘测功机所采用的道路模拟系统的滚筒一般是直径为 180～400 mm 的钢滚筒，按其结构形式可分为两滚筒和四滚筒两种。两滚筒路面模拟系统由两根短滚筒组成，其特点是支承轴承少，台架的机械损失小；四滚筒路面模拟系统由四根短滚筒组成，较两滚筒多了四个支承轴承和一个联轴器，在检测过程中，其机械损失较大。

(2) 滚筒的表面状况：滚筒的表面状况是指滚筒表面的加工方法和清洁程度(水、油和橡胶粉末的污染等)。

汽车在干燥滚筒上的驱动过程是一个摩擦过程，总摩擦力由若干分力组成，即

$$F = F_f + F_r$$

式中：F_f——接触面间的附着力；

F_r——轮胎在滚筒上滚动变形时，由于压缩与伸张作用之间能量的差别而消耗的能量，进而转化为阻止车轮滚动的作用力。

这两项分力取决于轮胎材料、结构和温度。

附着系数随速度增加而下降的原因较为复杂，一方面是由于滚筒圆周速度提高，橡胶块与滚筒之间的嵌合程度越来越差，在未达到平衡状态之前便产生了滑动和振动；另一方面，随着速度的提高，接触面的温升加快，很快在滚筒表面形成了一层橡胶膜，降低了附着系数。

(3) 安置角：汽车车轮在滚筒上的安置角是指车轮与滚筒接触点的切线方向与水平方向的夹角。台架的阻力系数随着安置角的增大而增大。试验过程对安置角的要求如下：

① 车轮带动装有惯性飞轮的滚筒以最大加速度加速时，不得驶出滚筒，以确定最小安置角；

② 当台架滚筒制动后，保证车辆仍可驶出滚筒，以确定最大安置角。

(4) 道路模拟系统常见故障：滚筒轴承座温度过高，其原因为：

① 滚筒两端轴承同心度失准，前、后排滚筒平行度未达到原设计要求，可以通过精心调整轴承座排除故障；

② 滚筒轴承润滑不良，需检查轴承工作状况，按照使用说明书的要求，定期对滚筒轴承进行润滑。

2. 功率吸收装置

功率吸收装置也叫做测功机，测功机的类型有水力测功机、电力测功器与电涡流测功机。电涡流测功机具有测量精度高、振动小、结构简单和易于调控的特点，只要使励磁电流的强弱发生变化，就可以控制测功机所产生的制动力矩的大小，能比较容易、经济地实现自动控制，因此在汽车底盘测功机上多采用此类测功器。

电涡流测功机主要由定子和转子两部分组成，在定子四周装有激磁线圈。在水冷电涡流测功机中，定子是封闭的并有水冷却室，转子作为电磁盘在激磁线圈间转动，如图 3-2 所示。当激磁线圈通电时，磁场便形成，随着转子的转动，磁力线不断变化，因而在转子盘上产生电涡流，造成一定的阻力矩。调节激磁电流，可以改变阻力矩的范围。

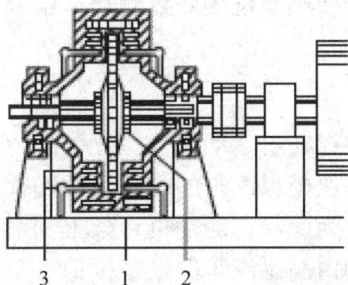

1—带激磁线圈的定子；2—转子；3—冷却室

图 3-2　水冷电涡流测功器

电涡流测功机有水冷和气冷两种。水冷的测功机散热性能较好，能测量较大的持续功率，且运转噪声小。但水冷的测功机比气冷的制造成本要高。气冷电涡流测功机如图 3-3

所示。要保证很好地散热，转子盘系做成风扇式，使热量通过周围的空气带走。但这种转子盘可使测功机的功率消耗增加，且转速越高消耗的功率就越大。

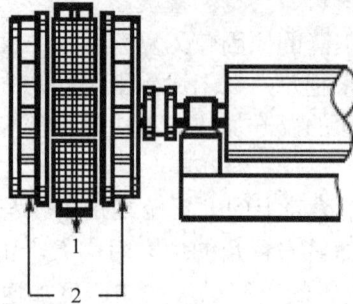

1—带激磁线圈的定子；2—转子盘

图 3-3　气冷电涡流测功器

3. 测力装置

测力装置使用测力传感器测得滚筒轴上的转矩，经变换后可得出作用在驱动轮上的切向力。在测功器定子外壳上装有测力臂与测力传感器。工作时定子对转子施加制动作用的同时，定子本身也受到大小相同、方向相反的反作用力矩。由于定子可以摆动，该力矩由定子经一定长度的测力臂传给测力传感器，最后由仪表指示其值。

4. 测速装置

测速装置是用来测量车速的。汽车发动机的功率不能由测功器直接测出，而是由测得的力矩和相应的转速经过计算求出的。

5. 控制与指示装置

底盘测功试验台的控制装置和指示装置制成一体，形成柜式结构，指示装置能直接显示驱动轮的输出功率。

6. 辅助装置

底盘测功试验台上还设置了举升装置、冷风装置、纵向约束装置等辅助装置，举升装置设置在主、副滚筒之间，以方便汽车进出底盘测功试验台。

三、底盘测功机的工作原理

汽车在道路上运行的过程中存在着运动惯性、行驶阻力。要在底盘测功机上模拟汽车在道路上的运行工况，首先应解决模拟汽车的运动惯性和行驶阻力问题，这样才能用台架测试汽车运行状态的基本性能。为此，在测功机台架上利用飞轮的转动惯量及其旋转部件的转动惯量，在允许的误差范围内满足汽车的惯量模拟。至于汽车在道路上运行时受到的滚动阻力和空气阻力等，则利用测功机加载装置来模拟。路面模拟是通过滚筒来实现的，即以滚筒来取代路面，滚筒的表面相对于汽车作旋转运动。通过控制系统可对加载装置及惯性模拟系统进行自动或手动控制，实现对汽车动力性，如驱动轮输出功率、加速性能、滑行性能等项目的检测。

检测时，汽车驱动轮置于滚筒装置上，驱动滚筒旋转并通过滚筒带测功机的转子旋转。汽车驱动轮的驱动力由测功机力臂上的测力传感器测量，滚筒转速通过转速传感器测量，通过引入测力臂长度、滚筒直径即可分别计算出汽车的驱动扭矩、驱动功率与行驶速度、行驶距离等，从而实现驱动轮输出功率、加速性能、滑行性能等项目的检测。

第三节　动力性能台试检验方法

一、检验前的准备

1. 被测汽车的准备

(1) 调整发动机供油系统、点火系统至最佳工作状态。

(2) 检查传动系统、车轮的连接情况并紧固。

(3) 车辆空载。

(4) 车辆使用的燃料和润滑油的规格应符合制造厂技术条件的规定。

(5) 检查驱动轴轮胎的花纹深度和气压，花纹深度不得小于 1.6 mm，轮胎中不得夹有杂物，轮胎干燥，气压应符合规定。

(6) 车辆应预热至发动机、传动系达到正常工作的温度状况，发动机冷却液温度应达到正常工作温度。

(7) 关闭空调系统等汽车正常行驶非必需的附属装备。

2. 底盘测功机的准备

(1) 对于水冷测功机，将冷却水阀打开。

(2) 接通电源，根据被测车型选择测试功率的挡位。

(3) 用挡块抵住非驱动轮前方，进行必要的纵向约束。

(4) 将冷却风扇置于被测汽车前方 0.5 m 处，对发动机吹风，防止发动机过热。

二、驱动轮输出功率检验方法

1. 最大扭矩工况检测

GB 7258—2017《机动车运行安全技术条件》规定：汽车产品使用说明书应包括发动机主要技术参数。根据车辆参数信息按下式计算最大扭矩工况车速：

$$v_{\mathrm{m}} = 0.377 \frac{r \times n_{\mathrm{m}}}{i \times i_{\mathrm{o}}}$$

式中：v_{m}——最大扭矩工况车速，单位为千米每小时(km/h)；

　　　r——驱动轮轮胎半径，单位为米(m)；

　　　n_{m}——最大扭矩转速，当最大扭矩转速为一范围时，取平均值，单位为转每分(r/min)；

　　　i——变速器传动比，i 取 1；

　　　i_{o}——主减速器传动比。

也可选取最大扭矩工况车速推荐值(参见表 3-1 至表 3-3)。

表 3-1　客车最大扭矩工况车速及驱动轮输出功率限值推荐值

车长(L)/mm	车速/(km/h)	输出功率限值/kW
L≤6000	50	26
6000<L≤7000	50	28
7000<L≤8000	53	35
8000<L≤9000	60	54
9000<L≤10 000	63	62
10 000<L≤11 000	65	70
11 000<L≤12 000	70	87
12000<L	70	109

表 3-2　货车最大扭矩工况车速及驱动轮输出功率限值推荐值

最大总质量(G)/kg	车速/(km/h)	输出功率限值/kW
3500<G≤4000	47	19
4000<G≤8000	47	24
8000<G≤9000	47	26
9000<G≤12 000	50	30
12 000<G≤15 000	50	33
15 000<G≤16 000	50	36
16 000<G≤18 000	50	48
18 000<G≤22 000	53	52
22 000<G≤25 000	55	56
25 000<G≤30 000	55	66
30 000<G≤31 000	55	75

表 3-3　牵引车最大扭矩工况车速及驱动轮输出功率限值推荐值

最大总质量(G)/kg	车速/(km/h)	输出功率限值/kW
G≤27 000	45	34
27 000<G≤35 000	53	59
35 000<G≤43 000	60	84
43 000<G≤49 000	60	100

(1) 引车员将被检测汽车平稳驶上测功机,置汽车驱动轮于底盘测功机滚筒上,驱动轮与滚筒轴线平行,固定汽车非驱动轮;

(2) 起动汽车,逐步加速换入直接挡(自动变速器应置于"D"挡),使汽车以直接挡的最低车速稳定运转;

(3) 按最大扭矩工况车速设定速度,测功机进行定速测功;

(4) 测功机加载，将加速踏板踩到底，待汽车速度在设定的速度下稳定 5 s 后，读取不少于 3 s 内测功机测得功率的平均值并记录；

(5) 在读数期间，实际车速应稳定在设定检测车速的 ±0.5 km/h 范围内。

2. 额定功率工况检测

(1) 按最大扭矩工况检测方法中的(1)和(2)固定好汽车并起动；

(2) 将加速踏板踩到底，测功机加载扫描最大功率点，记录最大功率点速度(v_p)，单位为千米每小时(km/h)；

(3) 设定测功机按 v_p 速度行驶，待汽车速度在设定的速度下稳定 5 s 后，读取不少于 3 s 内测功机测得功率的平均值并记录；

(4) 在读数期间，实际车速应稳定在 v_p 值的 ±0.5 km/h 范围内。

3. 驱动轮输出功率计算

(1) 驱动轮输出功率按下式计算：

$$P = P_g + P_e + P_f$$

式中：P——驱动轮输出功率，单位为千瓦(kW)；

　　　P_g——测功机测得功率，单位为千瓦(kW)；

　　　P_e——测功机内部损耗功率，单位为千瓦(kW)；

　　　P_f——轮胎滚动阻力消耗功率，单位为千瓦(kW)。

(2) 测功机内部损耗功率按下式计算：

$$P_e = \frac{F_{tc} \times v}{3600}$$

式中：v——检测速度，取值为 v_p 或者 v_m，单位为千米每小时(km/h)；

　　　F_{tc}——测功机内阻，按表 3-4 取值，或采用反拖法定期测量测功机在 50 km/h 和 80 km/h 时的内阻分别作为额定功率工况和最大扭矩工况测量时的测功机内阻，单位为牛(N)。

表 3-4　台架内阻 F_{tc} 推荐值

工 况	二轴四滚筒式台架内阻(F_{tc})/N	三轴六滚筒式台架内阻(F_{tc})/N
额定功率工况	130	160
最大扭矩工况	110	140

(3) 轮胎滚动阻力消耗功率按下式计算：

$$P_f = \frac{G_R \times g \times f_e \times v}{3600}$$

式中：g——重力加速度，$g = 9.81 \text{ m/s}^2$；

　　　f_e——台架滚动阻力系数。

最大扭矩点台架滚动阻力系数取 1.5f，额定功率点台架滚动阻力系数取 2f，f 是汽车在水平硬路面上行驶的滚动阻力系数，参见表 3-5。

表 3-5　滚动阻力系数 f 推荐值

轮 胎	f
子午胎	0.006
斜交胎	0.010

4. 驱动轮输出功率的校正方法

校正功率是指将在非标准环境状态下测定的驱动轮输出功率 P，按标准的环境状态进行校正。

(1) 标准环境状态：

① 大气压力：$p_0 = 100 \text{ kPa}$。

② 相对湿度：$\varphi_0 = 30\%$。

③ 环境温度：$T_0 = 298 \text{ K}(25℃)$。

④ 干空气压：$p_{s0} = 99 \text{ kPa}$。

(2) 校正公式：

$$P_{VMO} = \alpha P$$

式中：P_{VMO}——校正功率(标准环境状态下的功率)；

α——校正系数(汽油机为 α_a；柴油机为 α_d)；

P——实测功率。

① 汽油机校正系数(α_a)：

$$\alpha_a = \left(\frac{99}{p_s}\right)^{1.2} \times \left(\frac{T}{298}\right)^{0.6}$$

式中：T——试验时环境温度，单位为 K；

p_s——试验时干空气压，单位为 kPa，$p_s = p - \varphi \times p_{sw}$；

此处：p——现场环境状态下的大气压，单位为 kPa；

φ——现场环境状态下的相对湿度，单位为%；

p_{sw}——现场环境状态下的饱和蒸气压，单位为 kPa；

$\varphi \times p_{sw}$ 称为水蒸气分压，其值可查表 3-6 得出。

表 3-6　不同环境温度(T)和相对湿度(φ)下的水蒸气分压($\varphi \times p_{sw}$)

$T/℃$	φ				
	1	0.8	0.6	0.4	0.2
	$\varphi \times p_{sw}$/kPa				
−10	0.3	0.2	0.2	0.1	0.1
5	0.4	0.3	0.2	0.2	0.1
0	0.6	0.5	0.4	0.2	0.1
5	0.9	0.7	0.5	0.4	0.2
10	1.2	1.0	0.7	0.5	0.2
15	1.7	1.4	1.0	0.7	0.5

续表

T/℃	φ				
	1	0.8	0.6	0.4	0.2
	$\varphi \times p_{sw}$/kPa				
20	2.3	1.9	1.4	0.9	0.5
25	3.2	2.5	1.9	1.3	0.6
27	3.6	2.9	2.1	1.4	0.7
30	4.2	3.4	2.5	1.7	0.9
32	4.8	3.8	2.9	1.9	1.0
34	5.3	4.3	3.2	2.1	1.1
36	6.0	4.8	3.6	2.6	1.2
38	6.6	5.3	4.0	2.7	1.3
40	7.4	5.9	4.4	3.0	1.5
42	8.2	6.6	4.9	3.3	1.6
44	9.1	7.3	5.5	3.6	1.8
46	10.1	8.1	6.1	4.0	2.0
48	11.2	8.9	6.7	4.5	2.2
50	12.3	9.9	7.4	4.9	2.5

② 柴油机校正系数 α_d：

$$\alpha_d = (f_a)^{f_m}$$

式中：f_a——大气因子；

f_m——发动机因子，发动机型式和调整的特性参数。

对于自然吸气和机械增压式发动机，大气因子 f_a 的计算公式为

$$f_a = \frac{99}{p_s} \times \left(\frac{T}{298}\right)^{0.7}$$

发动机因子 f_m 的计算公式为

$$f_m = 0.036q_c - 1.14$$

式中：q_c——校正的比排量循环供油量，$q_c = q/r$。

此处：q——比排量循环供油量，单位为毫克每循环每升总气缸工作容积，即 mg/(L·循环)；

r——增压比，压缩机出口和压缩机进口的压力比(对于自然吸气式发动机，$r = 1$)。

在 q_c 值低于 40 mg/(L·循环)时，f_m 可取恒定值 0.3($f_m = 0.3$)；

在 q_c 值高于 65 mg/(L·循环)时，f_m 可取恒定值 1.2($f_m = 1.2$)。

q_c 值高于 40 mg/(L·循环)且低于 65 mg/(L·循环)时，可由图 3-4 对应查得。

上述 α_a 与 α_d 也可分别由图 3-5 和图 3-6 查得，查图方法按图中虚线示例。

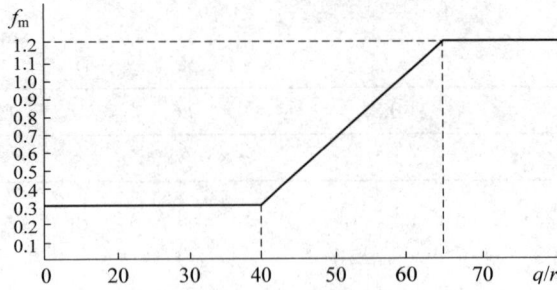

图 3-4　f_m 与 q/r 的关系图

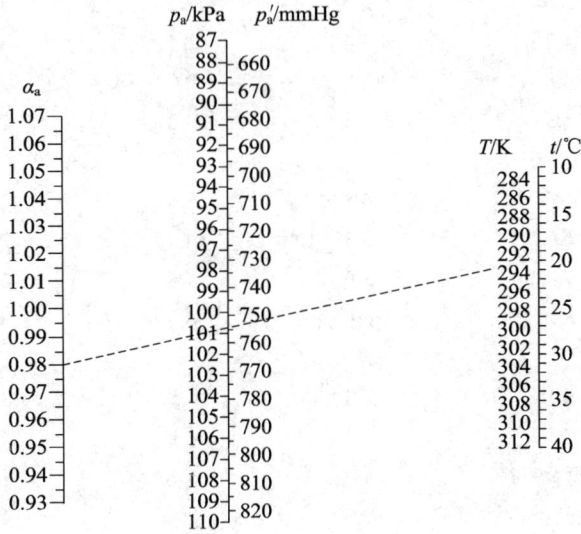

图 3-5　汽油机功率校正系数图

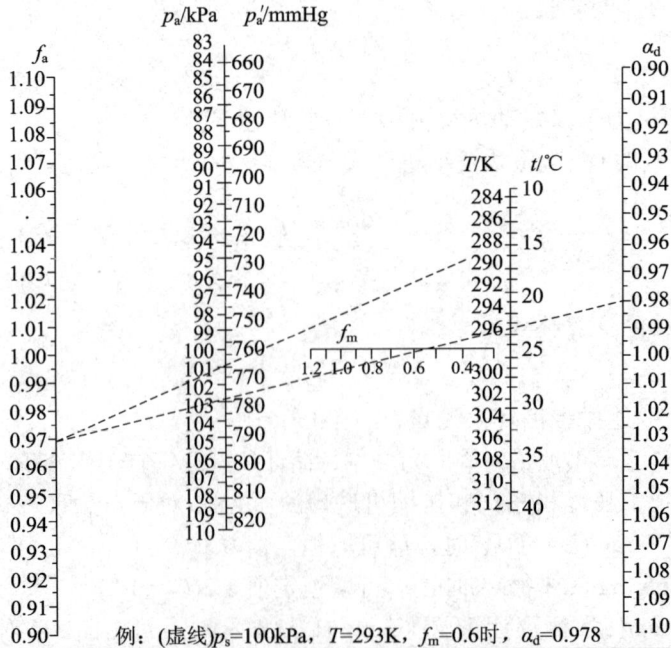

例：(虚线)$p_s=100\text{kPa}$，$T=293\text{K}$，$f_m=0.6$时，$\alpha_d=0.978$

图 3-6　非增压及机械增压柴油机功率校正系数图

三、驱动轮轮边稳定车速检验

试验前底盘测功机台架的转动部件充分预热才能保证台架的内阻趋于稳定。登录被检车辆的以下参数信息,对于检验机构数据库或车辆行驶证无法提供的参数,应从车辆登记证、产品说明书、发动机铭牌等处查取。

压燃式发动机额定功率(当发动机功率参数仅以最大净功率表征时,额定功率取净功率的 1.11 倍),单位为千瓦(kW)。

点燃式发动机额定扭矩单位为牛顿·米(N·m);额定扭矩转速单位为转每分钟(r/min)。

两用或双燃料车辆取发动机燃油额定功率(或额定扭矩),油电(或气电)混合动力车辆取发动机燃油(或燃气)额定功率(或额定扭矩),燃气车辆取发动机燃气额定功率(或额定扭矩),纯电动汽车的动力性不做评价。

1. 压燃式发动机车辆的动力性检验

(1) 被检车辆驱动轮置于底盘测功机滚筒上,根据车型调整侧移限位和系留装置,在非驱动轮加装停车楔。

(2) 底盘测功机设置为恒力控制方式,力、速度等参数示值调零。

被检车辆驱动轮置于底盘测功机滚筒上,完成安全系留措施后,底盘测功机的力、速度等参数设置应进行复位调零,用以消除受检车轮作用于滚筒而可能产生的附加力以及出现的零漂,复位工作应由控制系统自动实现。

(3) 底盘测功机不加载的条件下,起动被检车辆,逐步加速,选择直接挡测取全油门的最高稳定车速,并按下式计算额定功率车速。当最高稳定车速大于 95 km/h(对于危险货物运输车辆,其最高稳定车速大于 80 km/h)时,应降低一个挡位,并重新测取最高稳定车速。

$$v_e = 0.86 \times v_a$$

式中:v_e——额定功率车速,单位为千米每小时(km/h);

v_a——全油门所挂挡位的最高稳定车速,单位为千米每小时(km/h)。

底盘测功机不加载,选择直接挡测取全油门的最高稳定车速 v_a,当最高稳定车速 v_a 大于 95 km/h 时,基于安全考虑应降低一个挡位,此时应重新测取最高稳定车速 v_a。对于危险货物运输车辆,其最高稳定车速 v_a 大于或等于 80 km/h 时,可能为限速装置及其误差所致,此时也应降低一个挡位,并重新测取最高稳定车速 v_a,所测最高稳定车速 v_a 应小于 80 km/h。测取最高稳定车速 v_a 时,必须将加速踏板踩到底,否则不能得到准确的车速值。

最高稳定车速 v_a 的判定取值方法是:当连续 3 s 内的车速波动范围(峰-峰值)不超过 1.0 km/h 时,取该 3 s 内车速的平均值作为最高稳定车速(v_a)。

在动力性合格临界点附近检测时,不同挡位会出现检测结果不一致的情况,直接挡易合格,次直接挡不易合格,这主要是由于轮胎打滑所致。为确保临界点动力性检测的准确性,尤其是直接挡在车轮驱动力相应减小、车轮滑移减小的情况下,更适合雨雪天气的动力性检测,故应尽可能采用直接挡检测。需要注意的是,检测过程须始终采用由 v_a 确定的同一挡位。

(4) 底盘测功机逐步进行恒力加载至($F_E \pm 20$ N)范围内并稳定 3 s 后，开始测取车速，当 3 s 内的车速波动不超过 ±0.5 km/h 时，该车速即为驱动轮轮边稳定车速 v_w，检测结束。

基于检测工作的安全性考虑，底盘测功机应逐步恒力加载，不得突然增大加载力。

驱动轮轮边稳定车速 v_w 的判定取值方法是：底盘测功机加载至($F_E \pm 20$ N)范围内并稳定 3 s 后才可测取车速。当前车速与前 3 s 内的所有实测瞬态车速之差均不超过 ±0.5 km/h 时，取该 3 s 内车速的平均值作为驱动轮轮边稳定车速 v_w。如果底盘测功机恒力加载，不能稳定在($F_E \pm 20$ N)范围内，说明该设备控制系统有问题，不能用于动力性检测。

(5) 存储数据。存储以下被检车辆相关参数及中间数据：

η、P_e、v_e、v_w、F_e、F_E、F_{tc}、F_c、F_f、F_t、α_d 以及环境温度、相对湿度、大气压力。存储的相关参数和中间数据是车辆检测电子档案的一部分，应妥善保存。

2. 点燃式发动机车辆的动力性检验

(1) 被检车辆驱动轮置于底盘测功机滚筒上，根据车型调整侧移限位和系留装置，在非驱动轮上加装停车楔。

(2) 底盘测功机设置为恒力控制方式，力、速度等参数示值调零。

被检车辆驱动轮置于底盘测功机滚筒上，完成安全系留措施后，底盘测功机的力、速度等参数设置应进行复位调零，用以消除受检车轮作用于滚筒而可能产生的附加力以及出现的零漂，复位工作应由控制系统自动实现。

(3) 底盘测功机不加载的条件下，起动被检车辆，逐步加速，选择变速箱第 3 挡位，采用加速踏板控制车速，当外接转速表(外接转速表无法稳定测取转速时，可观察发动机转速表)的转速稳定指向发动机额定扭矩转速 n_m 时，测取当前驱动轮轮边线速度，记作额定扭矩车速 v_m。当额定扭矩车速 v_m 大于 80 km/h 时，应降低 1 个挡位，重新测取额定扭矩车速 v_m。

当额定扭矩转速为 $n_{m1} \sim n_{m2}$ 时，n_m 取其均值。当 n_m 大于 4000 r/min 时，按 $n_m = 4000$ r/min 测取 v_m。

与压燃式发动机车辆相同，危险货物运输车辆的最高稳定车速 v_a 大于或等于 80 km/h 时，可能为限速装置及其误差所致，此时也应降低一个挡位，并重新测取最高稳定车速 v_a，所测最高稳定车速 v_a 应小于 80 km/h。

对于汽油发动机，在额定扭矩车速附近的一定转速范围内，扭矩变化较小，发动机转速测量误差或读表误差对检测的准确性影响较小。但为保证发动机额定扭矩转速 n_m 读数的准确性，测取额定扭矩车速 v_m 时，建议外接转速表。

(4) 踩下加速踏板使车速超过 v_m，底盘测功机逐步进行恒力加载至 $F_M \pm 20$ N 范围内并稳定 3 s 后，开始测取车速，当 3 s 内的车速波动不超过 ±0.5 km/h 时，该车速即为驱动轮轮边稳定车速 v_m，检测结束。

检验员踩下加速踏板使车速超过额定扭矩车速 v_m 后，底盘测功机才可逐步加载，同时检验员控制油门，使车速始终大于额定扭矩车速 v_m，此时不得换挡操作。从检测的安全性考虑，底盘测功机的恒力加载应逐步进行，不得突然增大加载力。

如果底盘测功机恒力加载不能稳定在 $F_M \pm 20$ N 范围内，说明该设备控制系统有问题，不能用于动力性检测。

(5) 存储数据。存储以下被检车辆相关参数及中间数据：

η、M_m、v_m、v_w、n_m、F_m、F_M、F_{tc}、F_c、F_f、F_t、α_d 以及环境温度、相对湿度、大气压力。存储的相关参数和中间数据是车辆检测电子档案的一部分,应妥善保存。

四、检测结果分析

1. 检测结果评价

1) 限值

① 最大扭矩工况下,驱动轮输出功率限值取最大扭矩点功率(P_m)的51%;

② 额定功率工况下,驱动轮输出功率限值取额定功率(P_e)的49%。

2) 判定方法

(1) 采用最大扭矩工况或额定功率工况下的驱动轮输出功率评价时,当校正驱动轮输出功率大于或等于限值时,判定该车动力性为合格。

(2) 当校正驱动轮输出功率或驱动轮轮边稳定车速小于限值时,允许复检一次。一次复检合格,则判定该车动力性为合格。当检测结果和复检结果均小于限值时,判定该车动力性为不合格。

2. 检测结果分析

驱动轮输出功率是汽车发动机经传动系至驱动轮输出的功率。可见它是汽车发动机和传动系工作过程的输出参数,输出功率的多少完全取决于发动机发出的功率和传动系的传动效率,即取决于它们的技术状况。驱动轮输出功率减少说明发动机和传动系的技术状况差。发动机和传动系技术状况的微小变化,都会通过驱动轮输出功率的增加或减少表现出来。驱动轮输出功率的下降,可以按照动力传递的顺序进行检测分析,从发动机、变速箱、传动轴、分动器、驱动桥直至车轮等;也可以根据现有的检测设备,对能够进行检测分析的总成和部件实施检测,综合分析确定技术状况恶化或出现故障的部位。

第四节 动力性能路试检验方法

动力性能路试检验又称为动力性能道路试验。路试检验汽车动力性不同于室内台架检验,它要受限于道路条件和环境条件。同一汽车,使用相同的仪器设备检验,若道路与环境条件不同,检验的结果也将不同,因此为使检验结果具有可比性,国家标准对检验条件做出了明确规定。

汽车动力性能道路试验项目,包括滑行试验、加速性能试验、最高车速测定和最大爬坡性能试验。其主要的相关国家标准包括,GB/T 12534《汽车道路试验方法通则》、GB/T 12536《汽车滑行试验方法》、GB/T 12544《汽车最高车速试验方法》、GB/T 12539《汽车爬陡坡试验方法》和 GB/T 12677《汽车技术状态行驶检查方法》。

一、检验条件

1. 装载质量

在进行汽车滑行试验、最高车速测定和最大爬坡性能试验时,试验汽车的装载质量为厂定最大装载质量。装载物应均匀分布并固定牢靠，试验过程中不得晃动和颠离，乘员平均质量和替代重物分布应符合表 3-7 中的规定，其中乘员平均质量可用相同质量的重物代替。

表 3-7　乘　员　质　量

车　型			每人平均质量	行李质量	替代重物分布			
					座椅上	座椅前的地板上	吊在车顶的拉手上	行李箱(架)
载货汽车、越野汽车、专用汽车、自卸汽车、牵引汽车			65	—	55	10	—	—
客车	长途		60	13	50	10	—	13
	公共	坐客	60	—	50	10	—	—
		站客	60	—	55(地板上)		5	—
	旅游		60	22	50	10	—	22
轿车			60	5	50	10	—	5

2. 气象条件

试验应在无雨无雾，相对湿度小于 95%，气温为 0℃～40℃，风速不大于 3 m/s 的天气条件下进行。

3. 试验道路

各项性能试验应在清洁、干燥、平坦的，用沥青或混凝土铺装的直线道路上进行。道路长 2～3 km，宽不小于 8 m，纵向坡度在 0.1%以内。

4. 试验仪器、设备

试验仪器、设备须经计量检定，在有效期内使用，确保功能正常，精度符合要求。若使用汽车本身的速度表、里程表测定车速或里程，应进行误差校正。

5. 试验汽车的准备

试验前，记录试验样车的生产厂名、牌号、型号、发动机号、底盘号、各主要总成号和出厂日期等；并根据试验要求，对试验的汽车进行磨合，磨合时应按该车使用说明书的规定进行。试验时，必须进行预热，使发动机、传动系及其他部分达到规定的温度状态。

检查汽车装备完整性及装配调整情况，使之符合该车装配调整技术条件及国家标准的有关规定，并经行驶里程不大于 100 km 的行驶检查，方可进行道路试验。

试验过程中，轮胎冷充气压力应符合该车技术条件的规定，误差不超过 ±10 kPa（±0.1 kg/cm^2）。使用的燃油、润滑油(脂)和制动液的牌号和规格，应符合该车技术条件的规定。同一次试验必须使用同一批燃油、润滑油(脂)和制动液。

二、检验仪器

进行道路试验时，测量试验汽车的速度、位移和相应时间的仪器称为车速测量仪(简称车速仪)。车速仪分为接触式车速仪和非接触式车速仪。由于接触式车速仪已基本不使用，所以本书主要介绍非接触式车速仪。

非接触式车速仪能测量汽车运动中的速度、位移和相应时间。检测时，车速仪的传感器通过吸盘吸附在汽车车身上，竖直向下并距离地面一定距离。非接触式车速仪是利用空间滤波原理检测车速的。下面简要说明其检测原理。

空间频率传感器如图 3-7 所示。它由投光器和光电探测器组成，投光器强光射在地面上，由于地面凹凸不平，形成明暗对比度不同的反射，由受光器中梳状光电管接收。

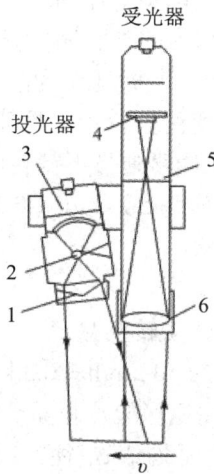

1—透镜；2—灯；3—反射镜；4—梳状光电管；5—光栅；6—聚光透镜

图 3-7　空间频率传感器

下面通过图 3-8 来说明空间频率传感器的基本工作原理。

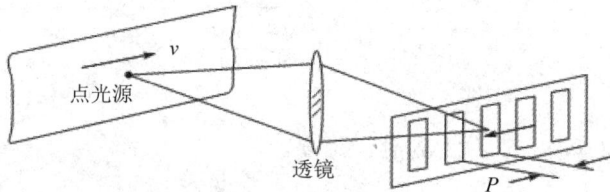

图 3-8　空间频率传感器工作原理

如图 3-8 所示是以一定间距 P 排列的一排透光格子，当点光源以一定速度相对格子移动时，通过格子列后的光的强度就变成了忽明忽暗、反复出现的脉冲状态，此脉冲与光穿过格子的次数相对应，即每移动一个 P 距离光脉冲变换一次。假设点光源移动速度为 v，光学系统的放大率为 m，则在格子列上移动的光点速度为 mv。这样，一明一暗的脉冲列的周期为 P/mv，即频率 $f(f = mv/P)$ 与速度 v 成正比。v 的变化则可以通过 f 的变化表现出来。与点光源相比，一般的光学投影则稍有差异。这种光学投影(凹凸不均的形状)可以看作许多不同强度的点光源不规则地集中，不改变相互位置，向着一定的方向，同时平行移动着的状况。由此得到的光量，就是从这些点光源一个一个地测量到的光量总和。然而，由于点光源的分布和强度都不同，其结果导致相位和亮度全然不同。但因频率完全相同，结果组成了许多仅仅相位和振幅不同的信号，其平均频率为 mv/P。从而可得到相位和振幅均随机平稳变化的信号(窄带随机信号),可通过推测此中心频率来解出移动速度和移动距离。

三、检验方法

(一) 滑行距离检测

滑行距离检测通常被广泛地用来作为汽车装配质量的检验手段。通过滑行试验可分别求出滚动阻力系数(包括汽车传动机构内的各种阻力)和空气阻力系数。

在长约 1000 m 的试验路段两端立上标杆作为滑行区段,汽车在进入滑行区段前,车速应稍大于 50 km/h,此时驾驶员将变速器置入空挡(松开离合器踏板),汽车开始滑行,直至汽车完全停住为止。在滑行过程中,驾驶员不得转动转向盘。当车速为 50 km/h 时(汽车应进入滑行区段),记录滑行初速度(应为 50 km/h ± 0.3 km/h)和滑行距离。试验至少往返各滑行一次,往返区段尽量重合。

注意:

① 在滑行过程中,驾驶员不得转动转向盘。

② 汽车进入滑行区的初速度应为 50 km/h ± 0.3 km/h。

③ 试验至少往返各进行三次,往返区段尽量重合,同方向的滑行距离差异不超过 5%,分别计算往返双方向滑行距离的算术平均值 S_1(往)和 S_2(返)。

数据校正:试验过程中只要从稍高于试验车速(例如这里的 50 km/h)的速度开始记录,就可以直接测量出从试验车速滑行到停车全过程的试验数据。但是由于国家标准规定滑行试验的标准初速度 $v_0 = 50$ km/h,而实测的初速度 v_0' 与标准初速度总有出入,故需对实测的滑行距离 S' 进行校正,以换算出标准初速度 $v_0 = 50$ km/h 的滑行距离 S,其换算公式为

$$S = \frac{-b + \sqrt{b^2 + ac}}{2a}$$

式中: $a = \dfrac{v_0'^2 - bS'}{S'^2}$ $(1/s^2)$, S' 为实测滑行距离。

b 为常数, $b = 0.2$ m/s² (当车质量≤40 000 mg 且滑行距离≤600 m 时, $b = 0.3$ m/s²);
$c = 771.6$ m/s²。

由于试验时,测量汽车滑行距离的车速不高,汽车滑行过程近似于匀减速运动,因此,也可以采用插值方法,计算求得所需车速时的滑行距离和滑行时间。取两个方向滑行距离的平均值作为试验结果:

$$S = \frac{S_1 + S_2}{2}$$

如果通过仪表记录或通过数据处理系统计算得到了整个滑行过程的数据,就可以绘出如图 3-9 所示的滑行过程曲线,从中可以分析滑行过程中车速随滑行时间、滑行距离的变化规律,并可以进一步分析车辆的性能。

在汽车的实际应用中,经常通过滑行距离检查底盘的技术状况。同种车型之间进行比较,在相同条件下滑行距离长的汽车,底盘技术性能一般比较好;汽车经过一段时间的运

行以后，由于磨损、零部件连接松动、润滑不良等原因，可能导致底盘性能下降，通过滑行距离测量试验可以比较简单有效地判断汽车底盘的技术状况。另外，滑行距离还是汽车性能的强制性标准所规定的项目(或者测得的滑行阻力满足要求)，即汽车必须具有一定的滑行能力，例如，GB 18565 中规定，测得初速为 30 km/h 的汽车滑行距离应达到表 3-8 所列的要求。

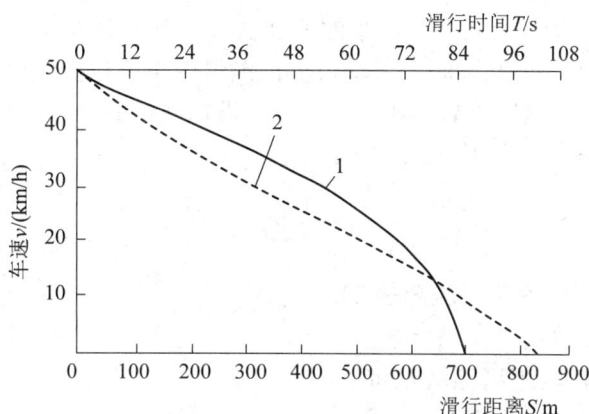

图 3-9　某汽车滑行曲线

表 3-8　车辆滑行距离要求

汽车整备质量 M/kg	双轴驱动车辆 滑行距离/m	单轴驱动车辆 滑行距离/m
$M<1000$	≥104	≥130
$1000≤M≤4000$	≥120	≥160
$4000<M≤5000$	≥144	≥180
$5000<M≤8000$	≥184	≥230
$8000<M≤11\,000$	≥200	≥250
$M>11\,000$	≥214	≥270

(二) 最高车速试验

最高车速是指汽车在良好的水平路面上直线行驶时汽车能达到并保持的最高稳定速度。它是评价汽车动力性能的一项重要指标。最高车速试验标准是 GB/T 12544—2012《汽车最高车速试验方法》。试验前应检查试验汽车的转向机构、各紧固件的紧固情况及制动系统的效能，以保证试验的安全性。试验时，关闭汽车门窗，其他试验条件及试验汽车的试验前准备按通用试验条件的规定执行。试验路面应坚硬、平整、干净、干燥。直线道路测量区不少于 200 m，两端用标杆准确标记，加速区要足够长，以保证车辆到达测量区前，能够稳定保持在最高车速。加速区和测量区的纵向坡度应不超过 0.5%。测量区横向坡度应不超过 3%。环形道路总长度不小于 2000 m，环形部分的曲线半径不小于 200 m。

根据跑道不同，最高车速的试验方法有三种，如下所述。

1. 直线跑道上双方向的最高车速试验

直线跑道上双方向的最高车速试验是指依次从试验跑道的两个方向进行试验，并尽量使用跑道的相同路径。双方向试验又称为标准试验。双方向试验可以减少道路坡度和风速等因素对试验结果造成的影响。试验流程如下：

(1) 试验汽车在加速路段，油门全开，以最佳的加速状态行驶。

(2) 在进入速度测量路段之前，汽车的变速器及分动器挂至最高挡位，然后以最高的稳定车速通过测量路段，与此同时，启动仪器，测量汽车通过测量区试验时间。

(3) 往返两个方向的试验次数都不少于 1 次。设每次试验单程所用的时间为 t_i，则往返试验所测时间的算术平均值计算公式如下：

$$t = \frac{1}{2}\sum_{i=1}^{2} t_i$$

注意：往返 2 次 t_i 的变化不应超过 3%。

试验速度计算公式如下：

试验速度 = 测量路段距离除以时间

$$v = \frac{L \times 3.6}{t}$$

式中：v —— 速度，单位为 km/h；

$\quad\quad t$ —— 往返试验所测时间的算术平均值，单位为 s；

$\quad\quad L$ —— 测量路段长度，单位为 m。

2. 直线跑道上单方向的最高车速试验

直线跑道上的单方向最高车速试验是指从直线跑道一个方向进行最高车速试验，需要连续 5 次重复进行试验。

试验时风速在车辆行驶方向的水平分量不超过 ±2 m/s。考虑到风速的影响，最高车速应该进行修正，修正公式如下：

$$v_{v_i} = |v_i| \times 3.6$$

$$v_{r_i} = \frac{3.6L}{t}$$

$$v_i = v_{r_i} \pm v_{v_i} \cdot f$$

式中：v_i —— 所测量的风速行驶方向的水平分量，单位为 m/s；

$\quad\quad v_{v_i}$ —— 风速水平分量，单位为 km/h；

$\quad\quad v_{r_i}$ —— 每次行驶的最高车速，单位为 km/h；

$\quad\quad t$ —— 汽车行驶"L"长的距离所用的时间，单位为 s；

$\quad\quad v_i$ —— 每次行驶的最高车速计算值，单位为 km/h；

$\quad\quad f$ —— 修正因数，$f = 0.6$。

试验过程中，如果风的水平分量与汽车行驶方向相反，则修正后的速度 = 汽车行驶最高车速 + 风速水平分量；如果风的水平分量与汽车行驶方向相同，则修正后的速度 = 汽车行驶最高车速－风速水平分量。

　　试验数据处理：五次测量结果去掉 2 个极值，取其他三次测量车速的平均值作为最高车速。

　　最高车速 v 的计算公式如下：

$$v = \frac{1}{3}\sum_{i=1}^{3} v_i$$

3. 环形跑道上的最高车速试验

　　环形跑道上的最高车速试验是指汽车以最高车速在跑道上至少行驶 3 次，记录汽车每次行驶一圈所用时间，取三次行驶时间的平均值作为行驶时间。行驶时间计算公式如下：

$$\bar{t} = \frac{1}{3}\sum_{i=1}^{3} t_i$$

　　试验时最高车速计算公式如下，式中 L 为汽车实际行驶的环形跑道的长度。

　　试验过程中不得转动方向盘修正行驶方向。每次的测量时间变化不应超过 3%。

$$v_a = \frac{L \times 3.6}{\bar{t}}$$

式中：v_a——最高车速，单位为 km/h；

　　　　$\bar{t}$ ——时间，单位为 s；

　　　　L——汽车实际行驶的环形跑道的长度，单位为 m。

　　用环形跑道测量最高车速时，需采用经验因数修正速度 v_a：

$$v = v_a \times k$$

式中：k——修正因数，$1.00 \leqslant k \leqslant 1.05$。$k$ 是由多次车速试验时，直线跑道车速与环形跑道车速的比值来确定的。

(三) 加速性能试验

　　汽车的加速能力对平均行驶车速有很大影响，汽车在水平路面上的加速度大小与动力因素成正比。因此加速度大小反映了汽车动力特性的好坏。从理论上讲评价加速性，应用加速度和时间的关系，但由于其实用意义不大，采用速度或距离与时间的关系更直观。所以一般都是用汽车从某一条件下加速到某一距离或某一车速时所需时间来表示。

1. 试验准备及基本要求

　　试验前应对试验车辆进行磨合，磨合里程不少于该车技术条件的规定，车轮胎面应留有至少 75% 的花纹，且胎面良好，试验前，所有轮胎均应经过至少 100 km 的磨合。车辆应该按照制造厂的技术要求进行检查并进行必要的调整。

　　对于汽车加速性能试验，GB/T 12543—2009 标准对试验车辆试验质量及载荷分布做出了明确的规定。

　　(1) M_1 类车辆和最大设计总质量小于 2 t 的 N_1 类车辆：按照 GB/T 12545.1 有关道路试验的规定加载。GB/T 12545.1 规定，车辆试验质量为整车整备质量加上 180 kg，当车辆的 50% 载荷质量大于 180 kg 时，则车辆试验质量为车辆整车整备质量加上 50% 的载荷质量(包括测量人员和仪器的质量)。

载荷分布分为以下 4 种类型：

① 对于 M₁ 类车辆，载荷的质心应位于前排外侧座椅 R 点连线的中点。

② 对于最多两排座椅的车辆，载荷的质心应位于前排外侧座椅 R 点连线的中点。

③ 对于多于两排座椅的车辆，最初的 180 kg 载荷的质心应位于前排外侧座椅 R 点连线的中点。附加载荷的质心应位于车辆中心线上，且应在前排外侧座椅 R 点连线中点和第二排外侧座椅 R 点连线中点之间。

④ 对于 N₁ 类车辆，附加载荷(指试验总载荷减去测量仪器和人员的质量)的质心应位于车辆货箱的中心。

(2) M₂、M₃ 类汽车和最大设计总质量不小于 2 t 的 N 类车辆：车辆试验质量按照 GB/T 12545.2 标准中有关道路试验的规定加载，即除了特殊规定外，M₂、M₃ 类城市客车试验质量为装载质量的 65%，其他车辆为满载。

M₂、M₃ 类汽车的载荷按照 GB/T 12428《客车装载质量计算方法》均布；N 类车辆的载荷分布按照 GB/T 12534 进行。

在试验时应关闭前照灯。若汽车装有隐藏式车灯，则灯架应位于隐藏车灯的位置。为满足汽车行驶安全的需要可打开车灯，并进行记录。其他电器设备应置于关的位置。试验过程中应关闭所有车窗。

2. 试验程序

汽车加速性能测试方法分为全油门起步加速性能试验和全油门超越加速性能试验。

(1) 全油门起步加速性能试验：车辆由静止状态全油门加速到 100 km/h(如果最高车速的 90% 达不到 100 km/h，应取最高车速的 90% 向下圆整到 5 的整数倍的车速作为试验终了车速)，车辆由静止状态全油门加速通过 400 m 的距离，记录以上项目的行驶时间。

(2) 全油门超越加速性能试验：车辆由 60 km/h 全油门加速到 100 km/h(如果最高车速的 90% 达不到 100 km/h，应取最高车速的 90% 向下圆整到 5 的整数倍的车速作为试验终了车速)，记录行驶时间。

加速性能试验过程中对变速器的操作要求如下：

1) 手动变速器

进行全油门起步加速性能试验时，车辆起步加速应在车轮滑转最小的情况下使车辆达到最大加速性能。离合器的操纵及换挡时刻的选择应使加速性能发挥最大但不应超过发动机的额定转速。当车辆运动时触发记录装置。

进行全油门超越加速性能试验时，加速前车速应控制在 58 km/h～60 km/h 内保持匀速行驶至少 2 s，当车速达到 60 km/h 时触发记录装置。变速器在试验过程中不应换挡。M₁ 类车辆和最大设计总质量小于 2 t 的 N₁ 类车辆的挡位选择：4 挡或 5 挡手动变速器，选最高挡和次高挡；6 挡手动变速器，选择 4 挡和 5 挡；3 挡手动变速器仅使用最高挡。M₂、M₃ 类汽车和最大设计总质量不小于 2 t 的 N 类车辆的挡位选择是：最高挡和次高挡。

2) 自动变速器

进行全油门起步加速性能试验时，在发动机怠速情况下(若有必要可踩下制动器)，将变速器置于"D"挡，车辆起步加速，应在车轮滑转最小的情况下使车辆达到最大加速性能，当车辆运动时触发记录装置。

进行全油门超越加速性能试验时，变速器置于"D"挡。允许在汽车变速控制器的控制下换挡。试验前车辆加速到 58 km/h～60 km/h 内保持匀速行驶至少 2 s。当车速达到 60 km/h 时触发记录装置。

3) 手自一体变速器

分别进行自动模式和手动模式下的加速性能试验。试验时关闭前照灯。若汽车装有隐藏式车灯，则灯架应位于隐藏车灯的位置。为满足行驶安全的需要，可打开车灯并记录在备注中。

其他电器设备开关应置于关的位置。试验过程中关闭所有车窗。

3. 数据处理

试验要往返进行，每个方向至少进行 3 次。若 1 次试验发生问题，则该往返试验均应重做。

1) 数据计算

计算所有有效试验数据的算术平均值

$$\mu = \frac{\sum_{i=1}^{n} T_i}{n}$$

标准偏差

$$SD = \sqrt{\frac{\sum_{i=1}^{n} (\mu - T_i)^2}{n-1}}$$

变化系数

$$k = \frac{SD}{\mu}$$

式中：μ——算数平均值；
i——第 i 次试验；
T_i——第 i 次试验数据；
n——试验总次数；
SD——标准偏差；
k——变化系数。

2) 数据验证

全油门起步加速性能试验，变化系数不应大于 3%。
全油门超越加速性能试验，变化系数不应大于 6%。

3) 数据表达

对于试验结果，可以记录计算得到的算术平均值、标准偏差和变化系数。全油门超越加速试验注意记录使用的挡位。

也可以绘出速度—时间、距离—时间图。如图 3-10 和图 3-11 所示。

加速时间/s

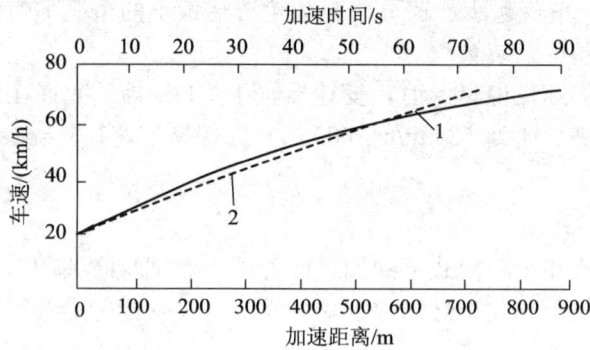

1—车速-加速距离曲线；2—车速-加速时间曲线

图 3-10　汽车全油门超越加速性能曲线图

加速时间/s

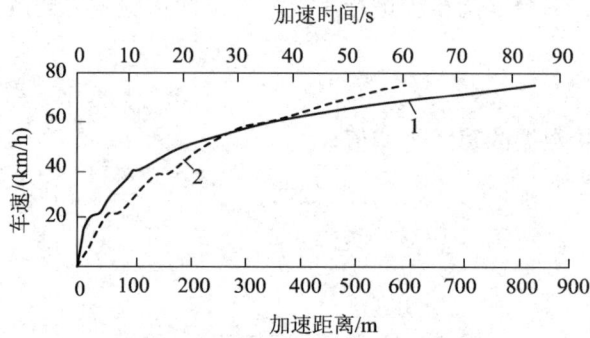

1—车速-加速距离曲线；2—车速-加速时间曲线

图 3-11　汽车全油门起步加速性能试验曲线图

　　要注意的是，试验之前，要检查试验车是否处于良好的技术状态，尤其要着重检查化油器节气门能否全开(或喷油量能否达到最大)，必要时应进行调整。

　　有些汽车由于设计上的原因，加速过渡性不良，快速起步很可能产生传动系严重抖动，即车辆"点头"现象，从而使加速性能大大下降。对于这些汽车，在加速性试验之前应反复预试，找出加速最快的操作方式(一般是不立刻将加速踏板踏到底，而是先缓后快地加油)，并以这种操作方式进行试验。

(四) 爬坡性能试验

　　爬坡性能试验，是在各种坡度的坡道上，测定汽车的起步能力和爬坡能力。爬陡坡试验一般在专门设置的坡道上进行，坡道长度应大于汽车长度的 2～3 倍。汽车用最低挡开始爬坡，其所能克服的最大坡度值即为最大爬坡能力，用角度或纵向升高百分比表示。在爬坡试验过程中，对汽车各部件工作情况应进行仔细观察、测量，如怠速特性以及起动性能的影响，轮胎与路面附着情况，离合器接合情况等。

　　试验时的坡道坡度应接近于试验车的最大爬坡度。坡道长小于 25 m，坡前应有 8～10 m 的平直路段，坡度大于或等于 30% 的路面用水泥铺装，小于 30% 的坡道可用沥青铺装，在坡道中部设置 10 m 的测速路段。允许以表面平整、坚实，坡度均匀的自然坡道代替试坡道。大于40%的纵坡必须设置安全保障装置。其他试验条件及汽车的准备按通用试验条件规定。

试验常用仪器主要包括坡度仪、发动机转速表、秒表、钢卷尺(50 m)等。

若试验车为非越野车,则使用最低挡;如有副变速器也置于最低挡。将试验车停于接近坡道的平直路段上,起步后,将油门全开进行爬坡。测量并记录汽车通过测速路段的时间及发动机转速,爬坡过程中监视各仪表(如水温、机油压力等)的工作情况;爬至坡顶后,停车检查各部位有无异常现象发生,并做详细记录。如第一次爬不上去,可进行第二次,但不超过两次。

爬不上坡时,测量停车点(后轮触地中心)到坡底的距离,并记录爬不上坡的原因。

如没有规定坡度的坡道,可增减装载质量或采用变速器较高一挡(如 2 挡)进行试验,再按下式折算为厂定最大总质量下,变速器使用最低挡时的爬坡度:

$$a_{\max} = \arcsin\left(\frac{m_{a实} \cdot i_1}{m_a \cdot i_实} \sin\alpha_实\right)$$

式中:$\alpha_实$——试验时的实际坡度,单位为°;

　　　$m_{a实}$——汽车实际总质量,单位为 kg;

　　　m_a——汽车厂定最大总质量,单位为 kg;

　　　i_1——最低挡总速比;

　　　$i_实$——实际总速比。

10 m 测速区内的平均爬坡车速为 $v = 36/t$,其中 t 为通过测试路段的时间,单位为 s。

若试验车为越野车,则变速器使用最低挡,分动器亦置于最低挡,全轮驱动,停于接近坡道的平直路段上,起步后,将油门全开进行爬坡;当试验车处于坡道上,停住汽车,变速器放入空挡,发动机熄火 2 min,再起步爬坡。测量并记录通过测速路段的时间及发动机转速。爬坡过程中监视各仪表的工作状况,爬至坡顶后,检查各部位有无异常现象,并做详细记录。

汽车牵引车辆做爬坡试验时,应在厂方规定的牵引条件和坡道上进行。根据该牵引车辆是否为越野车来选择上述试验方法中的一种进行。

本 章 小 结

(1) 汽车检验部门通常以机动车的最高车速、加速性能、最大爬坡度、发动机输出功率以及汽车底盘输出功率作为机动车的动力性评价指标。

(2) 高车速是指汽车在厂定最大总质量状态下,在风速小于或等于 3 m/s 的条件下,在干燥、清洁、平坦的混凝土或沥青路面上,能够达到的最高稳定行驶速度。

(3) 加速性能是指汽车在行驶中迅速增加行驶速度的能力。通常用汽车加速时间来评价。

(4) 底盘测功机具有如下功能:

① 测量汽车驱动轮输出功率;

② 检验汽车的加速能力;

③ 检验汽车的滑行能力和传动系统传动效率；

④ 校验车速表；

⑤ 配以油耗计、废气分析仪等设备，检测汽车的燃油经济性和废气排放性能。

(5) 汽车的动力性通常在道路上进行测试，也可以在室内底盘测功机上测试。道路测试主要是测定最高车速、加速能力、最大爬坡度等评价参数。由于滑行距离能够表明汽车底盘传动系统的技术状况，且可确定汽车的滚动阻力系数和空气阻力系数，因此在进行动力性试验时也常常包括滑行试验。室内测功机上可以进行驱动轮输出功率的测试，依此考核传动系及发动机的技术状况。另外用底盘测功机还可以进行加速能力和滑行性能的试验。

复习思考题

1. 什么是发动机输出功率？什么是驱动轮输出功率？
2. 试述用底盘测功机检测汽车驱动轮输出功率的检验方法。
3. 汽车底盘测功机由哪几部分组成？
4. 试述汽车底盘测功机的工作原理。

第四章　机动车经济性能检验

汽车燃料经济性是指在保证动力性的条件下，汽车以尽量少的燃料消耗量经济行驶的能力。燃料经济性好，可以降低汽车的使用费用，也降低了汽车排气污染物对大气的污染。同时，汽车的燃料消耗量又与汽车发动机和底盘的技术状况密切相关，因此汽车的燃料经济性可作为综合指标评价汽车的技术状况。

第一节　燃料经济性评价指标及要求

一、评价指标

汽车的燃料经济性常用一定运行工况下汽车行驶百公里的燃料消耗量或一定燃料量能使汽车行驶的里程来衡量。

在我国及欧洲国家，燃料经济性指标的单位为 L/100 km，即行驶 100 km 所消耗的燃料升数，其数值越大，汽车的燃料经济性就越差。美国为 MPG 或 mile/USgal，指每加仑燃料能行驶的英里(1 英里 = 1.609 千米)数。这个数值越大，汽车燃料经济性就越好。

等速行驶百公里燃料消耗量是常用的一种评价指标，指汽车在一定载荷(我国标准规定轿车为半载，货车为满载)下，以最高挡在水平良好路面上等速行驶 100 km 的燃料消耗量。但是，等速行驶工况并不能全面反映汽车的实际运行情况，特别是在市区行驶中频繁出现的加速、减速、怠速停车等行驶工况。因此，在对实际行驶车辆进行跟踪测试统计的基础上，各国都制定了一些典型的循环行驶试验工况来模拟实际汽车运行状况，并以其百公里燃料消耗量(或 MPG)来评定相应行驶工况的燃料经济性。

二、汽车燃料消耗量标识

汽车燃料消耗量标识，也称为汽车能源消耗量标识，是指用于标示能源消耗量及相关信息的标签，以下简称标识。

燃料消耗量数据是指按照 GB/T 19233 标准测定的市区、市郊和综合工况燃料消耗量。燃料消耗量数据应圆整(四舍五入)至小数点后一位。

1. 标识的内容

汽车燃料消耗量标识至少应包含下列信息：

(1) 生产企业；

(2) 车辆型号；

(3) 发动机型号、排量、最大净功率，其中，排量单位为 mL，额定功率单位为 kW；

(4) 能源种类，如汽油、柴油、两用燃料、双燃料等；

(5) 变速器类型，如手动、自动、无级变速、双离合，或 MT、AT、AMT、CVT、DCT 等；

(6) 驱动形式，如前轮驱动、后轮驱动、分时四轮驱动、适时四轮驱动、全时全轮驱动等；

(7) 整车整备质量、最大设计总质量，单位为 kg；

(8) 市区、市郊和综合工况燃料消耗量，单位为 L/100 km；

(9) 车辆综合工况燃料消耗量的连续比较信息；

(10) 车辆综合工况燃料消耗量与燃料消耗量限值的比较信息；

(11) 标识的燃料消耗量与实际燃料消耗量差别的说明；

(12) 标识启用日期以及政府主管部门规定的附加信息等其他信息。

2. 标识要求

标识由"标题区""信息区""说明区"和"附加信息区"四个功能区组成，如图 4-1 所示。

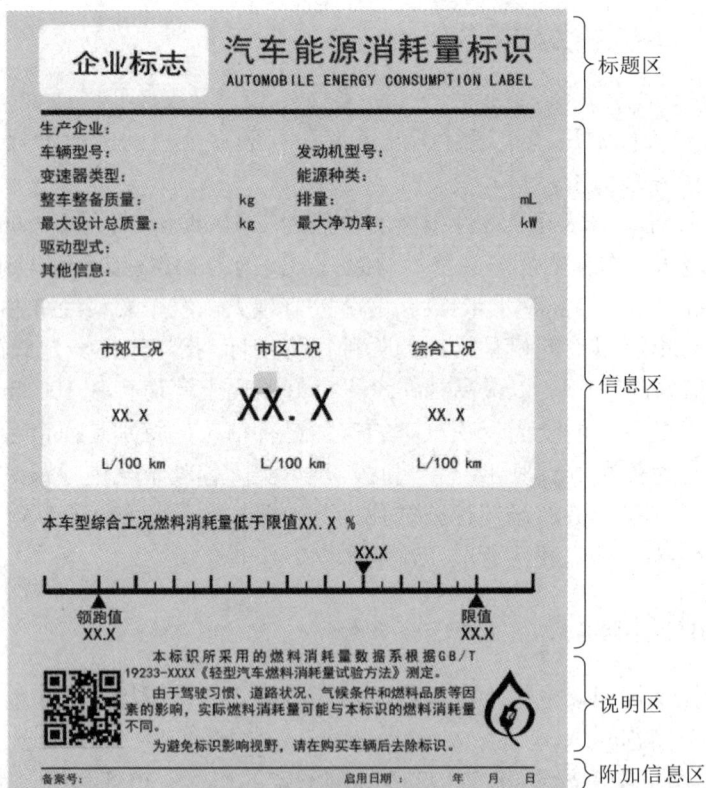

图 4-1　汽车能源消耗量标识

(1) "标题区"位于标识顶端，左侧为"企业标志"，右侧为"标识名称"，"标识名称"为"汽车能源消耗量标识"。

(2) "信息区"分为"车型基本信息区"和"能耗信息区"两部分。"车型基本信息区"

位于信息区的上部，"能耗信息区"位于信息区的下部，是标识的核心部分。"燃料消耗量信息"位于"能耗信息区"的上部，与限值比较信息位于"能耗信息区"的中部，连续性比较信息位于"能耗信息区"的下部。

"车型基本信息"部分包括生产企业、车辆型号、发动机型号、能源种类、排量、最大净功率、变速器类型、驱动形式、整车整备质量、最大设计总质量以及企业需要说明的与燃料消耗量相关的其他信息。如无其他信息可提供，可删除"其他信息"四个字。

"能耗信息"包括市区工况、市郊工况和综合工况燃料消耗量、与限值比较信息和连续比较信息三部分。

(3) "说明区"位于标识下部。"说明区"左侧为二维码，中间为燃料消耗量试验所采用的国家标准(含年代号和名称)以及影响燃料消耗量的因素的描述。

(4) "附加信息区"位于标识底端，主要内容包括标识启用日期以及政府主管部门规定的附加信息，如备案号。

标识应采用纸质或塑料材质，具有一定的强度，易于粘贴和保持，并易于去除。

标识应粘贴在车辆内部，粘贴位置为侧车窗或挡风玻璃上不对驾驶员视野构成影响的显著部位。为便于从车外阅读，标识的图案和内容应朝外。

三、燃料经济性标准限值

在我国，使用等速百公里燃料相对消耗量作为车辆燃料经济性的考核指标。

1. 道路运输车辆燃料消耗量限值

根据 GB/T 18566—2011《道路运输车辆燃料消耗量检测评价办法》规定，对于燃用柴油或汽油、额定总质量大于 3500 kg 的在用营运客车和货运客车，使用碳质量平衡法进行燃料消耗量检测。

(1) 已列入交通运输主管部门公布的《道路运输车辆燃料消耗量达标车型表》的车辆，其燃料消耗量限值为车辆《燃料消耗量参数表》中 50 km/h 或 60 km/h 满载等速油耗的 114%。

(2) 未列入交通运输主管部门公布的《道路运输车辆燃料消耗量达标车型表》的车辆，其燃料消耗量限值的参比值见表 4-1、表 4-2 和表 4-3。

表 4-1　在用柴油客车燃料消耗量限值的参比值

车长 L/mm	参比值/(L/100 km)	
	高级客车等速 60 km/h	中级和普通级客车等速 50 km/h
L≤6000	11.3	9.5
6000<L≤7000	13.1	11.5
7000<L≤8000	15.3	14.1
8000<L≤9000	16.4	15.5
9000<L≤10 000	17.8	16.7
10 000<L≤11 000	19.4	17.6
11 000<L≤12 000	20.1	18.3
L>12 000	22.3	20.3

表 4-2　在用柴油货车(单车)燃料消耗量限值的参比值

额定总质量 G/kg	参比值/(L/100km)	额定总质量 G/kg	参比值/(L/100 km)
$3500 < G \leqslant 4000$	10.6	$17\,000 < G \leqslant 18\,000$	24.4
$4000 < G \leqslant 5000$	11.3	$18\,000 < G \leqslant 19\,000$	25.4
$5000 < G \leqslant 6000$	12.6	$19\,000 < G \leqslant 20\,000$	26.1
$6000 < G \leqslant 7000$	13.5	$20\,000 < G \leqslant 21\,000$	27.0
$7000 < G \leqslant 8000$	14.9	$21\,000 < G \leqslant 22\,000$	27.7
$8000 < G \leqslant 9000$	16.1	$22\,000 < G \leqslant 23\,000$	28.2
$9000 < G \leqslant 10\,000$	16.9	$23\,000 < G \leqslant 24\,000$	28.8
$10\,000 < G \leqslant 11\,000$	18.0	$24\,000 < G \leqslant 25\,000$	29.5
$11\,000 < G \leqslant 12\,000$	19.1	$25\,000 < G \leqslant 26\,000$	30.1
$12\,000 < G \leqslant 13\,000$	20.0	$26\,000 < G \leqslant 27\,000$	30.8
$13\,000 < G \leqslant 14\,000$	20.9	$27\,000 < G \leqslant 28\,000$	31.7
$14\,000 < G \leqslant 15\,000$	21.6	$28\,000 < G \leqslant 29\,000$	32.6
$15\,000 < G \leqslant 16\,000$	22.7	$29\,000 < G \leqslant 30\,000$	33.7
$16\,000 < G \leqslant 17\,000$	23.6	$30\,000 < G \leqslant 31\,000$	34.6

表 4-3　在用柴油半挂汽车列车燃料消耗量限值的参比值

额定总质量 G/kg	参比值/(L/100 km)
$G \leqslant 27\,000$	42.9
$27\,000 < G \leqslant 35\,000$	43.9
$35\,000 < G \leqslant 43\,000$	46.2
$43\,000 < G \leqslant 49\,000$	47.3

2. 乘用车燃料消耗量限值

为落实《节能与新能源汽车产业发展规划(2012—2020 年)》的要求，推动我国乘用车燃料经济性水平的持续改善，2012 年，工业和信息化部组织全国汽车标准化技术委员会启动了乘用车燃料消耗量第四阶段标准(2016—2020 年)的制定工作。在对我国现行标准实施情况、节能技术潜力及经济成本研究分析的基础上，经广泛征求意见，形成了第四阶段标准方案。GB 19578—2014《乘用车燃料消耗量限值》和 GB 27999—2014《乘用车燃料消耗量评价方法及指标》已于 2014 年 12 月 22 日正式发布，并于 2016 年 1 月 1 日起实施。第四阶段标准限值要求如下：具有三排以下座椅的乘用车，车型燃料消耗量目标值见表4-4。具有三排及以上座椅的乘用车，车型燃料消耗量目标值见表4-5。

表 4-4 具有三排以下座椅的乘用车车型燃料消耗量目标值

整车整备质量(CM)/kg	车型燃料消耗量目标值/(L/100 km)
CM≤750	4.3
750<CM≤865	4.3
865<CM≤980	4.3
980<CM≤1090	4.5
1090<CM≤1205	4.7
1205<CM≤1320	4.9
1320<CM≤1430	5.1
1430<CM≤1540	5.3
1540<CM≤1660	5.5
1660<CM≤1770	5.7
1770<CM≤1880	5.9
1880<CM≤2000	6.2
2000<CM≤2110	6.4
2110<CM≤2280	6.6
2280<CM≤2510	7.0
CM>2510	7.3

表 4-5 具有三排及以上座椅的乘用车车型燃料消耗量目标值

整车整备质量(CM)/kg	车型燃料消耗量目标值/(L/100 km)
CM≤750	4.5
750<CM≤865	4.5
865<CM≤980	4.5
980<CM≤1090	4.7
1090<CM≤1205	4.9
1205<CM≤1320	5.1
1320<CM≤1430	5.3
1430<CM≤1540	5.5
1540<CM≤1660	5.7
1660<CM≤1770	5.9
1770<CM≤1880	6.1
1880<CM≤2000	6.4
2000<CM≤2110	6.6
2110<CM≤2280	6.8
2280<CM≤2510	7.2
CM>2510	7.5

3. 轻型商用车辆燃料消耗量限值

GB 20997—2015《轻型商用车辆燃料消耗量限值》中规定：对于能够燃用汽油或柴油燃料、最大设计车速大于或等于 50 km/h 的 N_1 类和最大设计总质量不超过 3500 kg 的 M_2 类车辆，限值见表 4-6 和表 4-7。

对于具有下列一种或多种结构的车辆，其限值是表 4-6 和表 4-7 中的限值乘以 1.05，求得的数值圆整(四舍五入)至小数点后一位：

(1) N_1 类全封闭厢式车辆；

(2) N_1 类罐式车辆；

(3) 全轮驱动的车辆。

表 4-6　N_1 类车辆燃料消耗量限值

整车整备质量(CM)/kg	汽油车型燃料消耗量限值/L/100 km	柴油车型燃料消耗量限值/L/100 km
CM≤750	5.5	5.0
750＜CM≤865	5.8	5.2
865＜CM≤980	6.1	5.5
980＜CM≤1090	6.4	5.8
1090＜CM≤1205	6.7	6.1
1205＜CM≤1320	7.1	6.4
1320＜CM≤1430	7.5	6.7
1430＜CM≤1540	7.9	7.0
1540＜CM≤1660	8.3	7.3
1660＜CM≤1770	8.7	7.6
1770＜CM≤1880	9.1	7.9
1880＜CM≤2000	9.6	8.3
2000＜CM≤2110	10.1	8.7
2110＜CM≤2280	10.6	9.1
2280＜CM≤2510	11.1	9.5
CM＞2510	11.7	10.0

表 4-7　最大设计总质量不大于 3500 kg 的 M_2 类车辆燃料消耗量限值

整车整备质量(CM)/kg	汽油车型燃料消耗量限值/L/100km	柴油车型燃料消耗量限值/L/100km
CM≤750	5.0	4.7
750＜CM≤865	5.4	5.0
865＜CM≤980	5.8	5.3
980＜CM≤1090	6.2	5.6

整车整备质量(CM)/kg	汽油车型燃料消耗量限值/L/100km	柴油车型燃料消耗量限值/L/100km
1090＜CM≤1205	6.6	5.9
1205＜CM≤1320	7.0	6.2
1320＜CM≤1430	7.4	6.5
1430＜CM≤1540	7.8	6.8
1540＜CM≤1660	8.2	7.1
1660＜CM≤1770	8.6	7.4
1770＜CM≤1880	9.0	7.7
1880＜CM≤2000	9.5	8.0
2000＜CM≤2110	10.0	8.4
2110＜CM≤2280	10.5	8.8
2280＜CM≤2510	11.0	9.2
CM＞2510	11.5	9.6

第二节　油　耗　仪

油耗仪种类很多,按测试方法可分为:容积式油耗仪、质量式油耗仪、流量式油耗仪和流速式油耗仪。GB 18566—2011《道路运输车辆燃料消耗量检测评价方法》规定检验在用营运车辆燃料消耗量需使用碳平衡油耗仪。本节介绍容积式油耗仪、质量式油耗仪和碳平衡油耗仪。

一、容积式油耗仪

容积式燃油流量传感器结构示意图如图4-2所示。该装置由十字形配置的四个活塞和旋转曲轴构成,用于将一定容积的燃油流量转变为曲轴的旋转。在油泵油压力作用下,燃油推动活塞往复运动,4个活塞各往复运动一次则曲轴旋转一周,完成一个进排油循环。曲轴每旋转一圈,各缸分别泵油一次,从而具有连续定容量泵油的作用。曲轴旋转一周的泵油量为

$$V = 4 \cdot \frac{\pi d^2}{4} \cdot 2h = 2h\pi d^2$$

式中:V——四缸排油量,单位为cm^3;

h——曲轴偏心距,单位为cm;

d——活塞直径,单位为cm。

由此可见,经上述流量转换机构的转换后,测定燃油消耗量转化为测定流量变换机构曲轴的旋转圈数。这可由装在曲轴一端的信号转换装置完成。当曲轴转动时,通过磁性联

轴器带动转轴及光栅旋转，光栅在发光二极管和光敏管之间旋转使光敏管接收到光脉冲。由于光敏管的光电作用将光脉冲转换为电脉冲信号输入到计量显示装置。显然，该电脉冲数与曲轴转过的圈数成正比，从而经过运算处理，在显示装置上显示出燃油的消耗量。

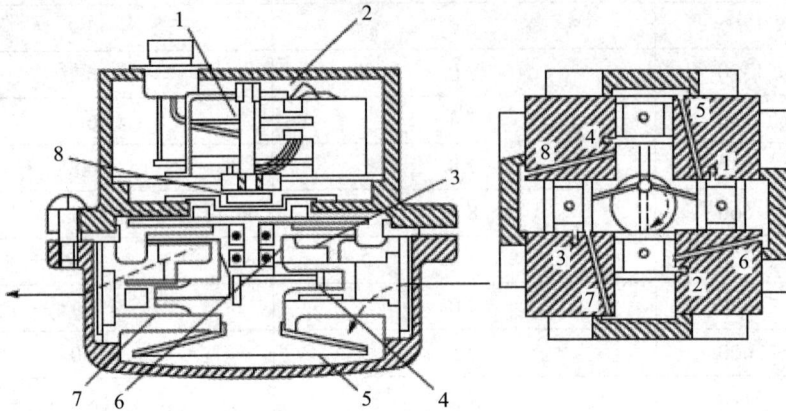

(a) 侧视图　　　　　　　　　　(b) 俯视图

1—光隙板；2—光电管；3—排油腔；4—活塞；

5—滤油器；6—曲轴；7—油缸体；8—磁耦合轴

图 4-2　容积式燃油流量传感器

二、质量式油耗仪

质量式油耗仪由称量装置、计数装置和控制装置构成，见图 4-3。

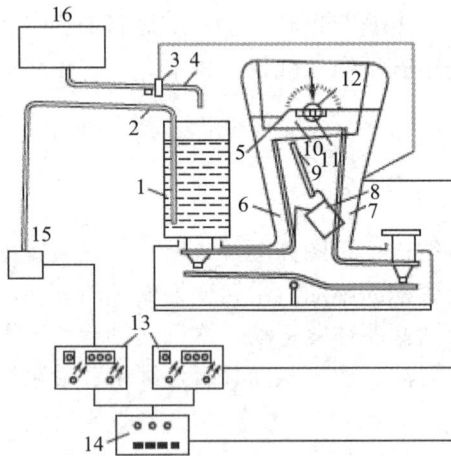

1—油杯；2—出油管；3—电磁阀；4—加油管；5、10—光电二极管；

6、7—限位开关；8—限位器；9—光源；11—鼓轮机构；12—鼓轮；

13—计数器；14—控制装置；15—发动机；16—燃油箱

图 4-3　质量式油耗仪

质量式油耗仪测量消耗一定质量的燃油所用的时间，燃油消耗量可按下式计算：

$$G = 3.6\frac{\omega}{t}$$

式中：ω ——燃油质量，单位为 g；

t ——测量时间，单位为 s；

G ——燃油消耗量，单位为 kg/h。

称量装置的秤盘上装有油杯 1，燃油经电磁阀 3 加入油杯。电磁阀的开闭由装在平衡块上的行程限位器 8 拨动两个微型限位开关 6 和 7 进行控制。光电传感器由两个光电二极管 5、10 和装在棱形指针上的光源 9 组成，用于给出油耗始点和终点信号。光电二极管 5 为固定式，光电二极管 10 装在活动滑块上，滑块通过齿轮齿条机构移动，齿轮轴与鼓轮 12 相连，计量的燃油量通过转动鼓轮 12 从刻度盘上读出。计量开始时，光源 9 的光束射在光电二极管 5 上，光电二极管发出信号使计数器 13 开始计数；随着油杯中燃油的消耗，指针移动。当光束到达光电二极管 10 上时，光电二极管 10 发出信号，使计数器停止计数。表示油杯中燃油耗尽。记录仪上两个带数字显示的半导体计数器，一个用于计算发动机曲轴转速；另一个计数器用于记录时间。

三、碳平衡油耗仪

(一) 基本原理

碳平衡油耗仪的原理主要是碳平衡法，即由燃油在发动机中燃烧后排气中碳质量总和与燃油燃烧前的碳质量总和相等的质量守恒定律测算汽车燃料消耗量的方法。汽油、柴油是以 C、H 化合物为主要成分的混合物，燃烧生成 CO_2、CO、HC、H_2O 等，其燃烧产物中的 C 元素均来自汽油或者柴油，只要测出单位时间内汽车排气中的 CO_2、CO、HC 中的碳含量，再与单位体积燃料中的碳量相比较，就可以得出燃料消耗量。碳平衡油耗仪由排气稀释装置、稀释排气温度与压力测量装置、流量测量装置和气体浓度测量装置等构成。气体浓度测量装置在测量汽油或柴油车的排气浓度时主要采用不分光红外分析法，流量测量装置主要采用流量计测量稀释后总流量，再根据温度、湿度和压力修正后准确地计算碳的排放量，从而获得车辆的燃油消耗量。碳平衡油耗仪测量系统如图 4-4 所示。

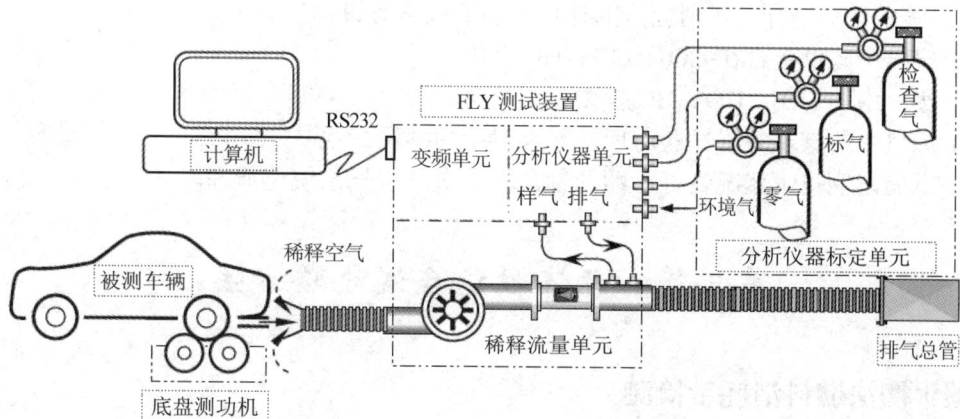

图 4-4 碳平衡油耗仪测量系统简图

不分光红外法是利用某些非对称气体分子, 如 HC、CO_2、CO 气体分别对 3.4 μm、4.3 μm、4.6 μm 的红外光有特定的吸收峰, 而且其吸收率与气体的浓度之间的关系符合比尔－朗伯定律的原理, 通过测量其吸收率来计算出气体浓度的。

红外平台的结构如图 4-5 所示。红外光源由 CPU 控制 I/O 口, 脉冲式对红外光源进行供电, 经调制的红外光入射气室, 流经气室的敏感气体将吸收特征波长的红外光, 从而使得入射到红外检测器的能量减少, HC、CO_2 和 CO 通道的红外检测器与参比通道的红外检测器的输出信号进行比较, 从而获得 HC、CO_2 和 CO 通道透过率的变化量, 根据透过率的变化量就能够计算出气体的浓度值。平台信号处理板带有 O_2 通道放大器和 NO 通道放大器, 配上 O_2 和 NO 电化学传感器就能够测量 O_2 和 NO 的气体浓度。

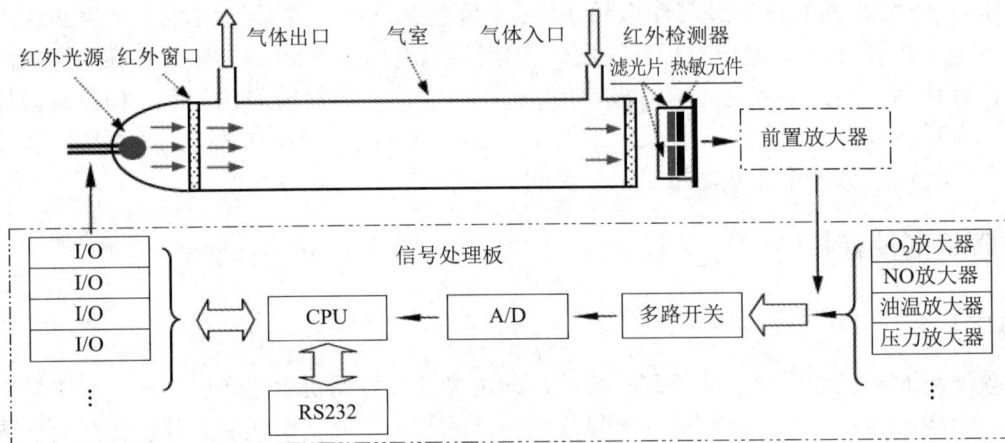

图 4-5　红外平台结构框图

(二) 碳平衡油耗仪的特点

碳平衡法具有以下特点:

(1) 不需拆解被测车辆, 适应汽车不解体检测的发展方向。
(2) 不需在汽车油路中串接油耗仪, 避免了由于回油量大而影响测量精度的问题。
(3) 可以和汽车排放检测相结合。

应用碳平衡法进行燃料消耗量的计算是基于以下假设:

(1) 废气中碳仅包含在 CO_2、CO、HC 之中。
(2) 废气中的 CO_2、CO、HC 仅来自燃料中。
(3) 废气中的碳量等于试验时所消耗燃料中的碳量。
(4) 试验车辆技术状况良好, 即曲轴窜气微量, 排气系统无泄漏。

第三节　经济性能台试检验方法

一、碳平衡法燃料消耗量检测

机动车经济性能台试检验是将机动车置于底盘测功机试验台上, 模拟道路试验条件进行试验的一种方法。我国参照联合国欧洲经济委员会 ECER84(1990)《关于就测量燃料消耗量批准的装备有内燃机车辆的统一规定》中的燃料消耗量试验方法，制定了我国台架试验方法和国家标准。其中《乘用车燃料消耗量试验方法》(GB/T 12545.1—2008)规定其模拟城市工况循环燃料消耗量试验必须在底盘测功机上进行，等速行驶燃料消耗量试验可以在底盘测功机上进行，也可在道路上进行。《商用车燃料消耗量试验方法》(GB/T 12545.2—2008)规定商用车的等速行驶燃料消耗量试验和多工况燃料消耗量试验可以在底盘测功机上进行，也可在道路上进行，在底盘测功机上进行试验时按照 GB/T 12545.1—2008有关规定执行。《轻型汽车燃料消耗量试验方法》(GB/T 19233—2008)规定汽车在模拟城市和市郊工况循环下，通过碳平衡法计算燃料的消耗量。

(一) 试验条件

车辆的机械状态应良好。试验前车辆至少应行驶 3000 km，且少于 15 000 km。试验前应按照制造厂的规定调整发动机和车辆操纵件。应特别注意怠速设定(转速和排气中的 CO 和 HC 含量)、冷起动装置和排气污染物排放控制系统的调整。

试验时可检查进气系统的密封性，以避免额外进气影响雾化。试验时可检查车辆的性能是否符合制造厂的规定，能否在正常行驶条件下运行，特别是能否实现正常的冷、热起动。

试验前，车辆应置于温度保持为 20~30℃(293~303 K)的室内进行处理。此处理期至少为 6 h，直至发动机的润滑油和冷却液温度达到室温的 ±2 K 误差范围内。在制造厂的要求下，车辆可在正常温度下行驶 30 h 后进行试验。在制造厂的要求下，装配汽油发动机的车辆可按照 GB 18352.3 中规定的运行循环进行预处理；装配压燃式发动机的车辆可按照 GB 18352.3 中规定的规程进行预处理。

试验期间，应只使用车辆的功能性设备。一般来讲，车辆正常行驶所需的辅助设备必须处于工作状态。若为温控水箱风扇，则应按其在车辆上的正常状况工作。乘客舱的暖气系统和空调系统都应关闭，而其压缩机应正常工作。若装有增压装置，则应在试验状态下正常工作。

(二) 台试检验工况

台试检验经济性时，根据试验车型按照 GB 18352.3—2005《轻型汽车污染物排放限值及测量方法》或 GB/T 12545.2—2001《商用车燃油消耗量试验方法》规定的工况进行。

1. 乘用车燃油消耗量检验工况

GB/T 12545.1—2008《乘用车燃油消耗量试验方法》规定了最大设计总质量不大于 3.5 t 的 M₁、N₁ 类车辆燃料消耗量试验方法，其规定乘用车的工况循环燃油消耗量试验必须按照 GB 18352.3—2005《轻型汽车污染物排放限值及测量方法》附件 CA 规定的 15 工况在底盘测功机上进行，如图 4-6 和表 4-8 所示；等速行驶燃油消耗量试验可以在底盘测功机上进行，也可在道路上进行。

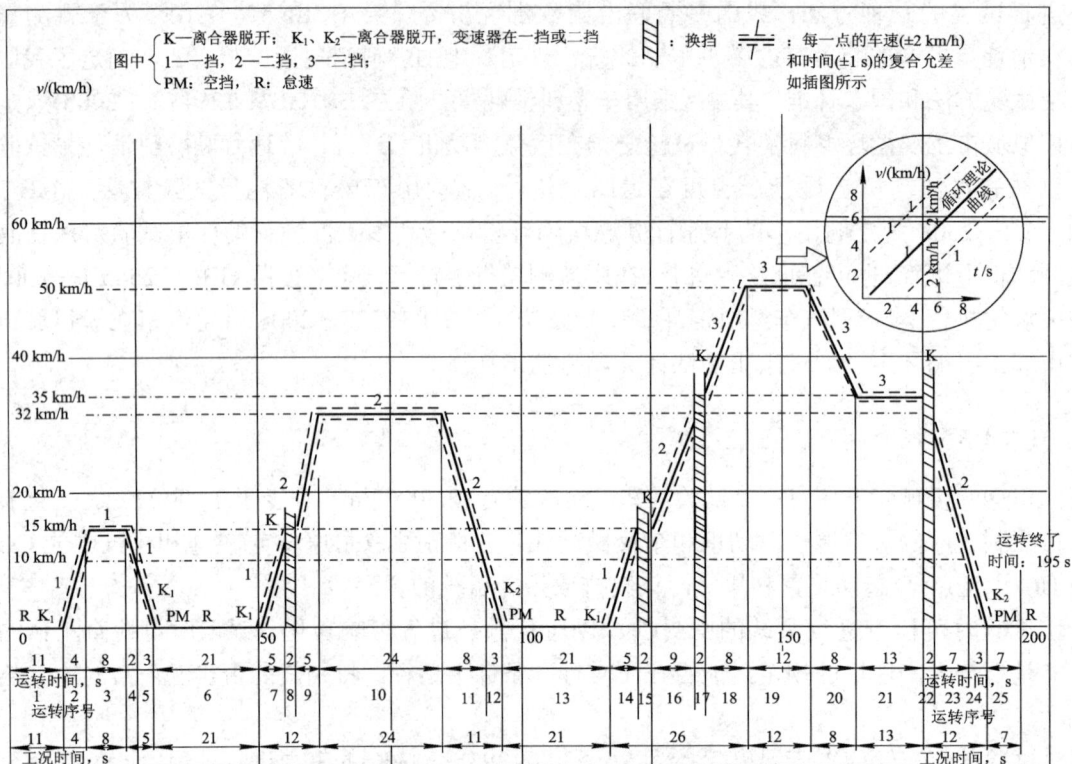

图 4-6　乘用车 15 工况循环构成

表 4-8　乘用车 15 工况循环操作规程

工况号数	运转次序		加速度/(m/s²)	速度/(km/h)	每次时间/s		累计时间/s	手动变速器使用挡位
					运转	工况		
1	1	怠速	—	—	11	11	11	6 s PM① + 5 sK₁②
2	2	加速	1.04	0→15	4	4	15	1
3	3	等速	—	15	8	8	23	1
4	4	等速	−0.69	15→10	2	5	25	1
	5	减速离合器脱开	−0.92	10→0	3		28	K₁
5	6	怠速	—	—	21	21	49	16 s PM + 5 s K₁
6	7	加速	0.83	0→15	5	12	54	1
	8	换挡			2		56	—
	9	加速	0.94	15→32	5		61	2
7	10	等速	—	32	24	24	85	2
8	11	减速	−0.75	32→10	8	11	93	2
	12	减速离合器脱开	−0.92	10→0	3		96	K₂
9	13	怠速	—	—	21	21	117	16 s PM + 5 s K₁

续表

工况号数	运转次序		加速度/(m/s²)	速度/(km/h)	每次时间/s		累计时间/s	手动变速器使用挡位
					运转	工况		
10	14	加速	0.83	0→15	5		122	1
	15	换挡			2		124	—
	16	加速	0.62	15→35	9	26	133	2
	17	换挡			1		135	—
	18	加速	0.62	35→50	8		143	3
11	19	等速	—	50	12	12	155	3
12	20	减速	-0.52	50→35	8	8	163	3
13	21	等速	—	35	13	13	176	3
14	22	换挡	—	—	2		178	—
	23	减速	-0.86	32→10	7	12	185	2
	24	减速离合器脱开	-0.92	10→0	3		188	K_2
15	25	怠速	—		7	7	195	7 s PM

注：① PM 指变速器在空挡，离合器接合；

② K_1(或 K_2)指变速器挂 1 挡(或 2 挡)，离合器脱开。

如车辆装备自动变速器，驾驶员可根据工况自行选择合适的挡位。

2. 商用车燃油消耗量检验工况

GB/T 12545.2—2001《商用车燃油消耗量试验方法》规定了 M_2、M_3 类和最大设计总质量大于 3.5 t 的 N 类车辆燃料消耗量试验方法,该标准规定商用车的等速行驶燃油消耗量试验和多工况燃油消耗量试验可以在底盘测功机上进行，也可在道路上进行。其中城市客车和双层客车(包括城市铰接式客车)按四工况循环进行试验，如图 4-7 所示。

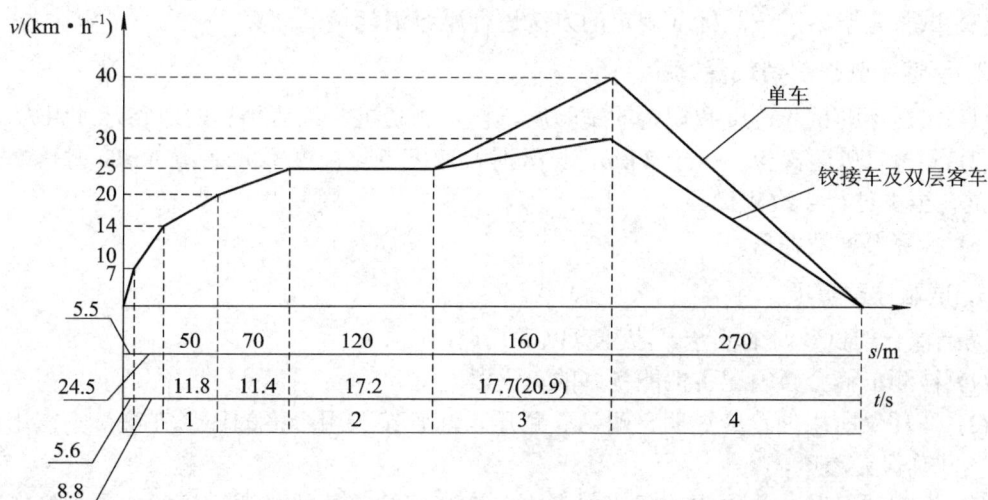

图 4-7　城市客车和双层客车四工况循环试验

其他车辆按照该标准规定的六工况循环进行试验，如图 4-8 所示。

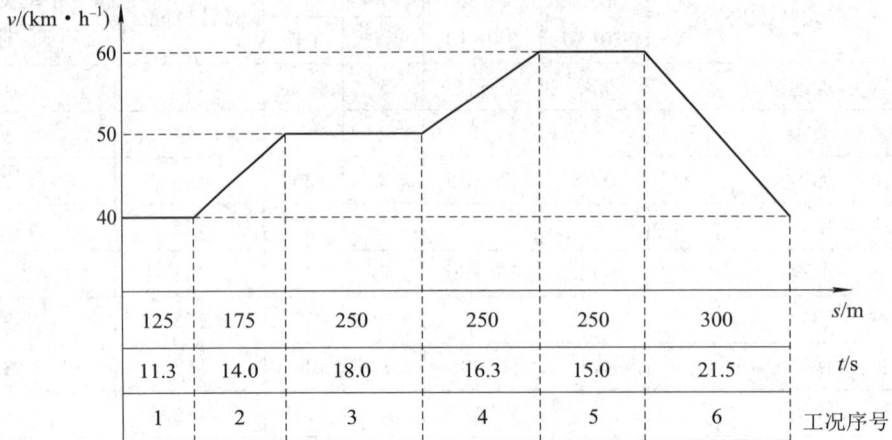

125	175	250	250	250	300	s/m
11.3	14.0	18.0	16.3	15.0	21.5	t/s
1	2	3	4	5	6	工况序号

图 4-8　其他车辆六工况循环试验

(三) 台架试验检验程序

汽车燃油经济性台架试验是把底盘测功机和油耗仪配合使用完成的。底盘测功机用来提供活动路面并模拟汽车在道路上行驶时的各种阻力，油耗仪则用来测量燃油消耗量。因此，燃油经济性检测结果的准确性除与油耗仪的测量精度有关外，还取决于底盘测功机对汽车行驶阻力的模拟是否准确。为了准确测量汽车燃油消耗量，在安装和使用油耗仪时，选用的油耗仪的进出油管最好为透明塑料管，以便观察燃油有无气体。若供油管中存在气体，将导致测量误差。

1. 工况循环燃料消耗量计算

(1) 按照 GB 18352.3—2005 附录 C 的规定，进行测功机的载荷和惯量的设定。

(2) 按照碳平衡法试验方法中排放量和燃料消耗量计算方法进行燃料消耗量计算。

(3) 试验完毕后，按照标准规定的方法进行燃料消耗量的计算。

2. 等速行驶燃料消耗量试验

(1) 按适当的试验速度和规定的试验质量设定测功机，以达到总的道路行驶阻力。

(2) 测量行驶距离应不少于 2 km。试验时，速度变化幅度不大于 0.5 km/h 时可断开惯性装置。至少进行 4 次测量。

(3) 计算燃料消耗量。

3. 试验注意事项

为确保台架试验时的安全，应注意以下几点：

(1) 被测车辆旁必须配备性能良好的灭火器。

(2) 油耗仪所用油管应透明、耐油、耐压，油管接头用合格的环形夹箍，不得用铅丝缠绕，并确保无渗透。

(3) 拆卸油管时，必须用沙盘接油，不允许用棉纱或其他易燃物接油，不允许燃料流到发动机排气管上。

(4) 测试时,发动机盖应打开,以便观察是否有渗漏现象;测试完毕,安装好原管路后起动发动机,在确保无任何渗漏时方可盖上发动机盖。

二、道路运输车辆燃料消耗量检测

根据 GB/T 18566—2011《道路运输车辆燃料消耗量检测评价办法》规定,燃用柴油或汽油、额定总质量大于 3.5 t 的在用营运客车和营运货车必须按照碳平衡法进行燃料消耗量检测。

道路运输车辆燃料消耗量的检测评价指标参数为:汽车在水平硬路面上以额定总质量、变速器最高挡、等速行驶条件下的百公里燃料消耗量。在检测时,采用在底盘测功机上模拟受检汽车道路行驶工况进行。

道路运输车辆燃料消耗量检测工况由速度工况和载荷工况构成。速度工况包括:营运客车按照 JT/T325 分为高级、中级和普通级客车,高级营运客车检测速度工况为等速 60 km/h,中级、普通级营运客车以及营运货车检测速度工况为 50 km/h。载荷工况为汽车在水平硬路面上以额定总质量、变速器最高挡、等速行驶的道路行驶阻力。

(一) 检测基本条件

1. 底盘测功机

单驱动轴汽车检测采用 10 t 或 13 t 通用底盘测功机,双驱动轴汽车检测采用三轴式 13 t 底盘测功机。底盘测功机应符合 JT/T445 要求。测功机距离测量装置的准确度应达到 ±0.5%,计时准确度应达到 ±10 ms。测功机恒力控制的加载响应时间不超过 300 ms。检测前要对底盘测功机进行预热。预热采用反拖电机或车辆驱动滚筒专用预热底盘测功机,直至底盘测功机滑行时间趋于稳定。检测前底盘测功机应静态空载,力、速度和距离示值调零或复位。

2. 油耗仪

燃料消耗量测量装置采用碳平衡油耗仪,油耗仪的相对误差应在 ±4% 范围内。检测前应预热至设备到达正常工作准备状态。各测量参数示值调零或复位。

3. 受检汽车

使受检车辆空载,确保排气系统没有泄露;驱动轴轮胎的花纹深度不得小于 1.6 mm,花纹中不得夹有杂物;轮胎气压应按 GB/T 2977 的规定进行调整。记录受检车辆燃油类别(汽、柴油)、驱动轮轮胎规格型号、额定总质量,车高、前轮距、客车车长、客车等级(高级、中级、普通级)、货车车身型式、驱动轴数、驱动轴空载质量、牵引车满载总质量等参数信息。对于检测站数据库或车辆行驶证无法提供的参数,应进行实车测量。检测前车辆应预热至发动机、传动系达到正常工作的温度状况,发动机冷却水温度应达到 80℃～90℃。关闭非汽车正常行驶所必需的附属装备,如空调系统等。

4. 燃料

检测时使用受检汽车油箱内的燃油。燃油氢碳比采用固定值:柴油取 1.86,汽车取 1.85。

5. 受检汽车的检测工况

检测系统应根据车辆参数信息，按照规定确定检测速度，计算台架加载阻力。若半挂汽车列车驱动轮与滚筒之间的附着力小于台架加载阻力而产生轮胎打滑，则应按牵引车(单车)满载总质量计算台架加载阻力。

(二) 检测程序

(1) 引车员将汽车平稳驶上底盘测功机，置汽车驱动轮于滚筒上，驱动轮轴线应与滚筒轴线平行，固定汽车非驱动轮。

(2) 每次检测前油耗仪应调零，并测量环境空气中 CO_2 气体浓度。

(3) 起动汽车，逐步加速，变速器接入最高挡(自动变速器应置于 D 挡)，底盘测功机按照规定台架加载阻力对受检车辆进行加载，至车速稳定在规定的检测车速上。

(4) 油耗仪采样管应靠近并对准汽车排气管口，其间距不大于 100 mm，使采样管与排气管末端同轴，用支架固定，使汽车排气和环境空气顺利进入采样管。

(5) 引车员按照控制显示装置提示控制汽车油门，使检测车速的变化幅度稳定在 ±0.5 km/h 的范围内，稳定至少 15 s 后，油耗仪开始 60 s 连续采样，同时测功机开始测量 60 s 连续采样时间内的汽车行驶距离 S(m)。

(6) 采样过程中，如连续 3 s 内检测车速的变化幅度超过 ±0.5 km/h 或加载阻力变化幅度超过 ±20 N，则停止本次采样，返回到上一步重新开始。

(7) 连续 60 s 采样完成后，按下式计算汽车百公里燃料消耗量，并四舍五入至小数点后一位：

$$FC = \frac{100}{S} \times \sum FC_s$$

式中：FC——汽车百公里燃料消耗量，单位为升每百千米(L/100 km)；

S——采样时间内汽车的行驶距离，单位为米(m)；

$\sum FC_s$ ——采样时间内汽车每秒燃料消耗量的累加值，单位为毫升(mL)。

(三) 检测结果评价

(1) 当检测结果小于等于限值时，判定该车燃料消耗量为合格。

(2) 当检测结果大于限值时，允许复检两次。一次复检合格，则判定该车燃料消耗量为合格。

(3) 当检测结果和复检结果均大于限值时，判定该车燃料消耗量为不合格。

第四节　经济性能路试检验方法

一、检验前的准备

检验前，应对检验的汽车进行磨合；检验时，检验汽车必须进行预热行驶，使发动机、传动系及其他部分预热到规定的温度状态。轮胎充气压力应符合该车技术条件的规定，误差不超过 10 kPa(±0.01 kgf/cm^2)。装载质量除有特殊规定外，对于 M_1 和不大于 3.5 t 的 N_1 类车辆，车辆检验质量为整备质量加上 180 kg，当车辆的 50%装载质量大于 180 kg 时，则车辆试验质量为车辆整备质量加上 50%的装载质量(包括测量人员和仪器的质量)；对于 M_2、M_3 类和最大设计总质量大于 3.5 t 的 N_1 类车辆，M_2、M_3 类城市客车为装载质量的 65%；最大总质量大于 3.5 t 的 N 类汽车为满载。检验汽车必须清洁，关闭车窗和驾驶室通风口，由恒温器控制的空气流必须处于正常调整状态，做各项燃油消耗量检验时，汽车发动机不调整。

检验道路应为清洁、干燥、平坦的，用沥青或混凝土铺成的直线道路，道路长 2～3 km，宽不小于 8 m，纵向坡度在 0.1%以内。检验应在无雨无雾，相对湿度小于 95%，气温为 0～40℃，风速不大于 3 m/s 的气候条件下进行。车速测定仪器和燃油流量计的精度为 0.5%；计时器最小读数为 0.1 s。检验油耗仪常用容积式。

二、检验方法

路试检测燃油消耗量检验项目包括等速行驶燃油消耗量检验和四工况、六工况燃油消耗量检验。

1. 等速燃油消耗量检验

检验测试路段长度为 500 m，汽车用常用挡位，等速行驶，通过 500 m 的测试路段，测量通过该路段的时间及燃油消耗量。

检验车速从 20 km/h(最小稳定车速高于 20 km/h 时，从 30 km/h)开始，以每隔 10 km/h 均匀选取车速，直至最高车速的 90%，至少测定 5 个检验车速，同一车速往返各进行两次。

以车速为横轴，燃油消耗量为纵轴，绘制等速燃油消耗量散点图，根据散点图绘制等速燃油消耗量特性曲线。

2. 多工况燃油消耗量检验

汽车运行工况可分为匀速、加速、减速和怠速等几种，实际运行时，往往是上述几种工况的组合，并以此决定汽车的油耗。所以，各国根据不同车型汽车的常用工况，制定了不同的试验循环，既使得试验结果比较接近于实际情况，又可缩短试验周期。

多工况燃油消耗量检验的方法就是将不同车型的汽车严格依据各自的检验循环进行燃油消耗量测定。怠速工况时，离合器应接合，变速器置于空挡，从怠速运转工况转换为加速工况时，在转换前 5 s，分离离合器，把变速器挡位换为低速挡，换挡应迅速、平稳。减速工况中，应完全放松加速踏板，离合器仍然接合，当车速降至 10 km/h 时，分离离合器，必要时，减速工况中允许使用汽车的制动器。

汽车在进行多工况检验时，加速、匀速和用汽车的制动器减速时，在每个检验工况除单独规定外，车速偏差为 ±2 km/h。在工况改变过程中允许车速的偏差大于规定值，但在任何条件下超过车速偏差的时间不大于 1 s，即时间偏差为 ±1 s。

每循环检验后，应记录通过循环检验的燃油消耗量和通过的时间。当按各检验循环完成一次检验后，汽车应迅速调头，重复检验，检验往返各进行两次，取四次检验结果的算术平均值为多工况燃油消耗量检验的测定值。

根据《商用车辆燃料消耗量试验方法》(GB/T 12545.2—2001)规定商用车中城市客车和

双层客车(包括城市铰接式客车)应按照如图 4-7 规定的四工况循环进行检验,其他车辆按照如图 4-8 规定的六工况循环进行检验。

三、试验结果的重复性检验和置信区间

等速行驶燃油消耗量检验,检验结果须经重复性检验,当检验结果的重复性较差时,应查找原因,增加检验次数。最后还应对检验结果按标准环境状态进行校正。

1. 重复性检验

等速燃油消耗量试验与多工况燃油消耗量试验的试验结果必须进行重复性检验。

试验重复性按第 95 百分位分布来判别。第 95 百分位分布的标准差 R 与重复性次数 n 的关系见表 4-9。

表 4-9　95 百分位分布的标准差

n	2	3	4	5	10
$R/(\text{L}/100 \text{ km})$	$0.053\overline{Q}$	$0.063\overline{Q}$	$0.069\overline{Q}$	$0.073\overline{Q}$	$0.085\overline{Q}$

注：$\overline{Q}$ 为实测燃油消耗量的平均值。

设 $\overline{\Delta Q_{\max}}$ 为某项试验中几次测量结果中最大燃油消耗量值与最小燃油消耗量值之差,单位为 L/100 km,则重复性检验判别原则如下：

当 $\overline{\Delta Q_{\max}} < R$ 时,说明极差小于标准差,判为试验结果重复性好,可不增加试验次数;

当 $\overline{\Delta Q_{\max}} > R$ 时,说明极差大于标准差,判为试验结果重复性差,应增加试验次数。

2. 试验数据真实平均值的评定(置信区间)

数据真实平均值的评定按置信度 90% 进行,计算公式如下：

$$\overline{Q_{\mathrm{r}}} = \overline{Q} \pm \frac{0.031}{\sqrt{n}}\overline{Q}$$

式中：$\overline{Q_{\mathrm{r}}}$ ——燃油消耗量真实平均值,单位为 L/100 km;

$\overline{Q}$ ——n 次试验的燃油消耗量实测值的算术平均值,单位为 L/100 km;

n ——重复试验的次数。

3. 试验数据的校正

燃油消耗量的测定值均应校正到标准状态下的数值。标准状态为：试验环境大气温度为 20℃,大气压为 100 kPa,汽油的密度为 0.742 g/mL,柴油的密度为 0.830 g/mL。

燃油消耗量的校正公式为

$$Q_0 = \frac{\overline{Q}}{C_1 C_2 C_3}$$

式中：Q_0 ——校正后的燃油消耗量,单位为 L/100 km;

$\overline{Q}$ ——实测的燃油消耗量的均值,单位为 L/100 km;

C_1 ——环境温度校正系数,$C_1 = 1 + 0.0025(20 - T)$;

C_2 ——大气压力的校正系数,$C_2 = 1 + 0.0021(P - 100)$;

C_3 ——燃油密度校正系数,对于汽油机 $C_3 = 1 + 0.8(0.742 - G_{\mathrm{s}})$,对于柴油机 $C_3 = 1 +$

$0.8(0.830 - G_\mathrm{d})$;

　　T——试验时的环境温度，单位为℃；

　　P——试验时的大气压力，单位为 kPa；

　　G_s——试验用的汽油平均密度，单位为 g/mL；

　　G_d——试验用的柴油平均密度，单位为 g/mL。

四、检验结果分析

　　造成汽车燃油经济性变差的因素有很多，但都不是孤立的，主要是发动机的有效燃料消耗率、汽车的行驶阻力和传动系的传动效率。归纳起来，主要是汽车的结构因素和使用因素两个方面。因此，要提高汽车燃料经济性，必须在结构因素和使用因素两方面采取具体措施，来降低发动机有效燃料消耗率，减小汽车的行驶阻力和提高传动系的传动效率。

1. 汽车结构因素

　　1) 发动机

　　发动机的热效率直接影响发动机的有效燃料消耗率，影响汽车的燃料消耗量。而发动机的热效率又取决于发动机的种类、设计与制造水平、负荷率的大小及使用方法。

　　(1) 发动机种类。柴油机比汽油机的热效率高，特别是在部分负荷时柴油机的有效燃料消耗率较低，这一点对车用发动机尤为有利。现在柴油车的燃料消耗(按容量计算)比汽油车要节省 20%～45%，因此，在柴油机的性能不断改进之后，扩大柴油机的使用范围是当前的发展趋势。

　　(2) 发动机的压缩比。提高压缩比曾经是提高汽油机燃料经济性的主要措施。但是压缩比过高会引起爆燃和表面点火，特别是引起严重的排气污染。因此，只能适当提高压缩比，以改善发动机的经济性。为了控制排气中的有害气体成分，特别是为了抑制高温高压条件下 NO_x 的产生，迫使汽油机的压缩比限制在 9 以下。

　　(3) 发动机的负荷率。由发动机的负荷特性可知，在转速一定的条件下，负荷率较高时，有效耗油率较低，发动机在中等转速、较高负荷率下工作时，其燃料经济性较好。根据试验，一般汽车在水平良好路面上以常用速度行驶时，只利用到相应转速下最大功率的 50%～40%，等于发动机最大功率的 20%左右。由此可见，在汽车实际使用中的大部分时间内，发动机的负荷率都是较低的。因此，在保证动力性足够的前提下，汽车上不宜装用功率过大的发动机，以提高发动机的功率利用率，降低汽车的耗油量。同时在使用中，应该力求提高发动机的负荷率。

　　(4) 发动机的燃烧过程。为了改善汽油机的燃烧过程，主要趋向是采用稀薄混合气分层燃烧，它的空燃比可达 18 以上，既能显著提高燃料经济性，又可降低排放污染。

　　2) 传动系

　　汽车传动系的挡数、传动比及传动系效率对汽车燃料经济性都有很大影响。为了降低汽车的燃料消耗量，不仅希望发动机的有效燃料消耗率的数值尽可能小，而且还希望发动机工作在特性曲线的最佳比油耗区。传动系的传动比(主要是变速器的传动比)影响发动机工作特性曲线与汽车行驶阻力之间的匹配。传动系的传动比应使发动机在经济工况下工作。

　　(1) 变速器挡数的影响。在一定的行驶条件下，变速器应尽量用较高挡位。例如在良好水平路面上，在某些速度下，既可用最高挡行驶，又可用次高挡行驶，而采用高速挡行驶比较省油，故能够用高速挡行驶时，尽量用高速挡行驶。

有级变速器的挡位增多以后，则可根据汽车行驶阻力的变化选择恰当的挡位，使发动机处于经济工况下工作的机会增多，因而近年来轿车装用五挡变速器的也日益增多。重型汽车和牵引车的传动系挡数可多达 10~12 个，有利于改善汽车的燃料经济性。但挡数过多，会使变速器或传动系结构复杂，操作不便。

如果无级变速器的传动效率与机械式有级变速器同样高，则采用无级变速器最理想，它可使发动机的工作特性与汽车的行驶工况始终有最佳的匹配。

(2) 超速挡的应用。传动系直接挡的减速比，是根据良好路面上的功率平衡图及直接挡要求的动力因数来选择的。这样选择的传动比，在中等车速下行驶时，节气门开度不大，发动机的燃料消耗率较高。为了改善汽车在良好路面上行驶时的燃料经济性，常不改变主减速器传动比，而在变速器中设一个传动比小于 1 的超速挡。在相同的车速和道路条件下，用超速挡比用直接挡时发动机的转速更低，负荷率更高，故燃料消耗率下降，因而可降低汽车的燃料消耗量。

(3) 主减速器传动比的影响。主减速器的传动比选择的较小时，在相同的道路条件和车速下，也同样使发动机的燃料消耗率减小，有利于提高汽车的燃料经济性。但主减速器传动比过小，会导致经常被迫使用低一挡的挡位，最小传动比挡位的利用率降低，这样反而使燃料消耗量增加。

(4) 传动系的机械效率。传动系的效率越高，传动过程中的功率损失就越少，汽车的燃料消耗量也随之减少。

3) 汽车质量

汽车的滚动阻力、上坡阻力和加速阻力均与汽车总质量成正比。当汽车载质量或拖挂总质量增加时，汽车单位行驶里程的燃料消耗量增加。但是，载质量增加使发动机的负荷率提高，因而有效燃料消耗率减小，汽车单位运输工作量的燃料消耗量减少。所以，减轻汽车的自身质量和增大汽车的载质量或拖带挂车，都能改善汽车的燃料经济性。

汽车的载质量与空车质量之比称为汽车的质量利用系数。该系数越大，经济性越好，其值约为 1.5~2.6。为了降低汽车燃料消耗量，轿车向轻量化、小型化方向发展。采用前轮驱动，使用高强度钢、铝合金、树脂、塑料等轻质材料制造汽车零部件可以减轻自身质量。

4) 空气阻力系数

空气阻力分别与汽车的迎风面积、空气阻力系数、车速的平方成正比。车速越高空气阻力占整个行驶阻力的比例越大。因此，用降低空气阻力来提高燃料经济性，在高速行驶时，效果尤为显著。

降低空气阻力系数的方法主要是使车身形状近于流线型，并去掉车身表面的凸起部分。现在一般轿车的空气阻力系数为 0.4 左右。有一种优化设计的轿车，由于去掉车身外表面和窗玻璃之间的凸起、车身底面平整化、减少轮胎鼓包的高低不平等，使空气阻力系数降低到 0.22，有效提高了燃料经济性。

5) 滚动阻力系数

滚动阻力和空气阻力一样是汽车无法克服的阻力。已知滚动阻力和滚动阻力系数成正比，应力求减小滚动阻力系数。减少滚动阻力的方法有：采用子午线轮胎，采用耗能少的车轮侧面设计，改进橡胶材料等。与斜交轮胎相比，子午线轮胎滚动阻力大幅度减小，车速越高，差别越大。

2. 汽车使用因素

对于一定的车型而言，汽车燃料消耗量取决于汽车的技术状况、驾驶操作技术水平以及有关的运行条件。

1) 汽车的技术状况

为了保持汽车的技术状况良好，必须正确执行汽车维修规范。正确地保养和调整可以提高发动机性能并降低汽车的行驶阻力。

汽油机点火系的技术状况，如点火能量、点火提前角和火花塞型号等，都对燃烧过程有很大影响，因而影响汽车的燃料经济性。

汽车底盘的技术状况与保养、调整的关系很大。正确调整传动系齿轮传动副的啮合间隙，轴承和油封的紧度，以及正常的润滑，可以大大提高传动系效率。前轮定位、制动器的正确调整可以减小汽车的行驶阻力。这些均有利于降低汽车的燃料消耗量。

轮胎气压对滚动阻力系数影响很大。若轮胎气压降低 30%，以 40 km/h 速度行驶，则轿车油耗增加 5%～10%，柴油载货汽车油耗增加 20%～25%。

燃料和润滑油的质量对汽车的燃料消耗也有很大影响。

2) 驾驶和使用技术水平

正确地使用和驾驶操作可以大大降低汽车的燃料消耗量。

保持正常的发动机水温和机油温度，一般水温为 80℃～90℃，有利于降低油耗。水温过高容易引起燃烧不正常，致使发动机功率下降、油耗增加；水温过低，则使冷却损失增加；机油黏度过高，机件运动阻力增加，因而比油耗也增加。

传动系各总成温度应保持正常，温度过低时传动系功率损失增加，使汽车的耗油量增加。在我国北方，冬季对汽车进行预热是十分必要的。使汽车以接近于各挡位的经济车速行驶，并且在有条件采用高速挡时尽量采用高速挡行驶，均可降低汽车的耗油量。

合理地利用加速—滑行的行驶方法，在相同的平均速度下，加速滑行比等速行驶省油。加速时提高了汽车的动能，在脱挡滑行时，这部分动能释放出来用以克服行驶阻力。

加速时要确保行车安全，滑行时发动机不应熄火。对于气压制动及真空加力制动的汽车，熄火滑行不利于安全可靠地制动，而且熄火后省下的油在发动机重新起动时又被消耗掉了。

驾驶操作还要做到脚轻手快，起步及行驶中要缓加速，换挡要敏捷。同时应安全、合理地使用制动。

合理使用空调，维护好附件。在炎热的天气里，最好把车停在树荫下；上车后先打开车窗几分钟，不要急于打开空调。风扇离合器一般情况下可降低油耗 3%～5%。气候较冷地区可降低油耗 5%～7%。

3) 运行条件

汽车的运行条件如气候、地理位置、道路条件等，对汽车燃料经济性的影响很大。

我国幅员辽阔，各地区气候和地理条件差别很大，而汽车设计是按一般条件来考虑的。

针对当地特殊环境，对汽车、发动机部件做相应的改变，能消除或减轻特殊环境对汽车性能的影响，达到节油的目的。例如在高原地区运行的汽车，提高压缩比，能使功率有所恢复；在山区及丘陵地区安装下坡或怠速节滑器，可节约下坡滑行时不必要的燃油消耗；发动机冷却风扇采用风扇离合器，根据发动机工作温度调节供给冷却系的风量，既可减少驱动附件的动力消耗，又可缩短发动机的预热时间，在北方有明显的节油效果。

道路条件对汽车的燃料消耗量影响很大。在道路阻力系数增大时，汽车最低燃料消耗量对应的经济车速减小。

本 章 小 结

(1) 汽车的燃油经济性常用一定运行工况下汽车行驶百公里的燃油消耗量或一定燃油量能使汽车行驶的里程来衡量。

(2) 油耗仪种类很多，按测试方法可分为：容积式油耗仪、质量式油耗仪、流量式油耗仪和流速式油耗仪。

(3) 根据燃油在发动机中燃烧后排气中碳质量总和与燃油燃烧前的碳质量总和相等的质量守恒定律测算汽车燃料消耗量的方法，简称为碳平衡法。

(4) 汽车燃油经济性的检测有两种方法，一是道路检测，二是室内台架检测。一般而言，汽车检测站因受到场地条件限制，无法用道路试验方法检测汽车的燃油经济性，因此常在底盘测功机上，参照有关规定模拟道路试验方法检测汽车的燃油经济性。

(5) 已列入交通运输主管部门公布的《道路运输车辆燃料消耗量达标车型表》的车辆，其燃料消耗量限值为车辆《道路运输车辆燃料消耗量参数表》中 50 km/h 或 60 km/h 满载等速油耗的 114%。

复 习 思 考 题

1. 机动车燃料经济性的评价指标是什么？
2. 简述碳平衡油耗仪的测量原理。
3. 简述容积式油耗仪的结构和工作原理。
4. 燃料消耗量道路试验中的等速行驶燃料消耗量试验中，国家标准对于乘用车和商用车分别有什么要求？

第五章　机动车制动性能检验

机动车的制动性能是汽车在行驶过程中能短距离内停车且维持行驶方向稳定性或在下长坡时能保持一定的车速行驶的能力。机动车的制动性能是汽车的重要性能之一，制动性能的好坏直接关系到行车安全，同时也影响到汽车动力性能的发挥，因此世界各国制定了相关标准对其进行了严格控制，制定性能检验是机动车安全技术状况检验的项目之一。本章主要介绍制动性能评价指标、制动性能检验设备、制动性能台试检验方法和路试检验方法。

第一节　制动性能评价指标及要求

一、制动性能的评价指标

制动性能的评价指标有制动效能、制动效能的恒定性、制动时的方向稳定性三个方面。

(一) 制动效能

制动效能是制动性能最基本的评价指标。一般用制动时间、制动距离、制动减速度、制动力等来评价。

1. 制动时间

制动时间是指汽车行驶过程中，从驾驶员接到停车信号到汽车停止所需要的时间。

2. 制动距离

制动距离是指车辆在规定的初速度下，从脚接触制动踏板或手接触制动手柄时起到车辆完全停止所行驶过的距离，如图 5-1 所示。制动距离越短，制动性能越好。道路试验时一般用规定的初速度下车辆的制动距离作为评价指标。

3. 制动减速度

制动减速度是指制动时单位时间内车速的变化量。制动减速度越大，制动效果

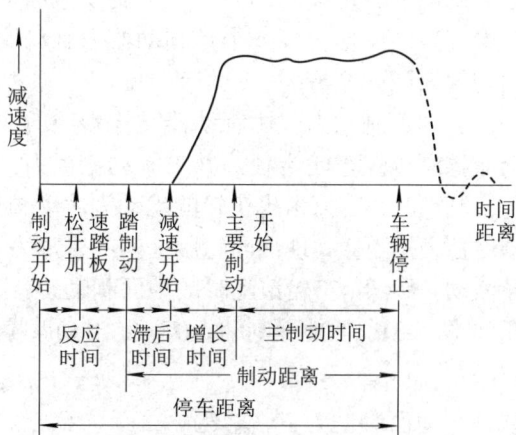

图 5-1　制动距离与制动时间指示图

越好。道路试验时一般用制动过程中的平均减速度作为制动评价指标。制动过程中的平均减速度 MFDD(Mean Fully Developed Deceleration)的定义如图 5-2 所示。

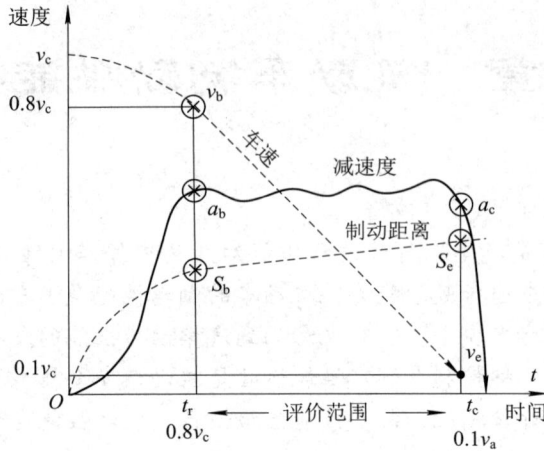

图 5-2　充分发出的平均减速度 MFDD 的定义

充分发出的平均减速度(MFDD)按下列公式计算：

$$MFDD = \frac{v_b^2 - v_e^2}{25.92(S_e - S_b)}$$

式中：v——试验车制动初速度，单位为 km/h；

v_b——0.8v 试验车速，单位为 km/h；

v_e——0.1v 试验车速，单位为 km/h；

S_b——试验车速从 v 到 v_b 的行驶距离，单位为 m；

S_e——试验车速从 v 到 v_e 的行驶距离，单位为 m。

4. 制动力

制动力是使行驶中的机动车停止的力。汽车在行驶中受到与行驶方向相反的阻力时，才能从一定的速度制动到较小的车速或直至停车。这个阻力主要是由地面提供的，称之为地面制动力。地面制动力越大，制动减速度越大，制动距离也越短。地面制动力取决于两个摩擦副的摩擦力：一个是制动器内制动摩擦片与制动鼓或制动盘间的摩擦力，一个是轮胎与地面间的摩擦力——附着力。

制动器制动力仅由制动器结构参数所决定，即取决于制动器的形式、结构尺寸、制动器摩擦副以及车轮半径，并与制动踏板力，即制动系的液压或空气压力成正比。

制动时，若只考虑车轮的运动为滚动与抱死拖滑两种状况，当制动踏板力较小时，制动器摩擦力矩不大，地面与轮胎之间的摩擦力即地面制动力，足以克服制动器摩擦力矩而使车轮滚动。显然，车轮滚动时的地面制动力就等于制动器制动力，且随踏板力增长成正比地增长(见图 5-3)；但地面制动力(F_{xb})是滑动摩擦的约束反力，它的值不能超过附着力(F_φ)，即

$$F_{xb} \leqslant F_\varphi = F_z\varphi$$

或最大地面制动力 $F_{xb\,max}$ 为

$$F_{xb\,max} = F_z\varphi$$

当制动器踏板力 F_p 或制动系液压力 p 上升到某一值时，如图 5-3 所示，地面制动力 F_{xb} 达到附着力 F_φ 时，车轮即抱死不转而出现拖滑现象。制动系液压力 $p>p_a$ 时，制动器制动力 F_μ 由于制动器摩擦力矩的增长而仍按直线关系继续上升。但是，若作用在车轮上的法向载荷为常数，地面制动力达到附着力的值后就不再增加。

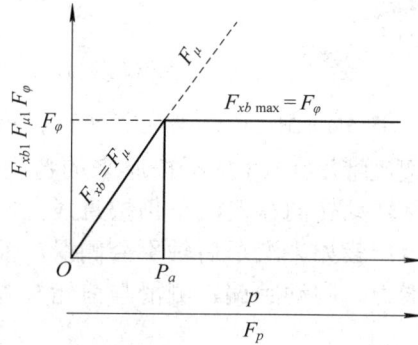

图 5-3　制动过程中地面制动力、制动器制动力及附着力的关系

由此可见，汽车的地面制动力首先取决于制动器制动力，但同时又受地面附着条件的限制，所以只有汽车具有足够的制动器制动力，同时地面又能提供高的附着力时，才能获得足够的地面制动力。

(二) 制动效能的恒定性

制动效能的恒定性是指制动器的抗热衰退性和水衰退性。汽车高速行驶或下长坡连续制动时制动效能保持的程度，称为抗热衰退性能。制动过程实际上是把汽车行驶的动能通过制动器吸收转换为热能的过程，所以制动器温度升高后能否保持在冷状态时的制动效能，已成为设计制动器时要考虑的一个重要问题。汽车在繁重的工作条件下制动时，制动器温度常在 300℃ 以上，有时高达 600℃～700℃。高速制动时，制动器温度也会很快上升。制动器温度上升后，摩擦力矩常会有显著下降，这种现象称为制动器的热衰退。热衰退是目前制动器不可避免的现象，只是程度上有所差别。山区行驶的货车和高速行驶的轿车，对抗热衰退性能有更高的要求。一些国家规定，大型货车必须装备辅助制动器，以保持山区行驶的制动效能。

此外，汽车涉水后继续行驶，制动器的制动效能能够保持的程度是制动器的水衰退性。

(三) 制动时汽车的方向稳定性

制动时汽车的方向稳定性指汽车在制动过程中维持直线行驶或按预定弯道行驶的能力。汽车试验中常规定一定宽度的试验通道，不同车型的试验通道宽度不同。制动时方向稳定性合格的汽车，在试验过程中不允许产生不可控制的效应使它离开这条通道。

制动时汽车自动向左或向右偏驶称为"制动跑偏"。侧滑是指制动时汽车的某一轴或两轴发生横向移动。最危险的情况是在高速制动时发生后轴侧滑，此时汽车常发生不规则的急剧回转运动而失去控制。跑偏与侧滑是有联系的，严重的跑偏有时会引起后轴侧滑，易于发生侧滑的汽车也有加剧跑偏的趋势。图 5-4 画出了单纯制动跑偏和由跑偏引起后轴侧滑时轮胎留在地面上的印迹的示意图。

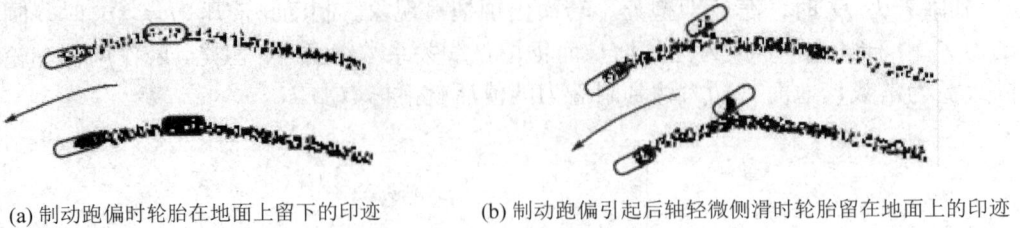

(a) 制动跑偏时轮胎在地面上留下的印迹　　　　　(b) 制动跑偏引起后轴轻微侧滑时轮胎留在地面上的印迹

图 5-4　制动时汽车跑偏的情形

前轮失去转向能力是指弯道制动时汽车不按原来的弯道行驶而沿弯道切线方向驶出；或直线行驶制动时，虽然转动转向盘但汽车仍按直线方向行驶的现象。失去转向能力和后轴侧滑也是有联系的，一般如果汽车后轴不会侧滑，前轮就可能失去转向能力；后轴侧滑，前轮常仍有转向能力。制动跑偏、侧滑与前轮失去转向能力是造成交通事故的重要原因。

1. 汽车的制动跑偏

制动时汽车跑偏的原因有两个：

(1) 汽车的左、右轮，特别是前轴左、右车轮制动器的制动力不相等。这主要是由制造、调整误差造成的，汽车究竟向左或向右跑偏，是由具体情况而造成的。

(2) 制动时悬架导向杆系与转向系拉杆在运动学上的不协调(互相干涉)。这主要是由设计造成的，制动时汽车总是向左(或向右)一方跑偏。

2. 制动时后轴侧滑与前轴转向能力的丧失

制动时发生侧滑，特别是后轴侧滑，将引起汽车剧烈的回转运动，严重时可使汽车调头。由试验与理论分析得知，制动时若后轴车轮比前轴车轮先抱死拖滑，就可能发生后轴侧滑。若能使前、后轴车轮同时抱死或前轴车轮先抱死，后轴车轮再抱死或不抱死，则能防止后轴侧滑，不过前轴车轮抱死后将失去转向能力。通过试验，有如下结论：

(1) 制动过程中，若是只有前轮抱死或前轮先抱死拖滑，汽车基本上沿直线向前行驶(减速停车)；汽车处于稳定状态，但丧失转向能力。

(2) 若后轮比前轮提前一定时间先抱死拖滑，且车速超过某一数值，则汽车在轻微的侧向力作用下就会发生侧滑。路面越滑、制动距离和制动时间越长，则后轴侧滑越剧烈。

从保证汽车方向稳定性的角度出发，首先不能出现只有后轴车轮抱死或后轴车轮比前轴车轮先抱死的情况，以防止危险的后轴侧滑；其次，尽量少出现只有前轴车轮抱死或前、后车轮都抱死的情况，以维持汽车的转向能力。最理想的情况就是防止任何车轮抱死，前、后车轮都处于滚动状态，这样就可以确保制动时的方向稳定性。

二、提高制动性能的措施

1. 制动力的调节

汽车制动时，为了防止后轮抱死而发生危险的侧滑，在汽车制动系中装有各种压力调节装置,以改变后轮制动油压,从而控制后轮制动器制动力,实现制动的平顺性和稳定性。常用的压力调节装置由限压阀、比例阀、载荷控制比例阀、载荷控制限压阀等组成。

2. 车轮的防抱死控制系统

前轮在制动过程中出现抱死,从而使汽车失去转向能力。为提高汽车抗侧滑的方向稳定性,轿车和部分客车采用了制动防抱死系统(ABS)。

第二节　制动性能检验设备

按测试原理不同,制动检验台可分为反力式和惯性式两类;按检验台支撑车轮形式不同,又可将制动检验台分为滚筒式和平板式两类;按检验台检测参数不同,可分为测制动力式、测制动距离式和综合式三类;按检验台的测量、指示装置传递信号的方式不同,可将其分为机械式、液力式和电气式三类;按同时能测的车轴数不同,可分为单轴式、双轴式和多轴式三类。目前,国内多采用单轴滚筒反力式制动检验台。

一、滚筒反力式制动检验台

1. 滚筒反力式制动检验台的结构

滚筒反力式制动检验台的结构简图如图 5-5 所示,它由框架、驱动装置、滚筒装置、测量装置、举升装置和指示与控制装置等组成。为使制动检验台能同时检测车轴两端左、右车轮的制动力,除框架、指示与控制装置外,其他装置是分别独立设置的。

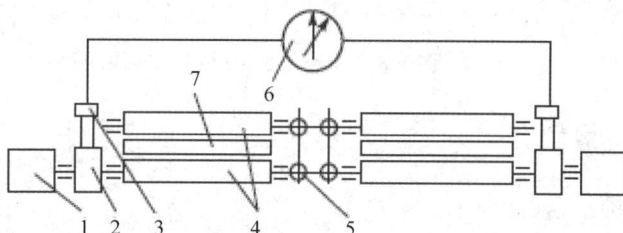

1—电动机;2—减速器;3—测量装置;4—滚筒装置;5—链传动;6—指示与控制装置;7—举升装置

图 5-5　单轴滚筒反力式制动检验台简图

1) 驱动装置

驱动装置由电动机、减速器和链传动机构组成。电动机的转动通过减速器内的蜗轮蜗杆传动和一对圆柱齿轮传动后传递给主动滚筒,主动滚筒又通过链传动把动力传递给从动滚筒。减速器与主动滚筒共用一轴,减速器壳体处于浮动状态。

2) 滚筒装置

滚筒装置由四个滚筒组成。每对滚筒独立设置,有主动滚筒和从动滚筒之分。每个滚筒的两端分别用滚动轴承支承,被测车轮置于两滚筒之间,为使滚筒与轮胎的附着系数能够与路面相接近,在滚筒圆周表面覆盖一定厚度的粘砂、烤砂或其他材料以代替沟槽的滚筒。这种带有涂覆层的滚筒的表面几乎与道路表面一致,模拟性好,附着系数高(干态可达0.9,湿态不低于 0.8)。

3) 测量装置

测量装置主要由测力杠杆、测力传感器等组成。测力杠杆一端与传感器连接，另一端与减速器连接，测力杠杆直接固定在减速器壳体上。

4) 举升装置

为了便于汽车出入检验台，在两滚筒之间设有举升装置。常见的检验台举升器主要有三种类型，即气压式、液压式和电动机械式。

驱动装置、滚筒装置和测量装置，直接或间接安装在框架上。

2. 滚筒反力式制动检验台的工作原理

滚筒反力式制动检验台的工作原理如图 5-6 所示。将汽车开到检验台上，使车轮处于每对滚筒之间，滚筒在电机驱动下带动车轮转动，相当于车不动，路以一定速度移动。然后对车轮采取制动，车轮的制动力作用在滚筒上，该力的方向与滚筒的转动方向相反，此时，与滚筒相连的减速器(扭力箱)在反作用力矩的作用下发生一定程度的翻转，通过测力装置，便可测量显示出制动力的数值。因所测的制动力的方向与滚筒转动方向相反，故称之为滚筒反力式制动检验台。

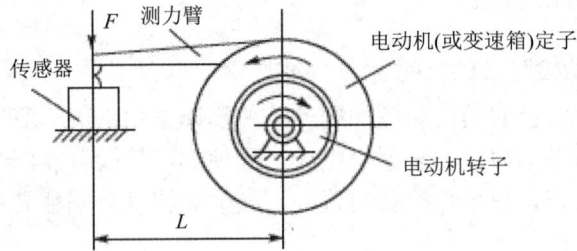

图 5-6　制动力测量原理

二、平板式制动检验台

1. 平板式制动检验台的结构

平板式制动检验台的组成如图 5-7 所示。该检验台由测试平板、显示系统和踏板力计组成，测试平板共四块，且相互独立。

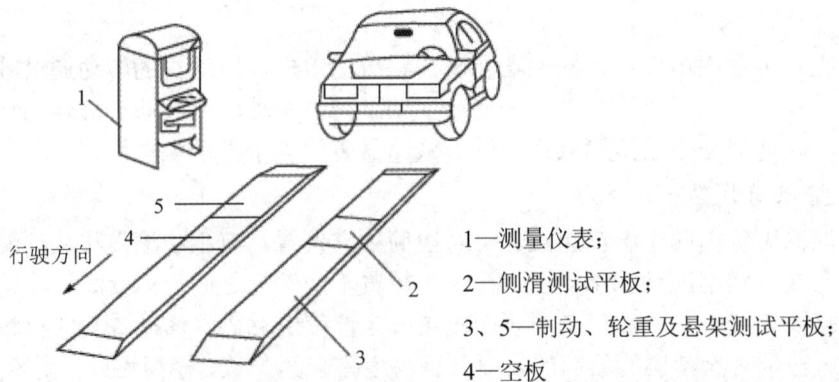

1—测量仪表；

2—侧滑测试平板；

3、5—制动、轮重及悬架测试平板；

4—空板

图 5-7　平板式制动检验台的构成

2. 平板式制动检验台的工作原理

图 5-8 是平板式制动检验台原理图，测试系统由平板、底板、钢球和力传感器等组成。底板作为底座固定在混凝土地面上，面板通过承重传感器和钢球支承在底板上，其纵向则通过拉力传感器与底板相连。承重传感器用于测量作用于面板上的垂直力；拉力传感器则用于测量沿汽车行驶方向轮胎作用于面板上的水平力，水平力和垂直力的大小变化分别对应于拉力传感器和承重传感器所输出的电信号的变化。拉力传感器和承重传感器输出的电信号由计算机采集、处理后，换算成制动力和轮荷的大小并分别显示出来。如果装用无线式踏板压力计，该检验台不仅可测出最大制动力，还可提供制动力随时间变化的曲线、制动协调时间等信息，根据垂直力在制动过程中的波动情况，可检测悬架减振器的性能。

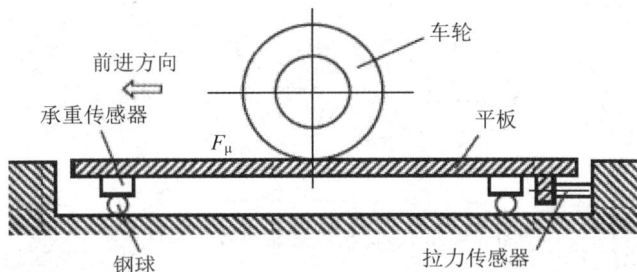

图 5-8　平板式制动检验台原理图

汽车在平板式制动检验台上的制动检验过程与汽车在道路上行驶时的制动过程较为接近。但平板式制动检验台存在测试重复性差且重复试验较麻烦、占地面积大、需要助跑车道、不利于流水作业和不安全等缺点，因此其应用不如滚筒反力式制动检验台广泛。

3. 滚筒反力式和平板式制动检验台优缺点分析

1) 滚筒反力式制动检验台

滚筒反力式制动检验台优点是可以显示车轮左右轮制动力增长全过程随采样时间的变化情况，能准确指明左右轮制动力之差的最大值在制动力增长过程中的具体位置，还可以为车辆修理单位提供有效的信息资料；其测试工况稳定，重复性好。其缺点是测试效率低，检验时对车辆各轴的检测是分开进行的，从而影响了车辆的测试效率。

2) 平板式制动检验台

相对于滚筒式制动检测台，平板式制动检测台具有如下的优点：

(1) 结构简单，省去了滚筒式的两个大功率电动机，耗电量仅约为滚筒式的 1/100。

(2) 操作简单，测试速度大大加快，检验时只需将车辆以 5~10 km/h 的速度开到测试平板上踩一脚制动，即可检验，检测效率高。

(3) 安装简单，降低了混凝土工程造价。

(4) 平板式制动检验是汽车在制动状态下直接检测的，与汽车实际运行情况相接近。

平板式制动检验台能同时对汽车的四个轮子作动态检测，特别适用于现代轿车的检测，它的局限性在于对轴距变化大的汽车作四轮检测时不方便，测试货车后轴的制动性能不够理想，因此在汽车保有量较多的中心城市和经济发达区，在同时设有大车线和小车线的检测站，在小车线上配置平板式制动检验台，主要检测轿车和高档小客车，在大车线上配置滚筒反力式制动检验台。

三、轴重检测台

利用制动检验台检测汽车制动性能时，其制动的参数标准是以轴制动力占轴荷的百分比为依据的，因此必须在测得轴荷和轴制动力后才能评价轴制动性能是否符合国标要求。用于检测车轴轴载质量的设备称为轴重检测台，又称轴重仪。

电子轴重仪一般由机械部分(包括承载装置和传感器装置)和显示仪表所组成。双载荷台板式轴重仪如图 5-9 所示，检测线使用较多，它能测量左、右车轮轮荷。它有左右两个秤体，分别安装在左右框架内，共用一个显示仪表。

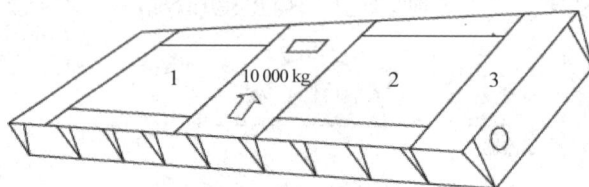

1—左称体；2—右称体；3—框架

图 5-9　双载荷台板式轴重仪外形图

四、制动性能测试仪

路试法一般是在受检的汽车上装置检测仪器，如非接触式五轮仪、制动性能测试仪。使汽车在道路上行驶，即可检测汽车的制动距离、制动减速度和制动协调时间。本节主要介绍制动性能测试仪的工作原理。制动性能测试仪能够显示汽车制动过程中充分发出的平均减速度(MFDD)、制动协调时间、制动初速度、制动距离等数据，部分产品可当场打印测试报告，并与计算机相连接传送数据。

1. 结构组成

制动性能测试仪由加(减)速度传感器、信息处理单元、制动踏板开关、微型打印机等组成，如图 5-10 所示。

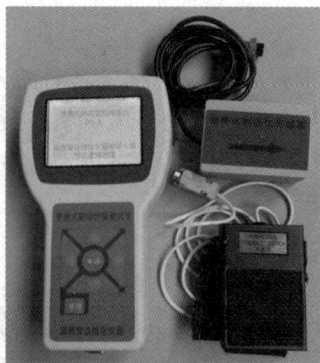

图 5-10　便携式制动性能测试仪

2. 工作原理

制动性能测试仪以加(减)速度传感器作为探测元件，由制动踏板触点开关提供制动起始信号，通过等时间间隔对加(减)速度以及时间的连续测量，经过微处理机的高速运算，测量输出充分发出的平均减速度(MFDD)、制动协调时间，并对减速度按时间积分推算出制动初速度、制动距离等结果。

<h1 style="text-align:center">第三节　制动性能台试检验方法</h1>

一、滚筒反力式制动检验台检验方法

用滚筒反力式制动检验台进行检验时，滚筒表面应干燥，没有松散物质及油污，滚筒表面当量附着系数应不小于 0.7。

(1) 将被测车辆沿垂直滚筒方向驶入检验台，先前轴、后后轴。在轴(轮)重仪上，测出被检车辆各轴的静态轴(轮)荷质量。

(2) 将被测车轮停处于两滚筒之间，汽车停稳后，变速器置于空挡，松开制动踏板；(对于全时四轮驱动车辆，非测试轮应处于附着系数符合要求的辅助自由滚筒组上)采用具有举升功能的滚筒反力式制动检验台时，对于多轴及并装轴车辆，举升台体至规定的位置，测出左右轮空载轮荷，计算得出该轴空载轴荷(或直接测得该轴空载轴荷)。

(3) 分别起动制动检验台左、右滚筒的驱动电机，起动时间间隔不少于 1 s。滚筒带动车轮滚动，2 s 后，测得车轮阻滞力。

(4) 检测员在显示屏提示踩刹车后，按提示将制动踏板逐渐慢踩到底(液压制动车辆应保持规定的制动踏板力)，一般试验台在 1.5 到 3 秒后或第三滚筒发出信号后，滚筒自动停转。测取左、右车轮制动力增长全过程的数值及左、右车轮最大制动力，此时读取测试结果，包括制动力增长全过程中的前轴左右轮制动力差，和各轮制动力的最大值，同时测出制动协调时间。

(5) 升起举升器，驶出一侧车轴，驶入下一车轴，按同样的方法检测后轴车辆阻滞力、制动力、左右轮制动力差以及制动协调时间。

检测完行车制动后应重新启动电机，在行车制动完全放松的条件下，用力拉紧驻车制动器，检测驻车制动性能，测取驻车最大制动力，计算轴制动率、不平衡率、驻车制动率以及整车制动率。

所有车的行车制动性能和驻车性能检测完毕后，升起举升器，汽车驶出试验台。

二、平板式制动检验台检验方法

平板表面应干燥，没有松散物质及油污，平板表面附着系数应不小于 0.7，制动平板保持水平，各制动平板间的高度差应不超过 5 mm，单车应采用至少 4 个制动平板的平板制动检验台检验。具体检验步骤如下：

(1) 驾驶员将汽车对正平板式制动检验台，以 5～10 km/h 的速度(或制造厂家推荐的速度)行驶，置变速器于空挡(自动变速的车辆可置变速器于 D 挡)，正直平稳驶上平板。

(2) 当所有车轮均驶上制动平板时，急踩制动使车辆停止，测取各车轮的轮荷(对于小型、微型载客汽车，应为动态轮荷；对于并装双轴、并装三轴车辆，其左右两侧可以按照

1 个车轮计)最大轮制动力、轮制动力增长全过程的数值等,并计算轴的制动率、不平衡率、整车制动率等指标。

(3) 重新起动车辆,当驻车制动轴驶上制动平板时操纵驻车制动操纵装置,测得驻车制动力数值,并计算驻车制动率。

(4) 车辆制动停止时,如被测车轮已经离开制动平板,则此次制动检测无效,应重新检测。

三、台式制动检验标准限值

GB 7258 对于用台式检测制动性能给出以下规定。

1. 行车制动性能

行车制动性能检验指标主要包括各轴制动力、制动力平衡、制动协调时间和车轮阻滞率。

1) 制动力

汽车、汽车列车在制动检验台上测出的制动力应符合表 5-1 的要求,对空载检验制动力有质疑时,可用表 5-1 规定的满载检验制动力要求进行检验。

表 5-1　台式检测制动力要求

汽车类型	制动力总和与整车重量的百分比		轴制动力与轴荷 ^{a} 的百分比	
	空载	满载	前轴 ^{b}	后轴 ^{b}
三轮汽车	—			≥60 ^{c}
乘用车、总质量不大于 3500 kg 的货车	≥60	≥50	≥60 ^{c}	≥60 ^{c}
铰接客车、铰接式 无轨电车、汽车列车	≥55	≥45	—	—
其他汽车	≥60 ^{d}	≥50	≥60 ^{c}	≥50 ^{e}
挂车	—	—		≥55 ^{f}
摩托车			≥60	≥55
普通轻便摩托车			≥60	≥50

注:a. 用平板式制动检验台检验乘用车、对于其他总质量小于或等于 3500 kg 的汽车,检验时应按左右轮制动力最大时刻所分别对应的左右轮动态轮荷之和计算。

b. 机动车(单车)纵向中心线中心位置以前的轴为前轴,其他轴为后轴;挂车的所有车轴均按后轴计算;用平板制动检测台测试并装轴制动力时,并装轴可视为一轴。

c. 空载和满载状态下测试均应满足此要求。

d. 对总质量小于或等于整备质量的 1.2 倍的专项作业车空载时制动力总和与整车重量的百分比应大于或等于 50%。

e. 满载测试时后轴制动力百分比不做要求,空载用平板制动检验台检验时后轴制动力与轴荷的百分比应大于或等于 35%;总质量大于 3500 kg 的客车,空载用反力滚筒式制动检验台检验时后轴制动力与轴荷的百分比应大于或等于 40%,用平板制动检验台检验时后轴制动力与轴荷的百分比应大于等于 30%。

f. 满载状态下测试时挂车后轴制动力与轴荷的百分比应大于或等于 45%。

2) 制动力平衡

制动力平衡要求：在制动力增长全过程中同时测得的左右轮制动力差的最大值，与全过程中测得的该轴左右轮最大制动力中大者之比，当后轴制动力小于该轴轴荷的60%时为与该轴轴荷之比，对新注册车和在用车应分别符合表5-2的要求。

表5-2　台式检验制动力平衡要求

	前轴	后　　轴	
		轴制动力大于或等于该轴轴荷60%时	制动力小于该轴轴荷60%时
新注册车	≤20%	≤24%	≤8%
在用车	≤24%	≤30%	≤10%

3) 制动协调时间

制动协调时间是指在急踩制动时，从踏板开始动作至车辆减速度(或制动力)达到GB 7258规定的车辆充分发出的平均减速度(或规定的制动力)75%时所需的时间。

对于液压制动的汽车，制动协调时间应不大于0.35 s，对于气压制动的汽车，制动协调时间应不大于0.60 s；汽车列车和铰接客车、铰接式无轨电车的制动协调时间应不大于0.80 s。

4) 车轮阻滞力

车轮阻滞力是指行车和驻车制动装置处于完全释放状态，变速器置于空挡，试验时试验台驱动车轮所需要的作用力。GB 7258—2017规定：进行制动力检验时各车轮的阻滞力均应不大于轮荷的10%。

2. 驻车制动性能

当采用制动检验台检验汽车驻车制动装置的制动力时，汽车空载，乘坐一名驾驶员，使用驻车制动装置，驻车制动力的总和应不小于该车在测试状态下整车重量的20%(对总质量为整备质量1.2倍以下的汽车为不小于整车重量的15%)。汽车制动完全释放时间(从松开制动踏板到制动消除所需要的时间)应不大于0.8 s。

汽车制动性能检验，一般采用台试检验，但当对台试检测结果有争议时，可在空载状态下，路试进行复检，如对空载状态复检结果有异议的，以满载路试结果为准。

四、检验结果分析

1. 制动率不合格的原因分析

造成制动率不合格的原因主要有以下几种：

1) 制动器的技术状况

若某个车轮出现制动器内有油污、制动毂/盘与摩擦片间隙过大、摩擦片磨损过度或新摩擦片与制动毂/盘结合面不足等情况，都将造成制动力不足。

2) 制动操作系统的技术状况

若出现下列情况，将造成某轴或整车制动力不足：制动气室膜片破裂或制动分泵密封圈损坏；制动气管或油管漏气、漏油；制动气室推杆变形或卡死；制动分泵活塞发咬；制动踏板有效行程过大；制动总泵漏油、漏气，推杆或活塞卡死等。

造成车辆制动不平衡，主要有以下几个影响因素：

(1) 同轴左右轮胎花纹是否一致。不同的轮胎花纹会造成受力不同。

(2) 同轴左右轮胎气压是否一致。轮胎气压过大会造成轮胎表面与滚筒的附着面减小，从而减小摩擦力；同轴轮胎的气压不一致会造成偏刹现象。

(3) 底盘部件磨损过大时将存在不正常的间隙，而转向拉杆球头等部位间隙过大，同样会造成制动力的不均衡。

(4) 除以上原因外，我们还要借助制动曲线来分析偏刹的成因。

如果在整个的制动过程中右轮制动力始终比左轮小，将形成偏刹。而形成这种类型的偏刹可能存在下列原因：

① 左右两轮轮胎磨损程度不同或轮胎气压相差太大；

② 右轮蹄片可能有油污或烧结损坏；

③ 右轮制动蹄片弯曲、变形或回位弹簧损坏、失效；

④ 右轮制动衬块与制动鼓磨合不好或制动鼓失圆；

⑤ 右轮制动分泵损坏；

⑥ 右轮刹车管路密封不严，漏气、漏油造成制动力分配不均。

如果左轮的最大制动力大于右轮最大制动力，但是在制动增长过程中左轮相对右轮明显要迟缓，形成这种偏刹的原因主要有：

① 刹车片磨损太大或间隙过大；

② 制动管道内有空气(气阻)；

③ 分配阀故障；

④ 分泵有问题；

⑤ 盘式制动器的比较慢的一边的分泵和刹车回位卡滞、鼓式制动器的连杆里边有锈蚀。

2. 车轮阻滞力不合格原因分析

1) 汽车制动装置的影响

制动踏板、制动总泵和分泵、制动管路、制动蹄片或制动盘与制动鼓等每一部件的工作都可直接影响车轮阻滞力。如：制动总泵或分泵卡滞或损坏会导致总泵或分泵导杆在制动后不回位或回位不彻底，使制动蹄片或制动盘与制动鼓之间无间隙，车轮运转中产生摩擦力阻滞车轮自由转动；制动蹄片或制动盘与制动鼓之间的间隙调整过小，会产生阻滞车轮转动的摩擦力；制动蹄片或制动盘、制动鼓因长期使用而不维护保养，可导致变形、失圆、失平，在测试时也可产生阻滞力。

2) 汽车轮胎的影响

轮胎对阻滞力的影响表现在如下几个方面：

(1) 轮胎花纹深度过大或有明显损伤，在与制动检验台滚筒做自由运转时，摩擦系数非正常增大，导致阻滞车轮运转的摩擦力增大。

(2) 轮辋或轮毂变形、失圆，使其在运动中不规则运转，造成车轮转动不平衡，车轮在转动时，产生跳动和偏摆现象，导致阻滞力过大。

(3) 轮胎气压过小，在硬质滚筒上轮胎变形大，使轮胎与制动滚筒接触面积增大，造成滚动时迟滞损失增加，从而增大了车轮阻滞力。

（4）轮胎直径过小会使车轮落入两制动滚筒中间的深度增大，轴重前倾，就会产生较大的阻滞力。

3. 驻车制动不合格原因分析

造成驻车制动力不足的主要原因有：制动毂磨损过度、失圆或制动盘有沟槽；摩擦片磨损过度；新摩擦片与制动毂/盘结合面不足；制动毂/盘内有油污；驻车制动操纵联动机构调整不当等。

第四节　制动性能路试检验方法

当对台架检验结果有质疑或被检车辆无法进行台架检验时，可采用路试检验并以路试检验结果进行评价。路试法检测能够直观、简便、真实地反映汽车实际行驶过程中汽车动态的制动性能，如轴荷转移的影响；能综合反映汽车其他系统的结构性能对汽车制动性能的影响，如转向机构、悬架系统结构和型式对制动方向稳定性的影响，且不需要大型设备与厂房。路试制动性能检验包括行车制动性能检验和驻车制动性能检验。

一、路试行车制动性能检验方法

试验道路平坦、硬实、干燥和清洁，轮胎与水泥或沥青路面间的附着系数不小于0.7；试验时，发动机应脱开。对于采用自动变速器的汽车，其变速器换挡装置应位于驱动挡（"D"挡）。行车制动性能检测采用测量制动距离和测量充分发出的平均减速度以及检验制动稳定性。制动距离是指汽车在规定初速度下急踩制动时，从脚接触制动踏板或手接触制动手柄时起至汽车完全停止时汽车驶过的距离。制动稳定性要求是指制动过程中汽车的任何部位（不计入车宽的部位除外）不允许超出规定宽度的试验通道的边缘线。

检验时，被检车辆沿试验通道中线空挡滑行，以规定的初速度（速度允许偏差为规定值±2 km/h），在试验通道内实施紧急制动。待车辆停止后，读取便携式制动性能检测仪、非接触式速度计或五轮仪测取的数据，制动过程中车辆的任何部位（不计入车宽的部位除外）不超出规定宽度试验通道的边缘线。

二、路试驻车制动性能检验方法

被检车辆在坡度为20%（对总质量为整备质量的1.2倍以下的车辆坡度为15%）的路试坡道上的上行和下行两个方向分别实施驻车制动，时间不应少于5 min。

三、路试制动检验标准限值

1. 行车制动性能检测

汽车在规定的初速度下的制动距离和制动稳定性要求应符合表5-3的规定。对空载检验的制动距离有质疑时，可用表5-3规定的满载检验制动距离要求来进行判定。

表 5-3　制动距离和制动稳定性要求

汽车类型	制动初速度 /(km/h)	满载检验制动 距离要求/m	空载检验制动 距离要求/m	试验通道 宽度/m
三轮汽车	20	≤5.0		2.5
乘用车	50	≤20.0	≤19.0	2.5
总质量不大于 3500 kg 的低速货车	30	≤9.0	≤8.0	2.5
其它总质量不大于 3500 kg 的汽车	50	≤22.0	≤21.0	2.5
铰接客车、铰接式无轨电车、汽车列车(乘用车列车除外)	30	≤10.5	≤9.5	3.0[a]
其它汽车、乘用车列车	30	≤10.0	≤9.0	3.0[a]
两轮普通摩托车	30	≤7.0		—
边三轮摩托车	30	≤8.0		2.5
正三轮摩托车	30	≤7.5		2.3
轻便摩托车	20	≤4.0		—
轮式拖拉机运输机组	20	≤6.5	≤6.0	3.0
手扶变型运输车	20	≤6.5		2.3
注：a. 对车宽大于 2.55 m 的汽车和汽车列车，其试验通道宽度(单位为 m)为"车宽(m) + 0.5"				

汽车、汽车列车在规定的初速度下急踩踏板制动时充分发出的平均减速度及制动稳定性要求应符合表 5-4 的规定，且制动协调时间对液压制动的汽车应不大于 0.35 s，对气压制动的汽车应不大于 0.60 s，对汽车列车、铰接客车和铰接式电车应不大于 0.80 s。对空载检验的充分发出的平均减速度有质疑时，可用表 5-4 规定的满载检验充分发出的平均减速度进行评定。汽车在规定的初速度下的制动协调时间要求应符合表 5-4 规定的汽车充分发出的平均减速度(或表 5-5 所规定的制动力)的 75%所需的时间。

车辆的路试行车制动性能只要符合制动距离或者充分发出的平均减速度的两项要求之一即为合格。

表 5-4　制动减速度和制动稳定性要求

汽车类型	制动初速度 /(km/h)	满载检验充分发出的平均减速度 /(m/s^2)	空载检验充分发出的平均减速度 /(m/s^2)	试验通道 宽度/m
三轮汽车	20	≥3.8		2.5
乘用车	50	≥5.9	≥6.2	2.5
总质量不大于 3500 kg 的低速货车	30	≥5.2	≥5.6	2.5
其它总质量不大于 3500 kg 的汽车	50	≥5.4	≥5.8	2.5
铰接客车、铰接式无轨电车、汽车列车(乘用车列车除外)	30	≥4.5	≥5.0	3.0[a]
其它汽车、乘用车列车	30	≥5.0	≥5.4	3.0[a]
注：a. 对车宽大于 2.55 m 的汽车和汽车列车，其试验通道宽度(单位为 m)为"车款宽(m) + 0.5"				

2. 应急制动性能检测

汽车(三轮汽车除外)在空载和满载状态下,按照表5-5所列初速度进行应急制动性能检验。应急制动性能应符合表5-5的要求。

表5-5　应急制动性能要求

汽车类型	制动初速度 /(km/h)	制动距离/m	充分发出的平均 减速度/(m/s²)	允许操纵力不应大于/N	
				手操纵	脚操纵
乘用车	50	≤38.0	≥2.9	400	500
客车	30	≤18.0	≥2.5	600	700
其它汽车 (三轮汽车除外)	30	≤20.0	≥2.2	600	700

在进行应急制动检验前,应使试验车辆的行车制动管路系统的一处管路失效,然后按照检验要求进行检验。

3. 驻车制动性能检验

驻车制动性能是指车辆在一定坡度上,利用驻车制动系统,使车辆不下滑(溜坡)的能力。

在空载状态下,驻车制动装置应能保证汽车在坡度为 20%(对总质量为整备质量的1.2 倍以下的汽车坡度为 15%)、轮胎与路面间的附着系数不小于 0.7 的坡道上正、反两个方向保持固定不动,其时间应不少于 2 min。对于允许挂接挂车的汽车,其驻车制动装置必须能使汽车列车在满载状态下能停在坡度为 12%的坡道(坡道上轮胎与路面间的附着系数不应小于 0.7)上。

检验时的操纵力:手操纵时,对于乘用车(座位数小于或等于 9 的客车)应不大于 400 N,对于其它车辆应不大于 600 N;脚操纵时,对于乘用车应不大于 500 N,对于其它车辆应不大于 700 N。

本 章 小 结

(1) 汽车制动性是指汽车行驶时能在短距离内停车且维持行驶方向稳定性和在下长坡时能维持一定车速的能力。其性能评价有三个方面:制动效能,即制动距离与制动减速度;制动效能的恒定性,即抗热衰退性能;制动时汽车的方向稳定性,即制动时汽车不发生跑偏、侧滑以及失去转向能力的性能。

(2) 地面制动力是使汽车制动而减速行驶的外力,但是地面制动力取决于两个摩擦副的摩擦力:一个是制动器内制动摩擦片与制动鼓或制动盘间的摩擦力,一个是轮胎与地面间的摩擦力——附着力。

(3) 滚筒反力式制动检验台主要由框架、驱动装置、滚筒装置、测量装置、举升装置和指示与控制装置等组成。为使制动检验台能同时检测车轴两端左、右车轮的制动力,除框架、指示与控制装置外,其他装置是分别独立设置的。

(4) 平板式制动检验台主要由测试平板、显示系统和踏板力计组成,一般测试平板有四块,且相互独立。

(5) 利用平板式制动检验台检验时，驾驶员将汽车对正平板式制动检验台，以 5～10 km/h 的速度(或制造厂家推荐的速度)行驶，置变速器于空挡(自动变速的车辆可置变速器于 D 挡)，正直平稳驶上平板。当所有车轮均驶上制动平板时，急踩制动使车辆停止，测取各车轮的轮荷(对于小型、微型载客汽车，应为动态轮荷；对于并装双轴、并装三轴车辆，其左右两侧可以按照 1 个车轮计)最大轮制动力、轮制动力增长全过程的数值等，并计算轴的制动率、不平衡率、整车制动率等指标。

(6) 汽车制动性能检验时，被检车辆在坡度为 20%(对总质量为整备质量的 1.2 倍以下的车辆坡度为 15%)的路试坡道上的上行和下行两个方向分别实施驻车制动，时间不应少于 5 min。

复习思考题

1. 机动车制动性的评价指标是什么？
2. 滚筒反力式制动检验台由哪几部分组成？简述其工作原理。
3. 滚筒反力式制动检验台的检测制动性能的流程是怎样的？
4. 简述平板制动检验台的测量原理和平板制动检验台检测制动性能的操作过程。
5. 路试检验制动距离和制动稳定性时的具体要求是什么？
6. 制动率不合格的原因有哪些？

第六章　机动车转向操纵性能检验

　　汽车的操纵稳定性是指在驾驶者不感到过分紧张、疲劳的条件下,汽车能遵循驾驶者通过转向系及转向车轮给定的方向行驶,且当遭遇外界干扰时,汽车能抵抗而保持稳定行驶的能力。机动车的操纵稳定性不良不仅会引起汽车行驶跑偏、转向沉重,增加驾驶员的劳动强度,导致操纵失稳,严重的可能导致交通事故,还可能增加转向机构和转向轮胎的磨损,使机动车燃料消耗量增加,动力性下降。在进行技术状况检验时,操纵稳定性检验项目主要包括:转向盘自由转动量、转向盘转向力、转向轮定位参数、转向轮侧滑量、悬架特性以及车轮平衡等。

第一节　转向盘自由转动量检验

　　机动车转向操作性能主要包括操纵稳定性和转向轻便性,其技术状况的变化关系着机动车行驶的稳定性和安全性。

一、转向盘自由转动量的评价指标

(一) 转向操纵性能特性

1. 操纵稳定性

　　汽车在实际运行中,遇到的情况是很复杂的,有时是直线行驶,有时是曲线行驶,当发生意外情况时,驾驶员还要对汽车作紧急异常操纵,力求避免事故。汽车在一般运行中,还要经受来自地面不平、坡道、大风等各种外部因素的干扰。具体地说,从驾驶员方面的操作,维持汽车按给定的路线行驶,即使得汽车按驾驶员给定的方向行驶的能力,称为汽车的操纵性;汽车在给定的方向行驶,抵抗力图改变其行驶方向的外力的能力,称为汽车的稳定性。从汽车行驶安全性来看,稳定性就是抗翻车和侧滑的能力。汽车的操纵性和稳定性是互相依存、密切相关的,如果操纵性被破坏常常会引起翻车和侧滑,而汽车侧滑有时也可使操纵失灵,所以一般将操纵性和稳定性统称为汽车的操纵稳定性。

2. 转向操纵轻便性

　　操纵稳定性优良的汽车,应有适度的转向轻便性。转向沉重,易使驾驶员疲劳或转向不正确、不及时而影响行车安全;转向太轻,会使驾驶员路感太弱,甚至产生方向飘移,不利于安全行车。转向轻便性直接表现在转向盘的转动阻力上,因此为了保证汽车转向操纵轻便性,在 GB 7258 中对转向力进行了相应的规定。

(二) 转向盘最大自由转动量要求

在转向操纵机构中，由于转向器和转向传动机构中各个传力零件之间存在着装配间隙，且随着零件的逐渐磨损，这些间隙将逐渐增大。另一方面，转向系各零件受力而产生弹性变形，也将使转向轮开始运动较转向盘滞后。由于转向器和转向传动机构中存在装配间隙，转向盘必须先空转一定角度，使所有传力零件工作表面之间的间隙消除，转向轮才转动。汽车转向轮保持直线行驶位置静止不动时，轻轻左右晃动转向盘所测得的游动角度，就是转向盘自由转动量。转向盘自由转动量是评价转向是否灵敏的指标。适当的转向盘自由转动量对于缓和道路反冲，使转向操纵柔和以及避免驾驶员过度紧张是有利的。但转向盘自由转动量不宜过大，否则，在汽车行驶中，驾驶员要用较大幅度转动转向盘，才能控制汽车的行驶方向，且在直线行驶时会感到行驶不稳定。由于转向时所用力也要适中，转向时用力过大，转向沉重，易使驾驶员疲劳或转向不正确从而影响行车安全；转向时用力过小，驾驶员的路感会太弱，甚至产生方向飘移，这也不利于安全行车。因此转向操纵性能的评价指标主要包括：转向盘自由转动量、转向盘转向力。GB 7258—2017《机动车运行安全技术条件》规定，转向系统应符合以下基本要求：

(1) 汽车的方向盘必须设置于左侧，专项作业车按需要可设置左右两个方向盘。

(2) 汽车的方向盘(或方向把)应转动灵活，无卡滞现象。汽车应设置转向限位装置。转向系统在任何操作位置上，不允许与其他部件有干涉现象。

(3) 汽车转向轮转向后应能自动回正，以使汽车具有稳定的直线行驶能力。

(4) 对机动车方向盘的最大自由转动量的要求是：最大设计车速大于或等于 100 km/h 的机动车，其最大自由转动量应小于或等于 15°；三轮汽车的最大自由转动量应小于或等于 35°；其他机动车的最大自由转动量应小于或等于 25°。

(5) 汽车(三轮汽车除外)应具有适度的不足转向特性。

(6) 汽车在平坦、硬实、干燥和清洁的道路上行驶时不应跑偏，其方向盘(或方向把)不应有摆振等异常现象。

(7) 机动车在平坦、硬实、干燥和清洁的道路上行驶，以 10 km/h 的速度在 5 s 之内沿螺旋线从直线行驶过渡到沿外圆直径为 25 m 的圆形车辆通道行驶，施加于转向盘外缘的最大切向力应不大于 245 N。

二、转向力角测量仪

操作稳定优良的汽车，具有适度的转向轻便性。转向轻便性可用一定行驶条件下在转向盘上的转向力(即作用在转向盘外缘的切向力)的大小来表示。

转向盘自由转动量和转向力均可采用转向力角测量仪进行检测，如图 6-1 所示。该仪器由操纵盘、主机箱、连接叉和定位杆四部分组成，具有测试转向盘自由行程、转向角和转向力的功能。操纵盘实际上是一个附加转向盘，用螺栓固定于三爪底板，底盘与连接叉间装有力矩传感器，以测出转向时的操纵力矩；连接叉通过装在其上的长度可伸缩的活动卡爪与被测转向盘连接；主机箱固定在底盘中央，内装力矩传感器、转角编码器、打印机和电池等；从底板下伸出的定位杆通过磁座吸附在驾驶室内仪表盘上，其内端与装在主机箱下部的光电装置连接；使用时，把转向测量仪对准被测转向盘中心，调整好三只伸缩爪的长度，使之与转向盘牢固连接后，转动操纵盘的转向力通过底板、力矩传感器、连接叉传递到被测转向盘上，使转向轮偏转实现汽车转向。此时，力矩传感器把转向力矩转变成电信号，定位杆内端所连接的光电装置将转向角的变化转化为电信号。此电信号(传感信号)输送至主机箱后，由装在其内的微机自动完成数据采集、转角编码、运算、分析、存储、显示并打印出所测结果。

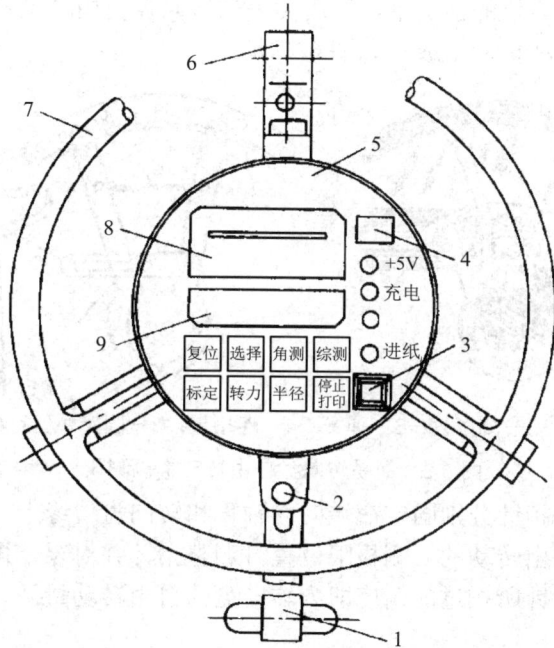

1—定位杆；2—固定螺栓；3—电源开关；4—电压表；5—检测仪主机；

6—连接装置；7—操纵盘；8—打印机；9—显示器

图 6-1　ZC—2A 型方向盘力角仪

三、转向盘最大自由转动量的检验

1. 转向盘自由转动量的检测

转向盘自由转动量是指汽车转向轮处于直线行驶位置静止不动时，转向盘可以自由转动的角度。它是转向系内部各传动连接部件间隙的总反映，过大的转向盘自由转动量，一方面将直接导致汽车转向不灵敏，影响行车安全；另一方面由于转向系统存在着较大的传动间隙而削弱了对转向轮的约束，从而导致汽车直线行驶不稳定。因此，对转向盘的自由转动量应进行检查和调整，使其符合要求。转向盘自由转动量可用转向参数测量仪进行检测，其检测方法如下：

(1) 测量前，被检车辆置于平坦、干燥、清洁的硬质地(路)面，转向轮保持回正位置，发动机熄火。

(2) 将转向力-角测量仪安装在被检车辆的转向盘上，安装时，松开连接叉三只伸缩爪上的紧固螺钉，松开连接卡头，将卡头扣在被测车辆的转向盘上并拧紧。调整三只伸缩的卡爪，使仪器的中心线同被测车辆转向盘的中心线重合，旋紧伸缩爪上的紧固螺钉并反复转动仪器的操纵盘，以确认仪器连接无松动现象和两中心线已重合，调整定位杆的长度，使其与吸附在被侧车辆仪表盘(或风窗玻璃)上的磁力吸坐相固定。

(3) 转向力-角测量仪设为峰值保持并清零，转动转向力-角测量仪的操纵盘至一侧有阻力止(转向轮转动临界点)，读取角度值，记作 A_1，再转动操纵盘至另一侧有阻力止，读取角度值，记作 A_2，A_1 与 A_2 间的自由角度即为转向盘最大自由转动量。

在没有转向参数测量仪的情况下，可用简易的转向盘自由转动量测量仪进行检测。这种简易测量仪由刻度盘和指针组成，如图 6-2 所示。

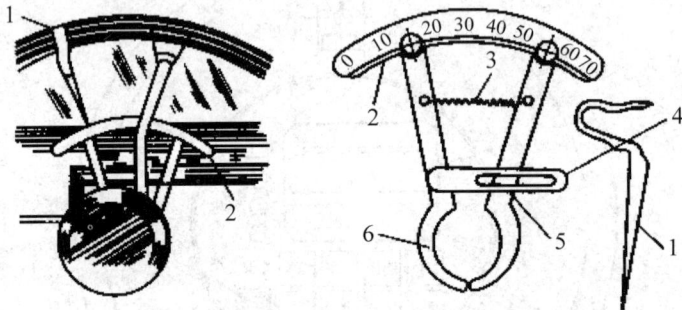

1—指针；2—刻度盘；3—弹簧；4—连接板；5—固定螺钉；6—夹臂

图 6-2　简易转向盘自由转动量检测仪

检测时将刻度盘和指针分别固定在转向盘轴管和转向盘边缘上，使前轮位于直线行驶位置，在转向盘转至自由转动的一侧极限位置时调整指针并对零，再向另一侧轻轻转动转向盘，当手感变重时指针所扫过的角度即为转向盘的自由转动量。

2. 转向力检验

1) 路试检测转向力

转向参数测量仪安装在被测的转向盘上，让汽车在平坦、硬实、干燥和清洁的水泥或沥青路面上，以 10 km/h 的速度在 5 s 内沿螺旋线从直线行驶过渡到沿直径为 25 m 的圆周行驶，测出施加于转向盘外缘的最大切向力数值，该数值即为转向盘转向力。

2) 原地检测转向力

(1) 将转向参数测量仪或测力弹簧秤安装在被测车辆的转向盘上。

(2) 将汽车转向轮置于带有刻度的转角盘上，接通仪器电源。

(3) 按下"力测"按钮，按照检测标准缓慢地转动转向盘，使转向轮能达到原厂规定的最大转角。

(4) 在转向轮转动的全过程中，用测力装置测得的最大数值即车轮原地转动的转向盘转向力。

检测过程中，应注意转向轮能否转到极限位置，同时还应观察其转动是否会与其他部件发生干涉现象。

3. 检测结果分析

如果转向盘自由转动量检测结果超过了限值，则主要是由转向器摇臂、球销总成及各连杆磨损过度，造成了连接松旷而导致的。

第二节　转向轮横向侧滑量检测

一、转向轮横向侧滑量检测要求

转向轮侧滑是指汽车在直线行驶时产生向左偏移或向右横向滑移现象。实际上是转向轮外倾与转向轮前束综合作用的结果。当车轮的滑移现象过于严重时，将破坏车轮的附着条件，会影响行驶稳定性，增加燃油消耗，使轮胎过度磨损，严重时可引起行车事故。

1. 前轮定位参数及侧滑的产生

前轮是汽车的转向轮。为了保证汽车具有良好的操控稳定性，转向轮(通常指前轮)设置了主销内倾角、主销后倾角、车轮外倾角、前轮前束等定位参数。我们在这里只讨论前轮外倾角和前轮前束。

前轮外倾的主要作用是使得转向轻便。前轮外倾如图 6-3 所示。其作用一方面是为了避免汽车承重后，前梁变形引起前轮出现内倾，从而加速轮胎的磨损和加大轮毂外侧轴承负荷，另一方面有了外倾角也可以适应拱形路面。

车轮有了外倾角以后，在向前滚动时，就会类似于圆锥向前滚动，出现两个车轮企图向各自的外侧滚开的趋势。由于受到横直拉杆和车桥的约束，两侧不可能同时向外侧滚开，于是车轮将在地面上出现边向前滚动边向内滑动的现象，从而增加了轮胎磨损。

为了消除前轮外倾带来的不良后果，在安装前轮时，人为地使两轮中心平面不平行。在沿前进方向上，两轮前端距离小于后端距离。如图 6-4 所示，B 与 A 之差就称为前束值。

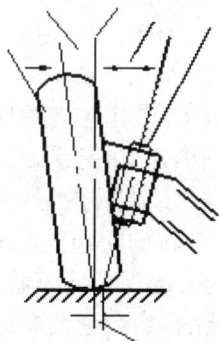

图 6-3　前轮外倾角　　　　　　　　图 6-4　前轮前束

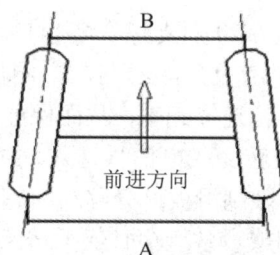

由于前束的作用，车轮在前进时，两轮都会力图向内侧滚动。同样由于机械上的约束，车轮不可能同时向内侧滚动，这就又出现了车轮边滚动边向外侧滑移的现象或倾向。

为保证汽车转向车轮无横向滑移的直线滚动，要求车轮外倾角和车轮前束有适当配合。

当车轮前束值与车轮外倾角匹配不当时，车轮就可能在直线行驶过程中不作纯滚动，产生横向滑移现象，即侧滑。侧滑量过大会直接影响到汽车的操纵稳定性和安全性，加大轮胎的异常磨损，也可能使得汽车丧失定向行驶能力，方向沉重。

2. 转向轮横向侧滑量要求

汽车车轮定位参数的测量有动态测量和静态测量两种方法，相应的检测设备也分为动态检测设备和静态检测设备。动态检测是在汽车以一定车速行驶的状态下，用测量仪器或设备检测车轮定位产生的侧向力或由此引起的车轮侧滑量。静态测量法是在汽车停止的状态下使用测量仪器对车轮定位进行几何角度的测量。

汽车转向轮的横向侧滑量也是汽车安全检测中的重点检测项目之一。GB 7258—2017《机动车运行安全技术条件》规定：汽车的车轮定位应符合该车有关技术条件。车轮定位值应在产品使用说明书中标明。对于前轴采用非独立悬架的汽车，其转向轮的横向滑移量，用侧滑检验台检测时侧滑量值应在 ±5 m/km 之间。规定侧滑量方向为外正内负。

二、侧滑检验台

1. 侧滑检验台的结构

侧滑检验台是使汽车在滑动板上驶过时，用测量滑动板横向移动量的方法来测量转向轮侧滑量的大小和方向，并判断其值是否合格的一种检测设备。目前，国内侧滑检验台有双板联动式侧滑检验台、双板分动式侧滑检验台和单板侧滑检验台。

双板联动侧滑检验台主要由机械和电气两部分组成，图 6-5 是 CH-030 侧滑检验台外形图。机械部分主要由两块滑板、联动机构、回零机构、滚轮及导向机构、限位装置及锁零机构组成。电气部分包括位移传感器和电气仪表。

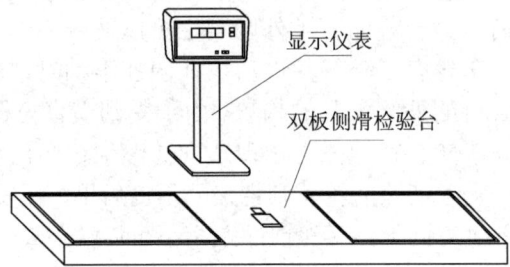

图 6-5　CH-030 侧滑检验台外形图

1) 机械部分

左右两块滑板分别支撑在各自的四个滚轮上，每块滑板与其连接的导向轴承在轨道内滚动，保证了滑板只能沿左右方向滑动而限制了其纵向的运动(见图 6-6)。两块滑板通过中间的联动机构连接起来，从而保证了两块滑板作同时向内或向外的运动。相应的位移量通过位移传感器转变成电信号送入仪表。回零机构保证汽车转向轮通过后滑板能够自动回零。限位装置是限制滑板过分移动而超过传感器的允许范围，起保护传感器的作用。锁止机构能在设备空闲或设备运输时保护传感器。润滑机构能够保证滑板轻便自如地移动。

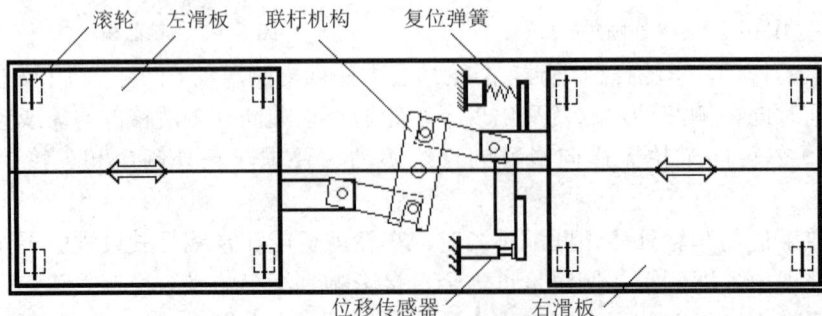

图 6-6　侧滑检验台结构示意图

2) 电气部分

电气部分按传感器的种类不同而有所区别。目前常用的位移传感器有电位计式和差动变压器式两种。早期的侧滑台也有用自整角电机的，现已很少用。

(1) 电位计式测量装置。

其原理非常简单，将一个可调电阻安装在侧滑检验台底座上，其活动触点通过传动机构与滑板相连，电位计两端输入一个固定电压(比如 5 V)，中间触点随着滑板的内外移动也发生变化，输出电压也随之在 0～5 V 之间变化。把 2.5 V 左右的位置作为侧滑台的零点，如果滑板向外移动，输出电压大于 2.5 V，达到外侧极限位置输出电压为 5 V。滑板向内移动，输出电压小于 2.5 V，达到内侧极限输出电压为 0 V。这样仪表就可以通过 A/D 转换将侧滑传感器电压转换成数字量，并送入单片机处理，得出侧滑量的大小。

(2) 差动变压器式测量装置。

其原理与电位计式类似，只是电位计式输出一个正电压信号，而差动变压器式输出的是正负两种信号。把电压为 0 V 时的位置作为零点。滑板向外移动输出一个大于 0 V 的正电压，向内移动输出一个小于 0 V 的负电压。同样，仪表就可以通过 A/D 转换将侧滑传感器电压转换成数字量，并送入单片机处理，得出侧滑量的大小。

指示仪表可分为数字式和指针式两种，目前检测站普遍使用的是数字式仪表，数字式仪表多为智能仪表，实际就是一个单片机系统。

2. 双板联动侧滑检验台的测量原理

1) 侧滑板仅受到车轮外倾角的作用

这里以右前轮为例，先讨论只存在车轮外倾角(前束角为零)的情况。具有外倾角的车轮，其中心线的延长线必定与地面在一定距离处有一个交点 O，此时的车轮相当于一个圆锥体的一部分，如图 6-7 所示，在车轮向前或向后运动时，其运动形式均类似于滚锥。

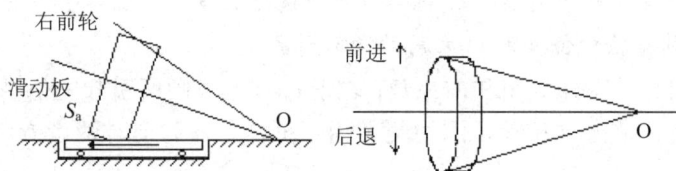

图 6-7　具有外倾角的车轮在滑板上滚动的情况(右轮)

从图 6-7 可以看出，具有外倾角的车轮在滑动板上滚动时，车轮有向外侧滚动的趋势，由于受到车桥的约束，车轮不可能向外移动，从而通过车轮与滑动板间的附着作用带动滑动板向内运动，运动方向如图 6-7 所示。此时滑动板向内移动的位移量记为 S_a(即由外倾角所引起的侧滑分量)。按照约定，具有外倾角的车轮，由于其类似于滚锥的运动情况，因而无论其前进还是后退时所引起的侧滑分量均为负。反之，内倾车轮引起的侧滑分量均为正。

2) 滑动板仅受到车轮前束的作用

这里仅讨论车轮只存在前束角，而外倾角为零时的情况。前束是为了消除具有外倾角的车轮类似于滚锥运动所带来的不良后果而设计的。

具有前束的车轮在前进时，由于车轮有向内滚动的趋势，但因受到车桥的约束作用，在实际前进驶过侧滑台时，车轮不可能向内侧滚动，从而会通过车轮与滑动板间的附着作用带动滑动板向外侧运动。此时，车轮在滑动板上做纯滚动，滑动板相对于地面有侧向移动，其运动方向如图 6-8(a)所示，此时测得的滑动板的横向位移量记为 S_t(即由前束所引起的侧滑分量)。遵照约定，前进时，由车轮前束引起的侧滑分量 S_t 大于或等于零。反之，仅具有前张角的车轮在前进时，由车轮前张角(负前束)引起的侧滑分量 S_t 小于或等于零。

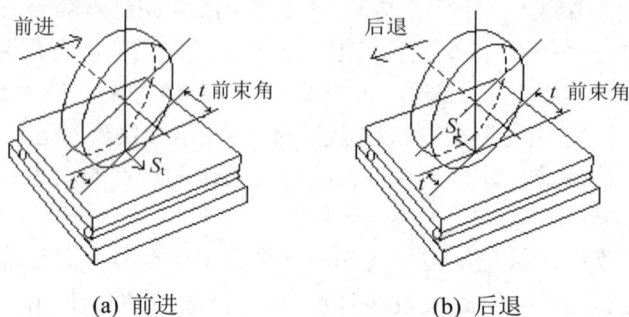

(a) 前进　　　　　　　　　　　　(b) 后退

图 6-8　具有前束的车轮在滑板上滚动的情况(右轮)

当具有前束的车轮后退时，若在无任何约束的情况下，车轮必定向外侧滚动，但因受到车桥的约束作用，虽然其存在着向外滚动的趋势，但不可能向外侧滚动，从而会通过其与滑动板间的附着作用带动滑动板向内侧移动，其运动方向如图 6-8(b)所示。此时测得滑动板向内的位移记为 S_t，遵照约定，仅具有前束角的车轮在后退时，通过侧滑台所引起的侧滑分量 S_t 小于或等于零。反之，仅具有前张角的车轮在后退时，通过侧滑台所引起的侧滑分量 S_t 大于或等于零。

综上可知，仅具有前束的车轮，在前进时驶过侧滑台时所引起的侧滑量为正值，在后退时驶过侧滑台所引起的侧滑量分量为负值。反之，仅具有前张的车轮，在前进时驶过侧滑台时所引起的侧滑分量为负值，在后退时驶过侧滑台所引起的侧滑分量为正值。

3) 滑动板受到车轮外倾角和前束角的同时作用

汽车转向轮同时具有外倾角和前束角，在前进时由外倾所引起的侧滑分量 S_a 与由前束所引起的侧滑分量 S_t 的方向相反，因而两者相互抵消。在后退时两者方向相同，两分量相互叠加。

3. 单滑板侧滑检验台

单滑板侧滑检验台仅用一块滑板，如图 6-9 所示。汽车左前轮从单滑动板上通过，右前轮从地面上行驶。若右前轮正直行驶无侧滑即侧滑角 β 为零，而左前轮具有侧滑角 α 向内侧滑时，如图 6-9(a)，通过车轮与滑动板间的附着作用带动滑动板向左移动距离 b。若右前轮也具有侧滑角 β，同样右前轮相对左前轮也会向内侧滑，此时，滑动板向左移动距离 c，并由于左前轮同时向内侧滑的量为 b，则滑动板的移动距离为两前轮向内侧滑量之和，即 $b+c$，如图 6-9(b)所示。上述 $b+c$ 距离可反映出汽车左右车轮总的侧滑量及侧滑方向。也就是说，采用单板式侧滑台测量汽车的侧滑量时，虽然是一侧车轮从滑动板上通过，但测量的结果并非是单轮的侧滑量，而是左右轮侧滑量的综合反映。此侧滑量与汽车驶过台板时的偏斜度无关。根据这一侧滑量可以计算出每一边车轮的侧滑量，即单轮的侧滑量为 $(b+c)/2$。

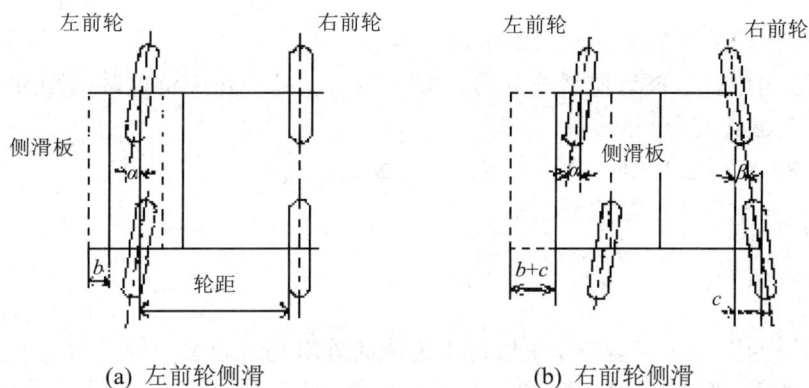

(a) 左前轮侧滑　　　　　　　　　(b) 右前轮侧滑

图 6-9　单滑板侧滑检验台的测量原理分析

　　车轮在驶入侧滑检验台前，由于车轮侧滑量的作用，车轮与地面间接触产生的横向应力迫使车轮产生变形，在驶上侧滑板的瞬间将迅速释放应力并引起滑板移动量大于实际侧滑量的位移；在驶出滑板的瞬间已接触地面部分的轮胎将积聚应力阻碍滑板移动，从而使滑板位移量小于实际值。因此，近年来陆续出现了前后带应力释放板的侧滑检验台，以保证车轮通过中间滑板(其上带有侧滑量检测传感器)时能得以准确测量。因进车时的应力释放对侧滑测量造成的影响比出车时大得多，考虑到成本因素，目前在进车方向带释放板的侧滑试验台较多。

　　4. 侧滑检验台的维护

　　(1) 使用前清除检验台盖板和滑板上的油、水、泥、砂等杂物，检查活动滑板运动是否灵活。

　　(2) 每月检查连杆机构的工作状态，各接触部位不得有移动和窜动等不良现象。

　　(3) 当不检测时，应将滑板锁止，待测试时再打开锁止销。

　　(4) 每三个月检查测量机构的杠杆及回位情况，如果杠杆动作不够灵活，需进行清洁与润滑工作，调整回位弹簧拉力。

　　(5) 每六个月检查滑动板下面的滚轮、轨道，清洁泥污，紧固润滑。保养方法为拆下滑板，用溶剂清除滚轮、轨道等处的旧油，再涂上新润滑油。对磨损严重的滚轮、导向轴轨道等可据情更换。

三、转向轮横向侧滑检验方法

　　1. 检验准备

　　(1) 被检车辆轮胎表面干燥、清洁无油污，胎冠花纹中及并装轮胎间无异物嵌入，轮胎气压符合规定。

　　(2) 打开侧滑检验台滑板的锁止机构。

　　(3) 仪表显示零位，必要时人工操作清零。

　　(4) 侧滑检验台电气系统应预热。

2. 检验方法

(1) 打开侧滑检验的控制柜，进入侧滑测量界面。

(2) 车辆正直居中直线驶近侧滑检验台，并使转向轮处于正中位置。检测过程中，检测员不应转动方向盘和实施制动。

(3) 以 3～5 km/h 车速平稳、直线通过侧滑检验台。

(4) 读取转向轮横向侧滑量的最大示值。

四、检测结果分析

如果检测结果为正值，应该是前束值过大造成的外滑超过了由于外倾的内滑。相反，如果检测结果为负值，应该是前束值过小甚至于前张。

第三节　机动车悬架特性检验

机动车悬架是指将车架(或车身)与车桥或直接与车轮(用于独立悬架)弹性相连的全套零部件的总称。通常由弹性元件、导向装置和减震装置三部分组成。其主要作用是缓和和衰减车身和车桥之间因路面不平引起的冲击和振动，保证汽车具有良好的行驶平顺性、操纵稳定性以及舒适性。因此机动车悬架特性的技术状况检验具有重要作用。本节主要讲解机动车悬架特性检验的评价指标和要求、悬架检验台的结构与原理、悬架特性的检验方法。

一、机动车悬架特性评价指标和要求

(一) 机动车悬架装置检测的意义

汽车悬架的主要任务是减轻由不平路面传来的动载荷，以保证汽车必要的行驶平顺性，同时传递作用在车轮和车架(或车身)之间的各种力(垂直力、纵向力和横向力)和转矩(制动转矩及反作用转矩)。汽车对悬架的主要要求包括：

(1) 能缓和由于不平路面所引起的冲击载荷并保证汽车良好的平顺性。

(2) 能传递汽车车架(或车身)和车桥(或车轮)的振动。

(3) 能迅速衰减车架(或车身)和车桥(或车轮)的振动。

(4) 能保证汽车行驶时必要的稳定性和操纵性。

汽车悬架装置最容易发生故障的元件是减振器，而减振器对汽车的行驶平顺性和操纵稳定性的影响都很大。调查表明，大约有 1/4 左右的汽车至少有一个减振器工作不正常。当悬架装置减振器工作不正常时，会造成汽车行驶中跳跃严重，车轮轮胎有 30% 的路程接地力减少，汽车转向盘发飘，弯道行驶时车身晃动加剧，制动时易发生跑偏或侧滑，轮胎磨损异常，乘坐舒适性降低，有关机件磨损速度增大等不良后果。汽车在高速行驶状态下，操纵稳定性和安全性尤为重要。而汽车的操纵稳定性和安全性都与悬架装置有着直接的关系。所以，检测悬架装置的特性是十分重要的。

在用车悬架特性的检测主要是检测减振器性能，因为减振器和与之相连的弹性元件等构成了复杂的系统，在评价减振器性能的同时，也就对悬架特性做出了综合评价。检测汽车悬架装置主要是用悬架装置检测台。汽车悬架和转向系间隙过大，可能引起汽车转向盘抖振、行驶跑偏、乘坐性不良、轮胎异常磨损和行驶噪声等故障，这些故障现象只有在汽车行驶中才会出现，汽车停止时检查费时费力，不易觉察。如图 6-10 所示，将汽车车轮置于检测平板上，通过平板前、后、左、右等方向的强制移动，给车轮施加各个方向的作用力，模拟汽车在颠簸路面上运动时车轮的受力，就可充分暴露悬架和转向系各零部件的技术状态和各连接处的松紧程度，从而可快捷、准确地判断故障部位。

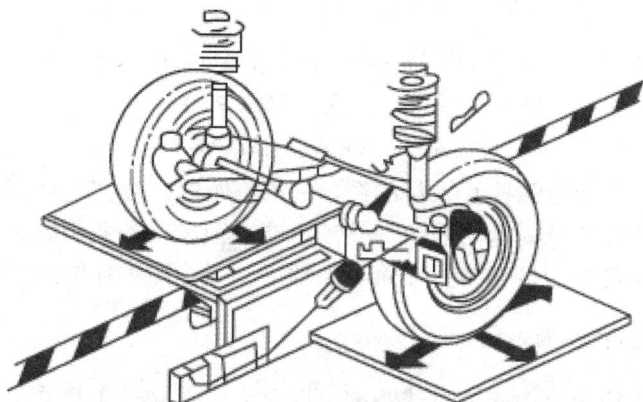

图 6-10　悬架和转向系间隙检测示意图

(二) 机动车悬架装置检测的标准要求

GB 18565 规定，对于最大设计车速大于或等于 100 km/h、轴载质量小于或等于 1500 kg 的客运汽车，应根据该标准中规定的方法进行悬架特性检测。其评价标准为：用谐振式悬架装置检测台按规定方法检测时，受检车辆的车轮在受外界激励振动下测得的吸收率应不小于 40%，同轴左、右轮吸收率之差不得大于 15%。用平板式悬架装置检测台检测汽车悬架特性时，悬架效率应不小于 45%；同轴左右轮悬架效率之差不得大于 20%。

二、悬架特性检验台

过去主要通过人工检视的方法来检查汽车悬架装置的性能，例如目视弹簧是否有裂纹，弹簧和导向装置的连接紧固螺栓是否松动，减振器是否漏油、缺油和损坏。显然，这种方法主观因素大，可靠性差。按检测方法的不同，汽车悬架性能检测分为按压车体法、跌落法、制动法和谐振法四种。

(一) 按压车体法试验台

按压车体法是在早期人工按压车体的基础上发展起来的，检测台如图 6-11 所示。支架在固定于地面的导轨上移动。测量时，固定在支架上的测量装置随支架在导轨上移动，使汽车保险杠处于推杆下。接通电机，凸轮旋转，压下推杆，车身被压低，压缩量与汽车实际行驶时静态与动态的载荷引起的压缩量之和相一致。压到最低点时推杆松开，同时车身回弹并做衰减振动。此时，光脉冲测量装置接通，得到相邻两个振动峰值，按指数衰减规律求得阻尼值，与厂家或有关标准对照，以此评价汽车前(后)减振器的性能。

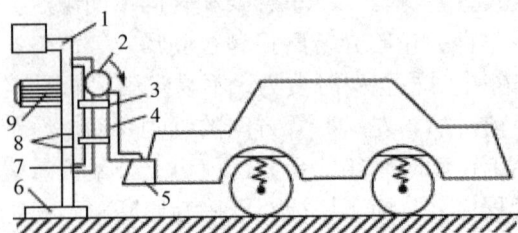

1—支架；2—凸轮；3—推杆；4、8—光脉冲测量装置；5—汽车保险杠；

6—水平导轨；7—垂直导轨；9—电动机

图 6-11　按压车体法试验台

　　显然，上述方法主要是靠检查人员的经验进行判断的，存在主观因素大、可靠性差、只能定性分析、不能定量分析等问题。另外，对同一轴左右悬架装置不能独立评价，因而有可能出现一个性能良好的悬架装置掩盖了同轴另一个性能欠佳的悬架装置的弊端。

(二) 跌落式悬架装置检验台

　　跌落式悬架装置检验台按施力方式不同可以分为向上起升车身式、向下拉紧车身式和跌落车身式三种，如图 6-12 所示。

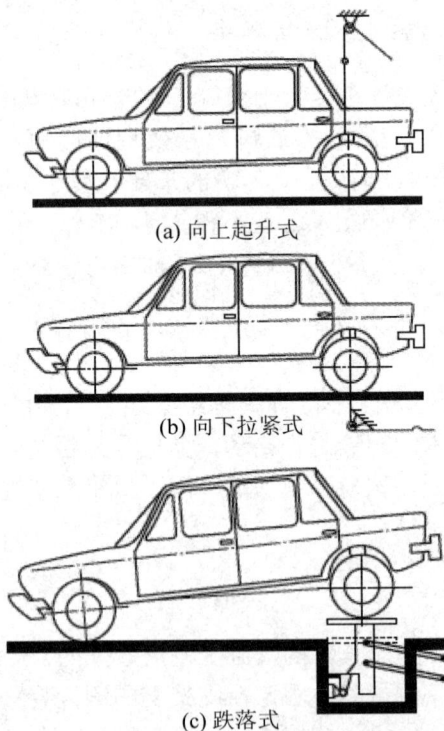

(a) 向上起升式

(b) 向下拉紧式

(c) 跌落式

图 6-12　跌落法示意图

　　向上起升车身式可分为整体式起升和单轴起升两种。在测试过程中，用机械装置将汽车升到一定高度，突然释放使之作自由落体运动。通过分析车身的响应曲线来评价减振器的阻尼状态。跌落式悬架装置检测台是用力传感器测量车轮施加在台面上的压力，然后对离散的压力进行波形分析，将结果与汽车的理想减振性能曲线比较从而作出评价结论。

跌落式悬架装置检测台对减振器的评价方法与按压车身法所求的评价标准相同。这种方法也存在性能良好的减振器会掩盖性能不良的减振器的弊端，且施力方式不适于快速检测。

(三) 平板式制动台

制动法是利用汽车在测试平板上的紧急制动过程，来测定汽车的制动和悬架性能。通过"制动、轴重、悬架"测试平板的压力传感器，可测量被测车轮作用于测试平板上的垂直力。对垂直力随时间的变化曲线进行处理和分析，获知汽车车身的振动情况，从而判断被测车轮悬架的技术状况。汽车悬架性能的测试结果如图 6-13 所示。

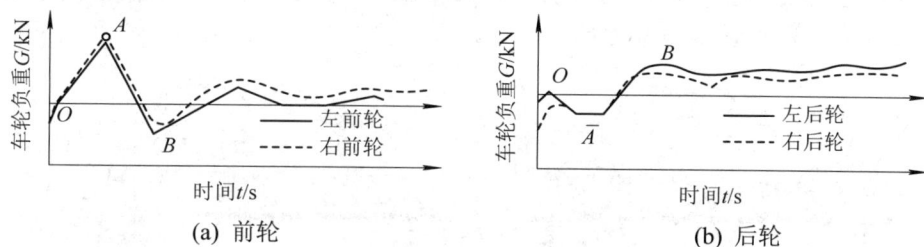

图 6-13　车轮处负重的变化曲线

图 6-13 给出前后车轮处的负重随时间变化的曲线。车轮处的负重变化主要是由于制动时前后车轴间的负荷转移及车身通过悬架在车轮上的振动而引起的。车身加速向下时，车轮处负重增加；车身加速向上时，车轮处负重减少。图 6-13(a)中，前轮处的负重先从静态负重附近(O 点)上升到最大值(A 点)，再从最大值下降到最小值(B 点)。显然，图 6-13(a)所反映的是制动时车身前部先加速向下、再加速回升的"制动点头"现象。图 6-13(b)反映的是车身后部的振动，它与图 6-13(a)反相位，即车身前部向下运动时车身后部向上抬起(加速度大时后轮离地)、车身前部回升时车身后部向下运动，因此曲线反映了制动引起的前后车身纵向俯仰振动的现象。由于汽车的悬架能够衰减、吸收车身的振动，所以车身的振动经过一段时间后就会逐渐消失，故图 6-13 中曲线的后端逐渐平直并接近 O 点的高度(车轮处的静态负重值)。可见，车轮处负重的变化曲线反映了制动引起的车身振动被悬架系统逐步衰减的过程。

平板式悬架装置检测台测量结果重复性不好，这是由于汽车每次在平板上制动时的初速度和制动减速度很难凭驾驶员的人工操作而达到一致，即每次的制动激励不同，每次制动引起的车身振动也不一样，且各类被动式悬架只能对某些激励引起的车身振动有较好的减振效果，对其他激励引起的车身振动则难以发挥良好的减振效果，故每次测出的悬架效率值都有差异。

(四) 谐振式悬架装置检验台

谐振式悬架装置检验台是目前应用较多的一种悬架特性检验台，它是通过垂直方向的激振，迫使汽车悬架装置产生强迫振动，使汽车发生共振现象，通过检测在共振后的振动衰减过程中力或位移的振动曲线，求出振动频率和衰减特性，从而判断悬架减振器的性能。

1. 谐振式悬架装置检测台结构

按激振方式的不同，谐振式悬架装置检测台可以分为转鼓式和平台式两种。转鼓式悬架装置检测台是将转鼓的表面作成正弦状的不平度(图 6-14(a))，改变转鼓转速即改变激振频率。其优点是结构简单，由于车轮的转动，转鼓表面的不平度对汽车的作用接近实际条件。但其也存在缺点：由于转鼓具有曲度，因而轮胎与支撑面的接触性质失真，并且在检测时将汽车固定在转鼓上比较困难，固定的好坏对检测结果影响较大。由于轮胎半径的不均匀，可以带来一定程度的随机振动，可能产生操纵轮的振动。另外，这种方法需要使用调速电机，检测周期较长，价格比较昂贵，目前已不使用。

平台式悬架装置检测台是将车轮置于根据正弦规律做往复运动的平台上，通过改变调速电机的转速达到改变激振频率的目的，如图 6-14(b)。通常多采用偏心结构产生正弦激振信号，这种方法容易调整激振的振幅。

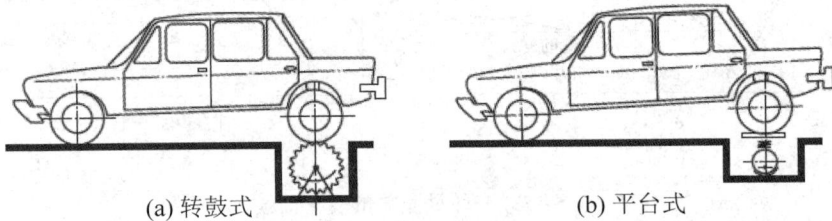

(a) 转鼓式　　　　　　　　　(b) 平台式

图 6-14　谐振法示意图

平台式悬架装置检测台目前应用较为广泛。现在，为了降低悬架装置检测台的造价，趋向于增加惯性飞轮，将调速电机改为普通电机，同时可以缩短检测时间，使其更适合不解体快速检测。根据测量参数的不同，即应用传感器的不同，平台式悬架装置检测台又可分为测振幅式和测力式两种，分别如图 6-15 和图 6-16 所示。

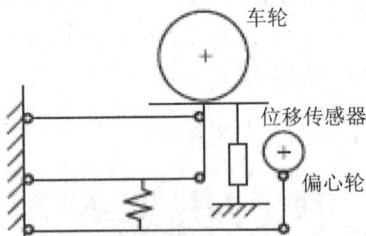

图 6-15　测振幅式　　　　　　　　图 6-16　测力式

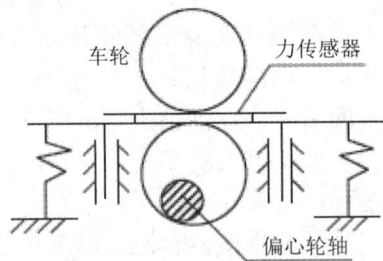

2. 谐振式悬架装置检测台的工作工程

谐振式悬架装置检测台(如图 6-17)通过电机、偏心轮、储能飞轮、弹簧组成的激振器，迫使汽车悬架装置产生振动，在开机数秒后断开电机电源，从而电储能飞轮产生扫频激振。由于电机的频率比车轮固有频率高，因此，飞轮逐渐减速的扫频激振过程总可以扫到车轮固有频率处，从而使台面-汽车系统产生共振。测量此振动频率、振幅、输出振动波形曲线，由系统处理评价汽车悬架装置性能。

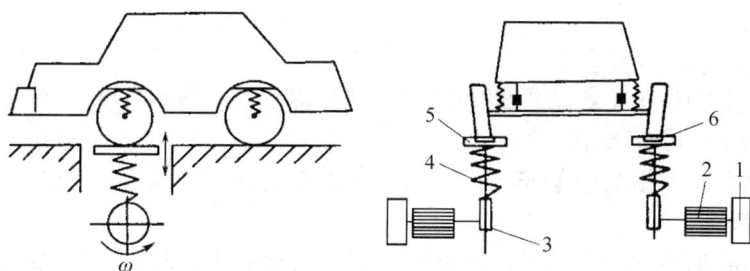

1—蓄能飞轮；2—电动机；3—凸轮；4—激振弹簧；5—台面；6—测量装置

图 6-17　谐振式悬架试验台结构原理图

悬架装置检测台台体结构如图 6-18 所示。

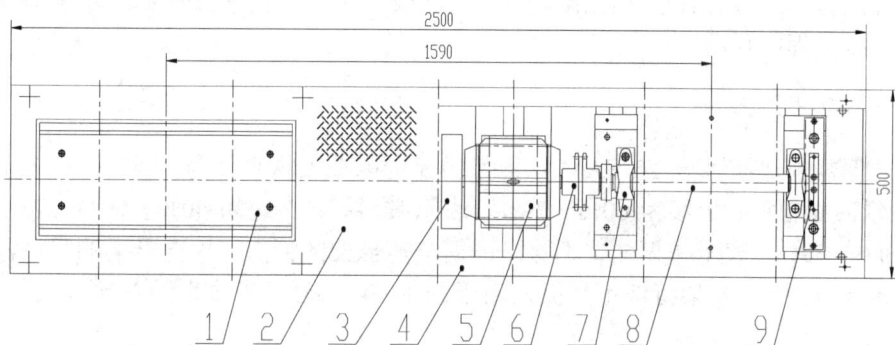

1—振动板；2—盖板；3—飞轮；4—机架；5—电机；6—联轴器；7—轴承；8—主轴；9—测力传感器

图 6-18　悬架装置检测台台体结构示意图

谐振式悬架装置检测台通过检测计算悬架在谐振频率下(即模拟工作条件最差情况)的吸收率来评价汽车的悬架性能。仪表通过采集车轮对垂直载荷的变化情况计算悬架吸收率，计算公式为

$$悬架吸收率 = \frac{共振时的最小动态车轮垂直载荷}{静态车轮垂直载荷} \times 100\%$$

将汽车驶上悬架台，关闭发动机，驾驶员可离开。首先启动悬架台左电机，通过电机及偏心轮等机构对左侧车轮进行激振。振动稳定后，关闭电机，惯性飞轮所储能量逐渐释放，此时的激振频率也逐渐衰减。当激振频率衰减到某一数值时，汽车左悬架装置与悬架台振动板达到共振，通过检测台下面压力传感器的信号变化转换为电信号传输给智能仪表，智能仪表对信号作放大、优化处理后将其送入计算机。用同样的方式启动悬架台右电机进行激振，检测到右轮悬架装置性能和振动曲线，最后评价左、右悬挂装置的性能。

三、悬架特性检验方法

(一) 检验前的准备

(1) 保证轮胎气压符合规定。

(2) 检验悬架特性时，驾驶员应离车。这主要是为了避免车辆偏载带来的检测误差。

(3) 悬架检测台电气系统应预热。

(二) 检验方法

(1) 将被检车辆各轴车轮依次驶上悬架装置检测台，并使轮胎位于检测台面的中央位置，测量左、右轮的静态轮荷。

(2) 分别起动悬架检测台的左、右电机，使汽车悬架产生振动，增加振动频率并超过振动的共振频率。

(3) 当振动频率超过共振点后，将电机关断，振动频率衰减并通过共振点。

(4) 记录衰减振动曲线(衰减振动曲线的纵坐标为动态轮荷，横坐标为时间)，测量共振时的最小动态轮荷，计算并读取最小动态轮荷与静态轮荷的百分比以及同轴左、右轮百分比的差值。

检验时，可在非被检轴前后摆放制动楔块，或在检验非驻车轴时实施驻车制动，以避免车辆在检测过程中移动。

(三) 检验结果分析

欧洲减振器制造商协会 EUSAMA 推荐的评价标准吸收率分为 4 级：1 级为 80%～100%，表示减振很好；2 级为 60%～79%，表示减振好；3 级为 40%～59%，表示减振不足；4 级为 0～39%，表示减振弱、不够。根据车辆悬架的特点，检查悬架的阻尼器、减震器件以及导向机构等；悬架特性不平衡是由于同轴左、右悬架吸收率的差异过大而造成的。

第四节　车轮动平衡检验

汽车在高速条件下，由于车轮的不平衡，其不平衡质量在高速旋转时会引起车轮的上下振动和横向摆动，不仅会影响汽车的行驶平顺性，也会影响乘客的乘坐舒适性，而且使汽车驾驶员难以控制行驶方向，影响行车安全。

车轮平衡问题越来越重要的另一原因是车轮质量的不平衡，会在汽车的转向部件上产生比它本身重量大 2～300 倍的作用力，大大降低转向部件的寿命；其次，车轮是汽车重要的组成部分，在汽车运输总成本中占 10%～30%。车轮长年累月裸露在外，不仅经受日晒、风吹、雨淋，而且与粗糙不平的路面接触，极易磨损。随着汽车行驶速度的不断提高，轮胎磨损量也会越来越大，如水泥路面上车速为 100 km/h 时磨损率是车速为 40 km/h 时的 4 倍，而车轮由于位置不正或失调(如不平衡)严重时，其磨损率是正常使用车轮的 10 倍，缩短了车轮的使用寿命，因此车轮平衡问题不仅是交通工具发展所必须考虑的问题，而且在经济运输和安全可靠上也是至关重要的。

一、车轮不平衡的检验标准限值要求

1. 车轮不平衡的定义

车轮不平衡包括两种静不平衡和动不平衡。

1) 静不平衡

车轮静平衡是指车轮质心与其旋转中心重合。不管车轮在其轴上处于任何位置都能保持不转动时，就达到了静平衡。

静不平衡的车轮总有转动趋向，直到重的部分转到下方，才能静止。由于静不平衡质量的存在，车轮在旋转中产生离心力。假定不平衡质量 m(kg)集中于车轮旋转中心距离为 r(m)的圆周上某一点，则车轮旋转时所产生的离心力 F(N)的大小为

$$F = m\omega^2 r$$

式中：ω——车轮旋转角速度，$\omega = 2\pi n/60$，单位为 rad/s；

n——车轮转速，单位为 r/min。

从式中可以看出，n 越高，m 越大，且 r 越远，由静不平衡所产生的离心力 F 也就越大。离心力 F 可以分解为垂直分力 F_y 和水平分力 F_x。每旋转一周，垂直分力 F_y 在过旋转中心垂直线的 a、b 两点达到最大值且方向相反，从而引起车轮的跳动；水平分力 F_x 在过旋转中心水平线的 c、d 两点达到最大值且方向相反，形成绕转向轮主销来回摆动的力矩，造成转向轮摆振，见图 6-19 所示。当左右转向轮的不平衡质量相互处于 180° 位置时，转向轮摆振最为剧烈。为了对车轮进行平衡，将一块配重直接加到车轮上重的部分的对面，通过增加平衡块来保持平衡。可以将平衡块放在车轮内侧或把平衡块放在车轮外侧，也可以在车轮内外侧各放一块相等的平衡块。

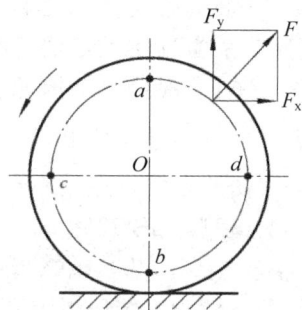

图 6-19 车轮静不平衡产生的离心力

2) 动不平衡

静平衡的车轮由于车轮具有一定的宽度，因此当车轮质量分布相对于车轮纵向中心面不对称时，在车轮旋转时会产生方向不断变化的力偶，使车轮处于动不平衡状态。若在与旋转轴线的径向相反、距旋转中心距离相同的位置上，各有一质量相同的不平衡点，如果两不平衡质量不在同一平面内，则虽为静平衡车轮，但其却是动不平衡的，见图 6-20(a)，这时虽然两不平衡质量产生的离心力的合力为零，但离心力位于不同平面内，两离心力构成的力偶却不为零。在车轮旋转过程中，该力偶的方向反复变化使转向轮绕主销摆振。若要使车轮达到动平衡，则需在 m_1、m_2 同一作用半径的相反方向配置相同质量 m_1'、m_2' 的重块，见图 6-20(b)。

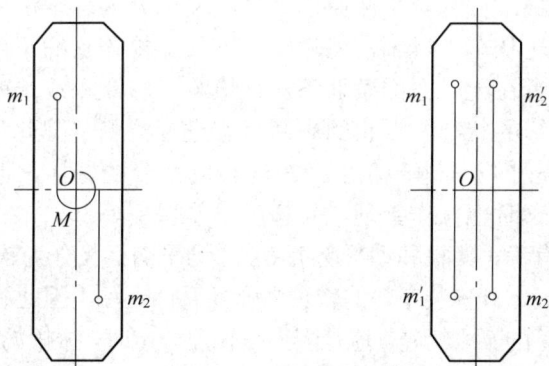

(a) 车轮静平衡但动不平衡　　　　(b) 车轮动平衡且静平衡

图 6-20 车轮动平衡示意图

2. 车轮不平衡的主要原因

引起车轮不平衡的主要原因如下：

(1) 前轮定位不当，尤其是前束和主销倾角，不仅影响汽车的操纵性和行驶稳定性，而且会造成轮胎偏磨，这种胎冠的不均匀磨损与轮胎不平衡形成恶性循环，因而使用中出现车轮不平衡，这也可能是车轮定位角失准的信号。

(2) 轮胎和轮辋以及挡圈等因几何形状失准或密度不均匀而先天形成的重心偏离。

(3) 因轮毂和轮辋定位误差使安装中心与旋转中心难以重合。

(4) 维修过程的拆装破坏了原有的整体综合重心。

(5) 轮辋直径过小，运行中轮胎相对于轮辋在圆周方向滑移，发生波状不均匀磨损。

(6) 车轮碰撞造成的变形引起的质心位移。

(7) 轮胎翻新中因定位精度不高而造成新胎冠厚度不均匀致使重心改变。

(8) 高速行驶中制动抱死而引起的纵向和横向滑移，会造成局部的不均匀磨损。

3. 车轮不平衡检验的标准限值

动平衡的车轮肯定是静平衡的，但静平衡的车轮却不能是动平衡的，因此车轮主要进行动平衡检测。GB 7258—2017 标准规定：

(1) 轮胎螺母和半轴螺母应完整齐全，并应按规定力矩紧固。客车、货车的车轮及车轮上的所有螺栓、螺母不应安装有碍于检查其技术状况的装饰罩或装饰帽，且车轮螺母、轮毂罩盖和保护装置不应有任何蝶型凸出物。

(2) 车轮总成的横向摆动量和径向跳动量，对于总质量小于或等于 3500 kg 的汽车应不大于 5 mm，摩托车应不大于 3 mm，其他机动车应不大于 8 mm。

(3) 最大设计车速大于 100 km/h 的机动车，车轮的动平衡要求应与该车型的技术要求一致。

(4) 专用校车、车长大于 9 m 的未设置乘客站立区的客车及总质量大于 3500 kg 的危险货物运输货车的转向轮应装备轮胎爆胎应急防护装置。

二、车轮平衡机

检测车轮不平衡量的设备称为车轮平衡机。按检测方式区分，车轮平衡机可分为离车式检测和就车式检测两种；按测量平衡原理区分，又可分为静平衡机和动平衡机两种。

离车式检测是把车轮从车上拆下，然后在平衡仪上检查它的平衡状态，即将车轮与汽车行驶机构分离使其两者在无联系的条件下进行检测。与此相反，就车式检测时车轮仍装在车上，使车轮在不拆卸的状况下对它的平衡状态进行检测，因此它更接近于车轮的实际工作状况，它能检测车轮的不平衡(精)度及车轮转动部分的好坏，但在车轮下安装就车式平衡机时不够方便，测试时也操作繁琐，且精度不易保证。

离车式车轮平衡机有静平衡机和动平衡机两类，动平衡机又分为软式和硬式两种，软式动平衡机又称为振动检测式，其安装车轮的转轴由弹性元件支承，因此旋转时与车轮一起振动，测定该振动即可求出车轮的不平衡量。这是因为在转速一定时，振幅的大小与不平衡重点质量成正比。如果在垂直于轮轴的两个平面内存在两个相位差 180° 的质量，则旋转时就会产生使主轴偏斜的力偶。为了检测不平衡重点质量及相位，软式动平衡机设置有平衡锤和两组杠杆，测试时用一组杠杆调整平衡锤的相位，使之与车轮不平衡力偶相抵消，主轴不再振动，则两组杠杆的移动位置分别表明车轮不平衡质量的相位和大小。而硬式动平衡机又称为离心力检测式平衡机，其转轴由刚性元件支承，车轮旋转时，转轴不会产生振动，它是通过直接测量车轮旋转时其不平衡重点质量所产生的离心力来确定不平衡重点的质量和相位的大小的。

在软式或硬式离车式车轮平衡机上进行车轮平衡作业时，可以测出车轮左、右两侧的不平衡量及其相位，因此又称这种车轮平衡机为二面测定式动平衡机。目前，使用的最多的就是硬式二面测定式动平衡机。

三、车轮不平衡量的检测方法

1. 使用就车式车轮平衡机检测车轮不平衡量

就车式车轮平衡机如图 6-21 所示。因不平衡车轮 7 是在其原车桥上振动，不平衡力传感器是装在车桥支架 6 内，它是会同制动鼓和车轮紧固件甚至传动系统(驱动轴)一同进行平衡，是真正解决车轮实际使用状态时的平衡方法。

检测时，被测车轮事先由举升器举离地面，并将车桥坐落于传感器支架 6 上(见图 6-21)。操作人员骑于车上推动手把，使摩擦轮紧压于被测车轮 7 上，起动电机 4 带动摩擦轮拖动车轮以相当于 110 km/h 的车速旋转，这时车轮的不平衡质量产生的不平衡力随即被力传感器感知并转变成电量，这一电信号由电缆传入驱动小车内的电测系统予以计量和处理。光电传感器 1 拾取车轮的初相位信号和转速信号，经电测电路处理后得到不平衡质量的量值和相位值，显示于仪表板上。测试前须在被测轮胎侧面任意处贴装白色反光标志，为使光电元件正常工作，胎侧距光电管不得超过 5 cm，检测程序分三步进行。

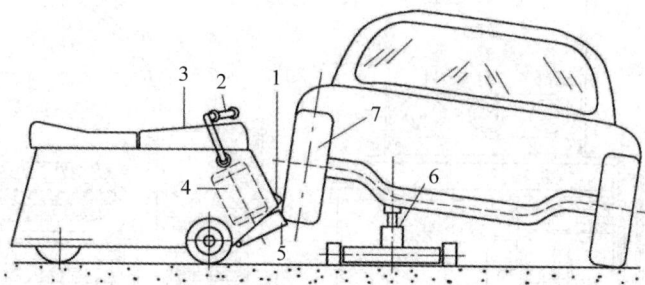

1—光电传感器；2—手柄；3—仪表板；4—驱动电机；5—摩擦轮；6—传感器支架；7—被测车轮

图 6-21　就车式车轮平衡机结构

(1) 待摩擦轮与轮胎压紧后按下右按钮(左按钮也可)，同时按压第一次试验按钮驱动车轮旋转，待转速上升到适当数值时，即分离摩擦轮同时释放按钮，电路即记录与不平衡力及其相位有关的原始量并存入CPU，仪表的4与5闪烁显示这组未经标定的不平衡数值和相位。

(2) 在反光标志处加装计算机预设的标定质量，如有的规定小客车为 30 g，大货车为300 g，按下第二次试验按钮，重复上述操作，即用已知预设质量对振动系统的刚性和结构参数进行计算。当转速上升到设定值时显示灯即被点亮，计算机即将第一次所测得的变量自动处理成常量显示于仪表板上，这就是就车式车轮平衡机的自标定功能。这时将显示的质量加装在所显示的相位处，然后除去标定重块。

(3) 进行剩余不平衡量检测，以证实剩余不平衡量是否满足有关法规的要求，如果达不到要求，可进行第二次复试，如仍达不到标准要求，只能拆下轮胎使用较高精度的离车式车轮平衡机进行平衡。

如果是驱动桥，则可用发动机拖动车轮旋转，其他操作如同前述。对于平衡要求较高的汽车，为了消除阻尼造成的相位误差，平衡时可令车轮左右各转一次，取两次的平均值为最后测定值。

必须指出，所有车轮平衡机都有最大不平衡量限值，严重失衡的车轮是不能上机平衡的。

2. 使用离车式车轮平衡机检测车轮不平衡量

离车式车轮平衡机按动平衡原理工作，既可以检测不平衡力，也可用以测定不平衡力矩，车轮拆离车桥装于平衡机主轴上，一切结构和安装基准都已确定，所以无须自标定过程。因此平衡机的构造和电测系统都较简单，平衡操作时只要将被测车轮的轮辋直径和轮胎宽度以及安装尺寸输入电测电路即可完成平衡作业，平衡机仪表即会自动显示轮胎两侧的不平衡质量 m_1 和 m_2 及其相位。

离车式车轮平衡机的主轴为卧式布置的称为卧式平衡机，主轴为垂直布置的称为立式平衡机，如图6-22所示。卧式平衡机最大的优点是被测车轮装卸方便，机械结构和传感装置也较简单，造价也较低廉，因此深受修理保养厂家欢迎，同时也是制造厂家的首选机型。但因车轮在悬臂较长的主轴上形成很大的静态力矩，影响传感系统的初始设定状态，尤其是垂直传感器的预紧状态，长时间使用后精度难以保证，零漂也较大，但其平衡精度仍然能满足一般营运汽车的要求，其灵敏度能达到 10 g。

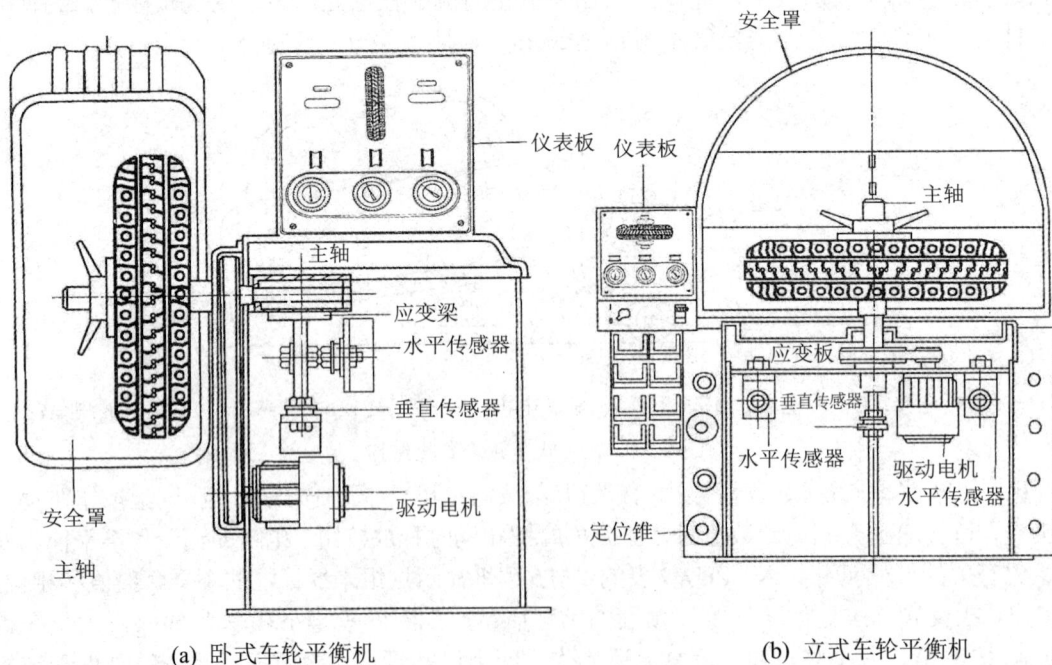

(a) 卧式车轮平衡机　　　　　(b) 立式车轮平衡机

图6-22　离车式车轮平衡机

离车式平衡机的参数显示和操作系统外形结构差异很大，但基本操作内容则大同小异。如图 6-23 所示就是最为典型的一种操作面板。旋钮 8 设定轮胎宽度 B，旋钮 7 设定轮辋直径 D，旋钮 6 则设定安装尺寸 C。对于立式平衡机，C 值是胎面至顶面安全罩的距离(安全罩转下处于工作状态)；对于卧式平衡机，C 值是胎面至平衡机箱体的距离。

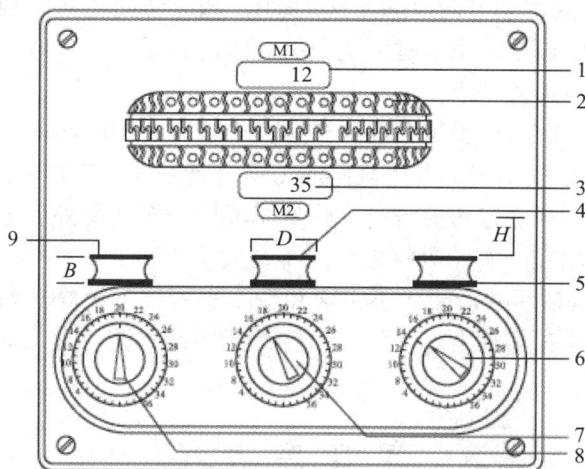

1—上平衡量；2—平衡相应指示；3—下平衡量；4—轮辋直径；5—安装位置；
6—安装位置设定；7—轮辋直径设定；8—轮胎厚度设定；9—轮胎厚度

图 6-23　显示面板

车轮由专用的定位锥和紧固件安装就绪后即可启动电机实施平衡，待转数周期累积足够时，上下(或左右)不平衡值 M1 和 M2 即有数字显示，此时即可停车。待车轮完全停止后即可用手转动车轮，这时发光二极管即会随转动而左右(或上下)跳闪，如将上排光点调至中点，这时就可在车轮的轮辋上平面正对外缘(操作者方向)处加装 M1 值平衡量，用同样方法加装 M2 值平衡量。加装完毕后进行第二次试验观察剩余不平衡量是否满足法规要求。具体的操作步骤各机型略有差异，使用者应按所用机型的使用说明书进行操作。

本 章 小 结

(1) 汽车的操纵稳定性是指在驾驶者不感到过分紧张、疲劳的条件下，汽车能遵循驾驶者通过转向系及转向车轮给定的方向行驶，且当遭遇外界干扰时，汽车能抵抗干扰而保持稳定行驶的能力。

(2) 汽车转向轮保持直线行驶位置静止不动时，轻轻左右晃动转向盘所测得的游动角度，就是转向盘自由转动量。转向盘自由转动量是评价转向是否灵敏的指标。适当的转向盘自由转动量对于缓和道路反冲，使转向操纵柔和以及避免驾驶员过度紧张是有利的。但转向盘自由转动量不宜过大，否则，在汽车行驶中，驾驶员要用较大幅度转动转向盘，才能控制汽车的行驶方向，且在直线行驶时会感到行驶不稳定。

(3) GB 7258—2017《机动车运行安全技术条件》规定：汽车的车轮定位应符合该车有关技术条件。车轮定位值应在产品使用说明书中标明。对于前轴采用非独立悬架的汽车，其转向轮的横向滑移量,用侧滑检验台检测时侧滑量值应在 ±5 m/km 之间。规定侧滑量方向为外正内负。

(4) 汽车转向轮侧滑检验时,被检车辆居中直线行驶,以不高于 5 km/h 的车速平稳通过侧滑检验台滑板(不应转动方向盘和实施制动),测取转向轮横向侧滑量的最大示值。若检测结果为正值,则应该是前束值过大造成的外滑超过了由于外倾的内滑。相反若检测结果为负值,则应该是前束值过小。

(5) GB—18565 规定,对于最大设计车速大于或等于 100 km/h、轴载质量小于或等于 1500 kg 的客运汽车,应根据该标准中规定的方法进行悬架特性检测。其评价标准为:用谐振式悬架装置检测台按规定方法检测时,受检车辆的车轮在受外界激励振动下测得的吸收率应不小于 40%,同轴左、右轮吸收率之差不得大于 15%。

(6) 车轮不平衡包括两种,即静不平衡和动不平衡。车轮静平衡是指车轮质心与其旋转中心重合。不管车轮在其轴上处于任何位置都能保持不转动时,就达到了静平衡。

复习思考题

1. 机动车制动性的评价指标是什么?前轮侧滑产生的原因及对汽车使用性能的影响分别是什么?
2. 常用的侧滑检测台有哪几种?
3. 转向盘自由转动量形成的原因是什么?
4. 悬架检测的评价方法有哪几种?
5. 车轮平衡检测的意义是什么?

第七章　机动车排放污染物检验

随着我国机动车保有量的急剧增加，机动车给人们的出行和运输带来了极大便利的同时也带来了严峻的环境问题，其产生的排放污染物严重污染了大气。对部分人群的健康造成了威胁，同时还损害了生态环境，污染河流湖泊，危及野生动植物的生存。保护环境并控制汽车排放污染物，对于保护人类生存环境具有重要意义。本章主要介绍机动车排放污染物的种类和限值要求、排放污染物的检验设备结构与原理、汽油车排放污染物的检验方法、柴油车排放污染物的检验方法。

第一节　机动车排放污染物的种类和限值要求

一、机动车排放污染物的种类与危害

(一) 汽车排放污染物的种类

汽车排放污染物的种类主要有 CO、HC、NO_x、微粒(由碳烟、铅氧化物等重金属氧化物和烟灰等组成)和硫化物等。汽车污染物的排放途径为汽车发动机排气管、曲轴箱和燃油供给系统，分别称为排放污染物、曲轴箱污染物和燃油蒸发污染物。

(1) CO。CO 是燃油不完全燃烧的产物，当发动机混合气过浓或燃烧质量不佳时，易生成 CO 并从排气管排出。特别是发动机怠速时，混合气供给偏浓，发动机工作循环中的气体压力和温度不高，燃烧速度减慢，因不完全燃烧所生成的 CO 浓度增高；发动机在加速过程中供给较浓混合气，或因点火过分推迟补燃增多时，均会使 CO 的排放量增加。

(2) HC。HC 是发动机所用燃油未燃烧和燃烧不完全的产物。汽车排放污染物中，HC 的 20%～25%来自曲轴箱窜气，20%来自化油器和燃油箱中燃油的蒸发，其余则由发动机排气管排出。发动机冷起动或怠速工况下混合气较浓，且燃烧温度过低或化油器雾化不良时，发动机排出的废气中的 HC 含量增加。

(3) NO_x。NO_x 是空气中的 N_2 与 O_2 在高温高压条件下反应而生成的。汽车发动机所排出废气中的 NO_x 主要由 NO 和 NO_2 构成。汽油机排出的氮氧化物中，NO 占99%，而柴油机排出的氮氧化物中 NO_2 的比例稍大。发动机的负荷和压缩比越高，发动机的燃烧温度越

高，燃烧终了气缸内的压力越高，生成 NO_x 的条件也越充分。

(4) 微粒。汽油机排出的浮游微粒主要有：铅化物、硫酸盐、低分子物质。当汽油机使用含铅汽油时，燃烧废气中将会有铅化合物以微粒状从排气管排出；柴油机排出的微粒比汽油机多 30～60 倍，主要为含碳物质(碳烟)和高分子量有机物(润滑油的氧化和裂解产物)。碳烟是柴油发动机燃烧不完全的产物，主要由直径为 0.1～1.0 μm 的多孔性碳粒构成。当汽车起动、加速、上坡时，由于混合气体过浓，碳烟排放量增加；或者柴油喷雾质量不高、雾化不良时，也会增大碳烟的排放量。

(5) 硫化物。发动机排出的硫化物主要为 SO_2(二氧化硫)，SO_2 主要由所用燃油中含有的硫与空气中的氧反应而生成。

(二) 汽车排放污染物的危害

汽车排放污染物对环境的影响主要有两个方面，一是它是环境污染的重要因素，二是它参与形成光化学烟雾，进一步恶化空气质量。污染物种类不同，对人的健康危害也有所不同。

(1) CO。CO 与血液中的血红蛋白结合，形成碳氧血红蛋白 CO—Hb，从而使这部分血红蛋白失去输送氧气的能力，造成血液输氧能力下降，导致人体缺氧。

(2) HC。HC 可以使人的骨髓功能减弱，血小板减少，刺激眼、鼻、呼吸道，危害植物，也是形成光化学烟雾的因素。

(3) NO_x。NO_x 由 96%～98% 的 NO 和 2%～4% 的 NO_2 构成，其中 NO_2 危害眼睛、呼吸道和肺；NO_x 使纤维、塑料、橡胶、电子材料提前老化，并参与形成光化学烟雾。

(4) 光化学烟雾。它由臭氧(O_3)、多种过氧化物和多种游离基组成，强烈刺激眼睛、呼吸道，诱发癌症，危害作物，腐蚀金属、橡胶，降低空气能见度。

(5) 固体颗粒物。它由碳粒、铅氧化物和多种高分子氧化物构成，其中铅可以损害心、肺、造血系统，降低智力；碳烟中的有害物质致癌，降低空气能见度，附着固体表面，影响美观，腐蚀金属。

(6) 二氧化硫(SO_2)。二氧化硫可形成酸雨，危害环境和作物。

二、机动车环保检验项目

(一) 汽车环保检验项目

我国的 GB 18285—2018《汽油车污染物排放限值及测量方法(双怠速法及简易工况法)》规定了汽油车环保检验项目，同时也规定了汽油车外观检验、OBD 检查、燃油蒸发排放控制系统检测的方法和判定依据。该标准还规定了新生产汽油车下线、注册登记和在用汽油车的环保检验项目要求。GB 3847—2018《柴油车污染物排放限值及测量方法(自由加速法及加载减速法)》规定了柴油车自由加速法和加载减速法排放污染物排放限值及测量方法。同时也规定了柴油车外观检验、OBD 检查的方法和判定依据。该标准还规定了新生产柴油车下线、注册登记和在用柴油车环保检验项目的要求。汽车环保检验项目如表 7-1 所示。

表 7-1 汽车环保检验项目

检验项目	新生产汽车下线	进口车入境	注册登记 [a]	在用汽车 [a]
外观检验(含对污染控制装置的检查和环保信息随车清单核查)	进行	进行	进行	进行 [b]
车载诊断系统(OBD)检查	进行	进行	进行	进行 [c]
排放污染物检测	抽测 [d]	抽测 [d]	进行	进行 [e]
燃油蒸发检测 [f]	不进行	不进行	按 GB 18285 中规定进行	按 GB 18285 中规定进行

注：a. 符合免检规定的车辆，按照免检相关规定进行。

　　b. 查验污染控制装置是否完好。

　　c. 适用于装有 OBD 的车辆。

　　d. 混合动力汽车的污染物排放抽测应在最大燃料消耗模式下进行。

　　e. 变更登记、转移登记检验按有关规定进行。

　　f. 汽油车环保需要检测的项目。

(二) 汽车环保检验流程

1. 新生产汽车下线检验

GB 18285 规定生产企业应确保所有下线车辆污染物控制装置与随车清单内容一致。生产企业应完成车载诊断系统(OBD)检查。排放污染物检测应至少按照车型年产量的 1.0% 进行抽测，最小抽查数量为 15 辆/年；年产量不足 15 辆的车型，每辆车均应进行检测。新生产汽车下线环保检验流程如图 7-1 所示。对于进口车，应在入境前完成新生产汽车下线环保检验，并将检验信息报送生态环境主管部门。

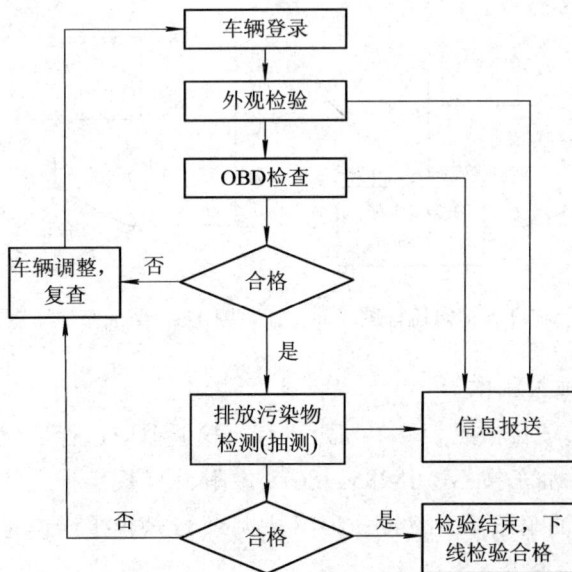

图 7-1 新生产汽车下线环保检验流程

2. 汽车注册登记检验流程

注册登记环保检验项目按照表 7-1 规定进行，汽油车按 GB 18285—2018 中附录 H 规定报送信息，汽油车注册登记环保检验流程见图 7-2。柴油车按 GB 3847—2018 中附录 G 规定报送信息，柴油车注册登记环保检验流程见图 7-3。

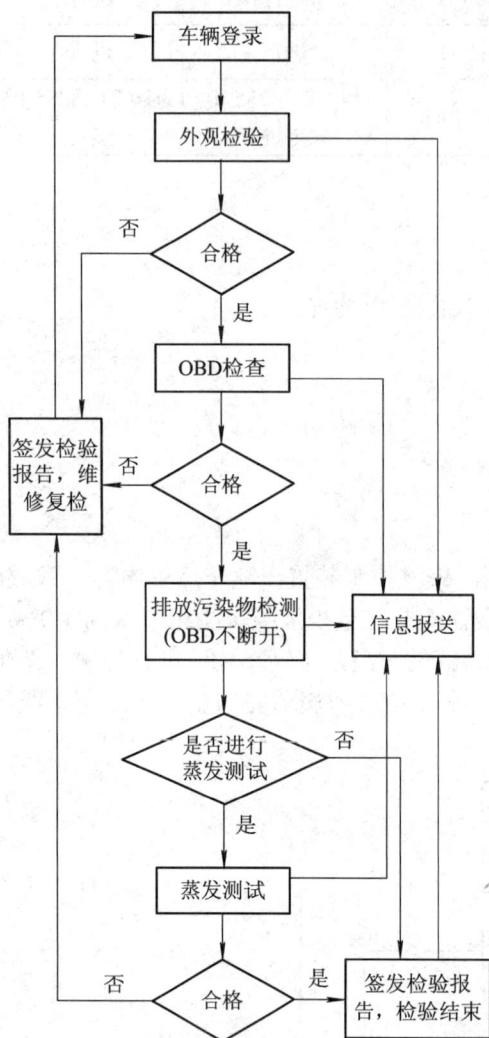

图 7-2　汽油车注册登记环保检验流程图

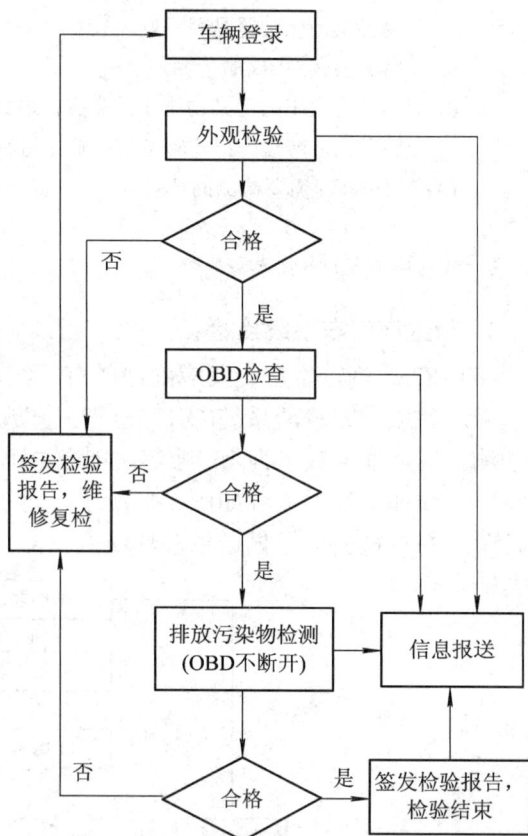

图 7-3　柴油车注册登记环保检验流程图

3. 在用汽车环保检验流程

在用汽车环保检验项目按照表 7-1 规定进行，检验前应进行环保联网核查，查验车辆有无环保违规记录。汽油车按 GB 18285—2018 中附录 H 规定报送信息，在用汽油车环保检验流程见图 7-4。柴油车按 GB 3847—2018 中附录 G 规定报送信息，在用柴油车环保检验流程见图 7-5。

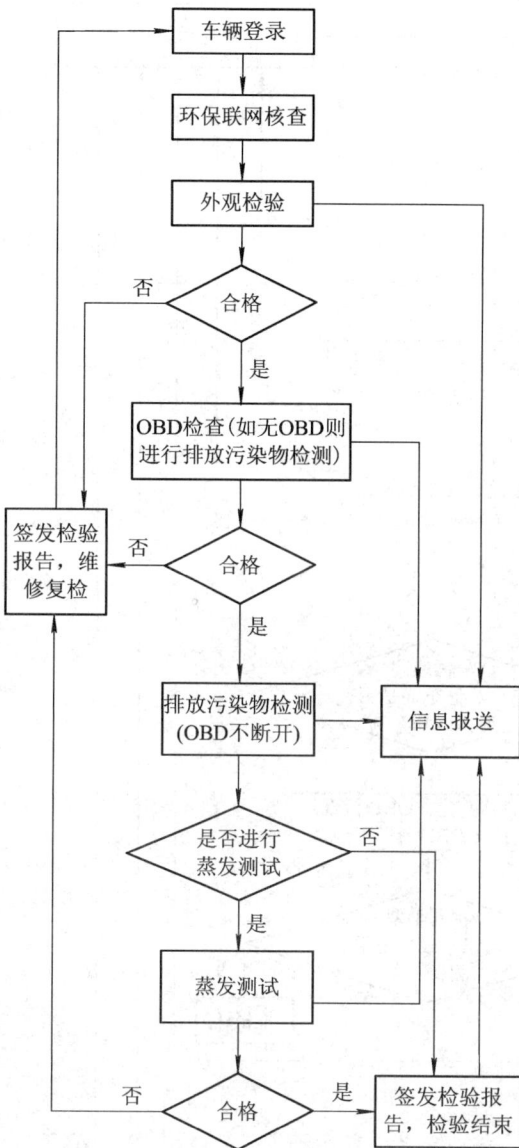

图 7-4　在用汽油车环保检验流程图　　　　　　图 7-5　在用柴油车环保检验流程图

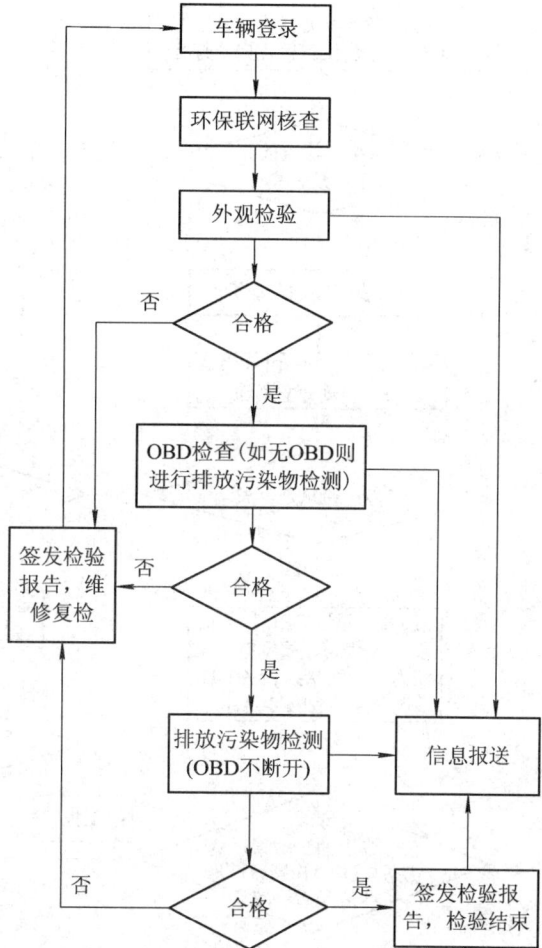

4. 车载诊断(OBD)系统检查流程

在排放检验前应该连接 OBD 诊断仪, 对受检车辆 OBD 系统进行检查, 然后进行排放检验, 在排放检验过程中, OBD 检验仪持续读取车辆 OBD 故障信息和相关数据流, 直到排放检验结束, OBD 信息传送结束后, 方可断开 OBD 诊断仪。

1) 确认车型

在对车辆进行 OBD 检查前, 首先应确认该车型是否为配置有 OBD 系统的车型。车型确认之后, 如发现 OBD 故障指示器(MIL 灯)被点亮, 则要求车主维修后再进行排放检验。如果 MIL 灯未被点亮, 则应将 OBD 诊断仪连接到受检车辆上检验是否 OBD 系统故障, 检验流程见图 7-6。

第1步：确认检验车辆是否为带OBD系统车型

维修后复检

第2步：将OBD诊断仪连接到车辆OBD系统上

第3步：将车辆点火开关放置到"ON"状态(仪表板各指示灯亮)

第4步：检查故障指示器是否亮灯 — 否 → 故障指示器发生故障

是

第5步：起动发动机

车辆通讯故障

第6步：打开OBD诊断仪，自动建立通讯

第7步：通讯是否成功 — 否 → 该车辆或同一车型其他车辆是否有通讯成功案例

有

是

第8步：读取OBD相关信息(故障代码、故障指示器状态、就绪状态、MIL灯点亮后的故障里程等)

无

给予合格判定，OBD检查结束，记录OBD通讯不成功

相同车型通讯不成功记录累计5台

是 → 上报

否 → 不报送

第9步：仪表盘上的故障指示器状态与OBD诊断仪获取状态是否一致

否

是

第10步：仪表板上的故障指示器是否点亮

是

否

第11步：就绪状态未完成项是否超过2项 — 是 → 车辆充分行驶

否

OBD检查合格 → OBD检查结束

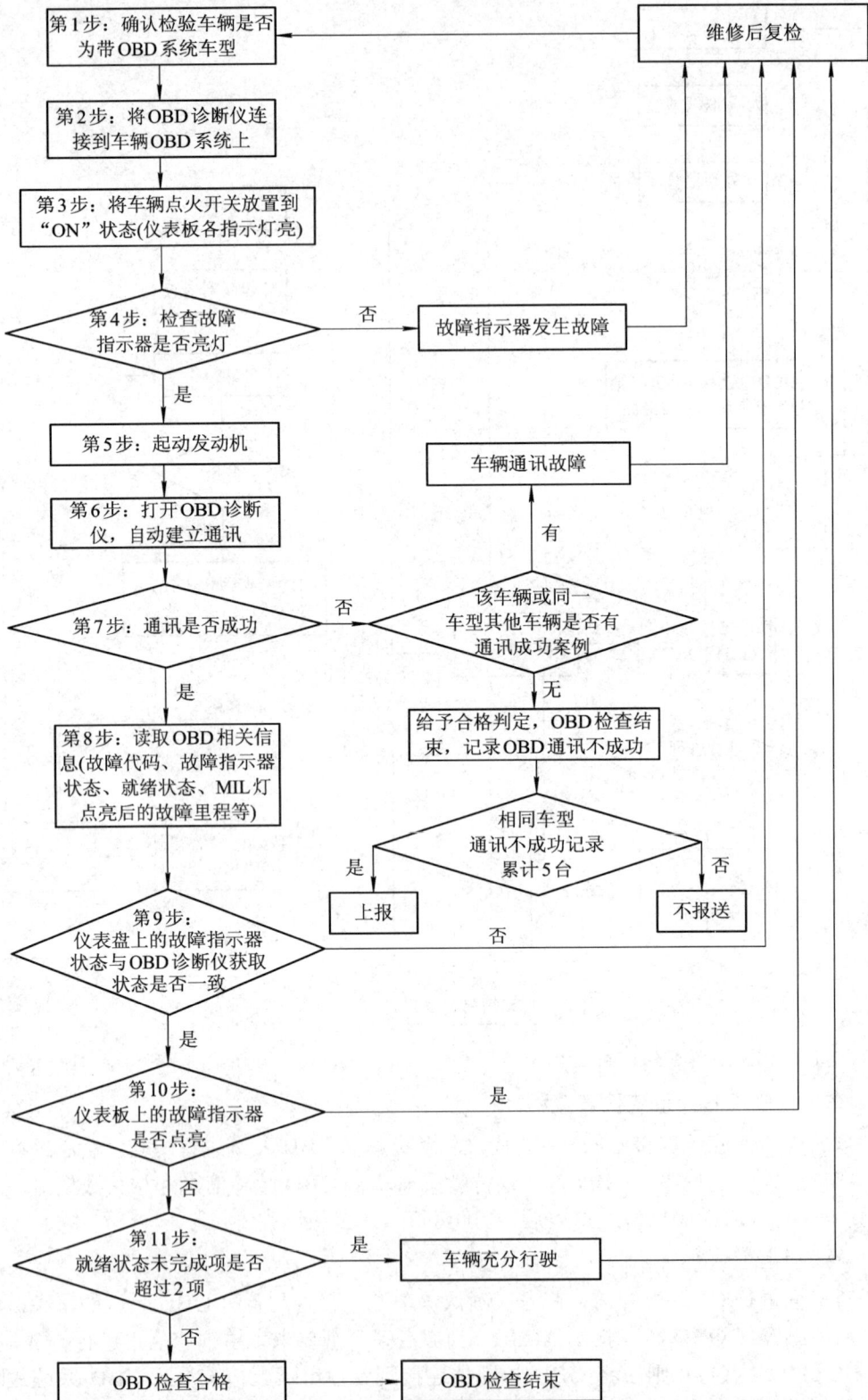

图7-6　OBD系统检验流程

2) 检查故障指示器(目测法)

(1) 目测检查汽车仪表板上的故障指示器的状态，初步判断车辆 OBD 系统的故障指示系统的工作是否正常。

(2) 将受检车辆点火开关置于"ON"后(车辆仪表指示灯被点亮)，对仪表板上的指示灯进行自检，同时 OBD 故障指示器(MIL 灯)应被激活，暂时点亮；若故障指示器没有被激活，则说明 MIL 灯本身存在故障，可以判定 OBD 检查结果不合格。

(3) 起动发动机，MIL 灯同时熄灭，表明车辆故障指示器工作状态正常，车辆可能不存在确认的排放相关的故障；若故障指示器继续被点亮，则表明车辆存在排放相关的故障，受检车辆需要进行维修，消除故障后重新进行排放检验。

3) 读取 OBD 数据

(1) 检验人员在完成对故障指示器的检查后，启动 OBD 诊断仪，使用 OBD 诊断仪的快速检查功能，检查是否存在与排放相关的故障代码。整个过程无需进一步进行人工操作，OBD 诊断仪将自动读出检测结果，并将检测结果传输到计算机数据管理系统上，根据输出的检查结果，判断车辆是否存在与排放相关的故障。故障判定流程参见图 7-6。

(2) 将 OBD 诊断仪与车辆诊断接口正确连接后，如果连续两次尝试通讯失败，检测人员则应确认该 OBD 诊断仪与其他车辆的 OBD 系统是否能够正常进行通讯(通讯检查应支持 ISO 15765-4/SAE J1850/ISO-9141-2/ISO-14230-4 通讯协议作为与扫描工具(scan tool)的通讯协议的车型，车辆的关键诊断或排放电子动力控制单元(Diagnostic or Emission Critical Powertrain Control Unit，DEC-ECU)在各自通讯协议规定的时间里，正确响应扫描工具发送的 mode $01 的 PID $00 请求)。如果与其他车辆能够正常通讯，则应进一步查询该车辆的 OBD 检查记录，以及与该车同型号车辆的 OBD 检查记录，如果有该车辆 OBD 通讯合格记录或同型号车辆 OBD 通讯合格记录，则判定该车 OBD 检查不合格。如果未发现通讯合格记录，则受检车辆的 OBD 检查结束，判定 OBD 检查通过，在通讯检查结果记录不合格。若同型号车型 OBD 通讯检查记录(至少 5 台)均不合格，则该车应作为问题车型上报。

(3) 进一步查看仪表板上故障指示器显示的状态与从 OBD 诊断仪获取的状态信息是否一致。如果二者的状态一致，并且故障指示器被熄灭，则该项检查通过；若二者状态一致，但是故障指示器被点亮，则该车辆存在与排放相关的故障，车辆排放检验不合格，需要进行维修后复检；若二者状态不一致，则判定车辆 OBD 不合格，需要维修后进行复检。

(4) 对已通过上一步骤检查的车辆，应对其诊断就绪状态(Readiness)进行检查，就绪状态未完成项应不超过 2 项。如果发现受检车辆的就绪状态未完成项超过 2 项，则应要求车主充分行驶后再进行检测。

试验过程中，汽油车应按表 7-2 记录 OBD 检查内容。

表 7-2　汽油车 OBD 检查记录表

车 辆 信 息		
车 辆 VIN		
发动机控制单元 CALID(如适用)		发动机控制单元 CVN(如适用)
后处理控制单元 CALID(如适用)		后处理控制单元 CVN(如适用)
其他控制单元 CALID(如适用)		其他控制单元 CVN(如适用)
OBD 检查信息		
OBD 故障指示器	OBD 故障指示器	□合格　□不合格
	与 OBD 诊断仪通讯情况	□通讯成功
		□通讯不成功，填写以下原因： □找不到接口　□接口损坏　□连接后不能通讯
	OBD 系统故障指示器点亮	□是　□否
	故障代码及故障信息 (若故障指示器被点亮)	故障信息保存上报
就绪状态	诊断就绪状态未完成项目	□无　□有 如有，填写以下项目： □催化器　□氧传感器　□氧传感器加热器 □废气再循环(EGR)/可变气门 VVT
其他信息	MIL 灯点亮后行驶里程(km):	
检测结果	□合格　□不合格　□按要求上报，判定车辆通过	
	是否需要复检	□否
		□是　复检内容：
	复检结果	□合格　□不合格

柴油车应按表 7-3 记录 OBD 检查内容。

表 7-3　柴油车 OBD 检查记录表

车 辆 信 息		
车 辆 VIN		
车辆 OBD 信息：发动机控制单元中 CALID、CVN(如适用)；后处理控制单元 CALID、CVN(如适用)；其他控制单元 CALID、CVN；		
检 测 信 息		
OBD 故障指示器	OBD 故障指示器	□合格　□不合格
	与 OBD 诊断仪通讯情况	□通讯成功
		□通讯不成功，填写以下原因： □接口损坏　□找不到接口　□连接后不能通讯
	OBD 系统故障指示器点亮	□是　□否
	故障代码及故障信息 (若故障指示器报警)	故障信息保存上报
就绪状态	诊断就绪状态未完成项目	□无　□有 如有，填写以下项目： □SCR　□POC　□DOC　□DPF □废气再循环(EGR)
其他信息	MIL 灯点亮后行驶里程(km)：	
检测结果	□合格　□不合格　□按要求上报，判定车辆通过	
	是否需要复检	□否
		□是　复检内容：
	复检结果	□合格　□不合格

三、机动车环保检测的限值要求

汽车环保检验包含外观检验、OBD 检查以及排放污染物检测，其中汽油车还可能对燃油蒸发进行检测。

(一) 外观检验要求

1. 新生产汽车下线
新生产汽车下线应检查车辆污染控制装置与环保信息随车清单内容是否一致。

2. 注册登记
(1) 查验环保随车清单内容与信息公开内容是否一致。

(2) 检查车辆污染控制装置是否与环保信息随车清单一致。

3. 在用汽车
(1) 检查被检车辆的车况是否正常。如有异常，应要求车主进行维修。

(2) 检查车辆是否存在烧机油或者严重冒黑烟现象，如有，应要求车主进行维修。

(3) 检查燃油蒸发控制系统连接管路的连接是否正确、完整。如果发现有老化、龟裂、破损或堵塞现象，则应要求车主进行维修，对于单一燃料的燃气汽车不需要进行此项检验。

(4) 检查发动机排气管、排气消声器和排气后处理装置的外观及安装紧固部位是否完好，如发现有腐蚀、漏气、破损或松动的，应要求车主进行维修。

(5) 检查车辆是否配置有 OBD 系统。

(6) 判断车辆是否适合进行简易工况法检测，如不适合(例如：无法手动切换两驱驱动模式的全时四驱车和适时四驱车等)，应标注。进行简易工况法检测的，应确认车辆轮胎表面无夹杂异物。

(7) 变更登记、转移登记检验时应查验污染控制装置是否完好。

(二) 车载诊断系统(OBD)检查要求

1. 新生产汽车下线
汽车生产企业应对每辆车的 OBD 系统进行通讯检查，确认 OBD 系统通讯工作正常方可出厂。

2. 注册登记
检查车辆的 OBD 接口是否满足规定要求，OBD 通讯是否正常，有无故障代码。

3. 在用汽车
(1) 对配置有 OBD 系统的在用汽车，在完成外观检验后，应连接 OBD 诊断仪进行 OBD 检查。在随后的污染物排放检验过程中，不可断开 OBD 诊断仪。

(2) OBD 检查项目包括：故障指示器状态，诊断仪实际读取的故障指示器状态，故障代码、MIL 灯点亮后行驶里程和诊断就绪状态值。具体检验流程应按照图 7-6 进行。

(3) 若车辆存在故障指示器故障(含电路故障)、故障指示器激活、车辆与 OBD 诊断仪之间的通讯故障、仪表板故障指示器状态与 ECU 中记载的故障指示器状态不一致,则均判定 OBD 检查不合格。如果诊断就绪状态未完成项超过 2 项,则应要求车主在对车辆充分行驶后进行复检。

(4) 检验机构应使用计算机数据管理系统存储所有被检车辆 OBD 的数据,不得人为篡改数据。

(5) OBD 诊断仪应能实现对 OBD 检查数据的实时自动传输。作为排放检验一部分,OBD 获得的信息应自动保存到计算机系统中。

(三) 汽车排放污染物控制标准

我国在用汽油车排放污染控制现行检测标准是 GB 18285—2018《汽油车污染物排放限值及测量方法(双怠速法及简易工况法)》,于 2018 年 9 月 27 日批准发布、2019 年 5 月 1 日实施。该标准规定了汽油车双怠速法、稳态工况法、瞬态工况法和简易瞬态工况法排放污染物排放限值及测量方法,适用于新生产汽油车下线检验、注册登记检验和在用汽油车检验。同时也适用于其他装用点燃式发动机的汽车。我国在用柴油车排放污染物控制现行检测标准是 GB 3847—2018《柴油车污染物排放限值及测量方法(自由加速法及加载减速法)》,该标准于 2018 年 9 月 27 日批准发布,于 2019 年 5 月 1 日实施。该标准规定了柴油车自由加速法和加载减速法排放污染物排放限值及测量方法,适用于新生产柴油车下线检验、注册登记检验和在用柴油车检验,同时也适用于其他装用点燃式发动机的汽车的检验。

1. 汽油车排放污染物检测标准

GB 18285—2018 规定单一燃料汽车,仅按燃用单一燃料进行排放检测;两用燃料汽车,要求使用两种燃料分别进行排放检测。

1) 新生产汽车下线

汽油车生产企业在进行排放污染物检测时可以选择采用稳态工况法、瞬态工况法和简易瞬态工况法中任意一种方法(对无法手动切换两驱驱动模式的全时四驱车和适时四驱等车辆可以采用双怠速法)。排放检测结果不得超过表 7-4～表 7-7 中规定的排放限值。生产企业也可采用其他方法进行排放检测,但应证明其等效性。

新定型混合动力电动汽车污染物测试应在最大燃料消耗模式下进行,车辆应具备明显可见的最大燃料消耗模式切换开关,方便切换为最大燃料消耗模式,并能在最大燃料消耗模式下正常运行(包括怠速),便于进行排放测试,且开关位置应在汽车使用说明书中明确说明。

2) 注册登记和在用汽车

有手动选择行驶模式功能的混合动力电动汽车应切换到最大燃料消耗模式进行测试,若无最大燃料消耗模式,则应切换到混合动力模式进行测试;若测试过程中发动机自动熄火,则会自动切换到纯电模式,无需中止测试,可进行至测试结束。

(1) 双怠速法检测标准。利用双怠速法检测汽油车排放污染物的结果应小于表 7-4 中规定的排放限值。

表 7-4　双怠速法检验排放污染物排放限值

类别	怠 速		高 怠 速	
	CO(%)	HC($\times 10^{-6}$)[①]	CO(%)	HC($\times 10^{-6}$)[①]
限值 a	0.6	80	0.3	50
限值 b	0.4	40	0.3	30

注：① 对以天然气为燃料的点燃式发动机汽车，该项目为推荐性要求。

　排放检验的同时应进行过量空气系数(λ)的测定。发动机转速为高怠速转速时，λ 应在 1.00 ± 0.05 之间或制造厂规定的范围内。进行 λ 测试前，应按照制造厂使用说明书的规定预热发动机。

(2) 稳态工况法排放限值。利用稳态工况法检测汽油车排放污染物的结果应小于表 7-5 中规定的排放限值。应同时进行过量空气系数(λ)的测定。

表 7-5　稳态工况法排放污染物排放限值

类别	ASM 5025			ASM 2540		
	CO(%)	HC($\times 10^{-6}$)[①]	NO($\times 10^{-6}$)	CO(%)	HC($\times 10^{-6}$)[①]	NO($\times 10^{-6}$)
限值 a	0.50	90	700	0.40	80	650
限值 b	0.35	47	420	0.30	44	390

注：① 对于装有以天然气为燃料的点燃式发动机汽车，该项目为推荐性要求。

(3) 瞬态工况法排放限值。利用瞬态工况法检测汽油车排放污染物的结果应小于表 7-6 中规定的排放限值。应同时进行过量空气系数(λ)的测定。

表 7-6　瞬态工况法排放污染物排放限值

类别	CO/(g/km)	HC + NO$_x$/(g/km)
限值 a	3.5	1.5
限值 b	2.8	1.2

(4) 简易瞬态工况法排放限值。利用简易瞬态工况法检测汽油车排放污染物的结果应小于表 7-7 中规定的排放限值。应同时进行过量空气系数(λ)的测定。

表 7-7　简易瞬态工况法排放污染物排放限值

类别	CO/(g/km)	HC/(g/km)[①]	NO$_x$/(g/km)
限值 a	8.0	1.6	1.3
限值 b	5.0	1.0	0.7

注：① 对于装有以天然气为燃料的点燃式发动机汽车，该项目为推荐性要求。

3) 结果判定

(1) 如果检测结果中任何一项污染物不满足限值要求，则判定车辆排放检验不合格。

　如果双怠速法过量空气系数超出表 7-4 中要求的控制范围，则也判定车辆排放检验结果不合格。

(2) 2011 年 7 月 1 日以后生产的轻型汽车，以及 2013 年 7 月 1 日以后生产的重型汽车，如果 OBD 检查不合格，则判定排放检验结果不合格。

(3) 检验完毕后，应签发机动车环保检验报告。

(4) 排放检验过程中，禁止使用降低排放控制装置功效的失效策略，所有针对污染控制装置的篡改都属于排放检验不合格。

2. 装配压燃式发动机的汽车排放污染物检测标准

1) 新生产汽车下线

按照规定进行下线车辆排放抽测，排放结果应小于表 7-8 规定的排放限值。生产企业也可采用其他方法进行排放检测，但应证明其等效性。

新型混合动力电动汽车污染物测试应在最大燃料消耗模式下进行，车辆应具备明显可见的最大燃料消耗模式切换开关，方便切换为最大燃料消耗模式，并能在最大燃料消耗模式下正常运行(包括怠速)，便于进行排放测试，且开关位置应在汽车使用说明书中明确说明。

2) 注册登记和在用汽车

GB 3847—2018 规定有手动选择行驶模式功能的混合动力电动汽车应切换到最大燃料消耗模式进行测试，若无最大燃料消耗模式，则应切换到混合动力模式进行测试；若测试过程中发动机自动熄火，则自动切换到纯电模式，无需中止测试，可进行至测试结束。

柴油车可采用自由加速法和加载减速法进行排放污染物检测。排放检测结果不得超过表 7-8 规定的排放限值。

表 7-8 注册登记和在用汽车排放检验排放限值

类别	自由加速法	加载减速法		林格曼黑度法
	光吸收系数/m⁻¹ 或不透光度/(%)	光吸收系数/m⁻¹ 或不透光度/(%)ᵃ	氮氧化物(×10⁻⁶)ᵇ	林格曼黑度(级)
限值 a	1.2(40)	1.2(40)	1500	I
限值 b	0.7(26)	0.7(26)	900	

注：a. 海拔高度高于 1500 m 的地区加载减速法可以按照每增加 1000 m 增加 0.25 m⁻¹ 幅度调整，总调整不得超高 0.75 m⁻¹；

b. 2020 年 7 月 1 日前限值 b 过渡限值为 1200 × 10⁻⁶。

3) 结果判定

(1) 如果污染物检测结果中有任何一项不满足限值要求，则判定排放检验不合格。

(2) 如果车辆排放有明显可见烟度或烟度值超过林格曼 1 级，则判定排放检验不合格。

(3) 加载减速法功率扫描过程中，经修正的轮边功率测量结果不得低于制造厂规定的发动机额定功率的 40%，否则判定为检验结果不合格。

(4) 对于 2018 年 1 月 1 日以后生产的车辆，如果 OBD 检验不合格，则也判定为排放检验不合格。

(5) 检验完毕后，应签发机动车环保检验报告。

(6) 禁止使用降低排放控制装置功效的失效策略。所有针对污染控制装置的篡改都属于排放检验不合格。

第二节　机动车排放污染物的检验设备

机动车有柴油车和汽油车两种，两者的燃烧过程有很大不同，柴油车以扩散燃烧为主，而汽油车采用预混合燃烧方式。以上原因造成了汽油车和柴油车排放特性的不同。汽油车的排放气体中主要是 HC、CO、CO_2、O_2 和 NO，柴油车的主要排放气体为 NO_x 和微粒。由于排放污染物种类不同，所以检测仪器也不同。通常汽油车排放污染物采用废气分析仪检验，柴油车排放污染物采用不透光烟度计检验。本节主要介绍汽车排气分析仪、不透光烟度计的结构与工作原理。

一、排气分析仪

根据 JT/T 386《汽车排气分析仪》规定，按照测量的排气种类划分，汽车排气分析仪可以分为两组分汽车排气分析仪、四组分汽车排气分析仪和五组分汽车排气分析仪。两组分汽车排气分析仪是指检测并显示 CO 和 HC 两种成分的汽车排气分析仪，四组分汽车排气分析仪是指检测并显示 CO、HC、CO_2、O_2 四种成分和参数 λ 的汽车排气分析仪，五组分汽车排气分析仪是指检测并显示 CO、HC、CO_2、O_2、NO 五种成分和参数 λ 的汽车排气分析仪。

1. 两组分汽车排气分析仪

汽油车排气污染物的测量设备一般采用非扩散型红外线废气分析仪。非扩散型红外线废气分析仪又称不分光红外线式分析仪，它可以分别测定 CO 和 HC 的浓度。由于它是能同时测定 CO、HC 浓度的仪器，因此也称为不分光红外线 CO 与 HC 气体分析仪。

不分光红外线 CO 和 HC 气体分析仪是一种能够从汽车排气管中采集气样，对其中 CO 和 HC 含量连续进行分析的仪器，其外形图如图 7-7 所示。它由排气取样装置、排气分析装置、含量指示装置和校准装置等组成。

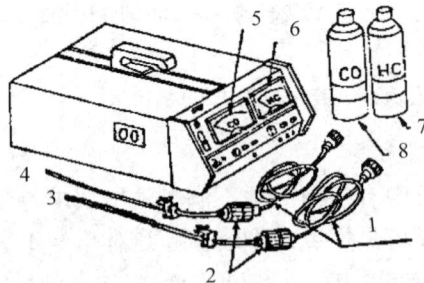

1—导管；2—滤清器；3—低浓度取样探头；4—高浓度取样探头；5—CO 指示仪表；
6—HC 指示仪表；7—标准 CO 气样瓶；8—标准 HC 气样瓶

图 7-7　MEXA—324F 型汽车排气分析仪

汽车排气中的 CO、HC、NO 和 CO_2 等气体，都具有能吸收一定波长范围红外线的性质，如图 7-8 所示。红外线被吸收的程度与排气浓度之间有一定的函数关系。不分光红外线分析仪就是利用这一原理，即根据检测红外线被汽车排气分析仪吸收一定波长范围红外线后能量的变化，来检测排气中各种污染物的含量。在各种气体混合情况下，这种检测方法具有测量值不受影响的特点。

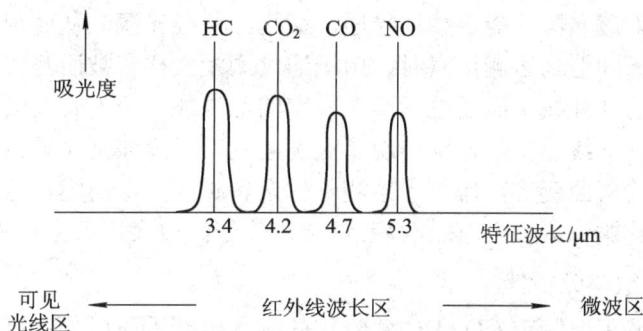

图 7-8　四种气体吸收红外线的情况

利用不分光红外线分析法制成的分析仪，在检测 HC 含量时，由于排气中 HC 成分非常复杂，因此要把各种 HC 成分的含量换算成正己烷($n\text{-}C_6H_{14}$)的含量作为 HC 含量的测量值。其排气分析装置由红外线光源、气样室、旋转扇轮(截光器)、测量室和传感器等组成。该装置按照不分光红外线分析法，从来自取样装置的混有多种成分的排气中，分析 CO 和 HC 的含量，并将含量转变成电信号输送给含量指示装置。如图 7-9 为电容微音器式排气分析仪原理图。

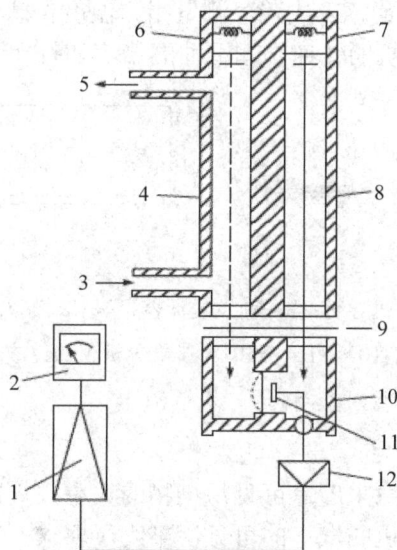

1—主放大器；2—指示仪表；3—废气入口；4—测量气样室；5—排气口；6、7—红外线光源；
8—标准气样室；9—旋转扇轮；10—测量室；11—电容微音器；12—前置放大器

图 7-9　电容微音器式排气分析仪原理图

从两个红外线光源发出的红外线，分别通过标准气样室和测量气样室后到达测量室。在标准气样室内充有不吸收红外线的 N_2 气，在测量气样室内充有被测量的发动机排出的气体。测量室由两个分室组成，二者之间留有通道，并在通道上装有金属膜片电容微音器作为传感器。为了能够从排气中选择需要测量的成分，在测量室的两个分室内，充入适当含量的与被测气体相同的气体。即在测量 CO 浓度的分析装置里的测量室内要充入 CO 气体，在测量 HC 含量的分析装置里的测量室内要充入正己烷气体。

旋转扇轮也称为截光器，能连续地导通、截止红外线光源，从而形成射线脉冲。当红外线通过旋转扇轮断续地到达测量室时，由于通过测量气样室被所测气体按浓度大小吸收掉一部分一定波长的红外线，而通过标准气样室的红外线完全没有被吸收，因此在测量室的两个分室内，因红外线能量的差别出现了温度差别，温度差别又导致了测量室内的压力差别，致使金属膜片弯曲变形。排气中被测气体含量越大，金属膜片弯曲变形也越大。膜片弯曲变形致使电容微音器输出电压改变，该电压信号经放大器放大后送往含量指示装置。

2. 四气体与四气体分析仪

目前实施的怠速工况测定 CO、HC 两气体的排气检测手段已无法有效反映汽车排气中的 NO_x 和 CO_2，四气体与五气体分析仪可满足测量要求。四气体与五气体分析仪的区别在于五气体分析仪可检测氮氧化合物(NO)。

CO、CO_2、HC 的测量采用不分光红外线法(NDIR)，O_2 的测量采用电化学电池法，NO 的测量采用电化学法。

如图 7-10 所示，NHA—501A 型排气分析仪采用不分光红外吸收法原理，测量汽车排放气体中的一氧化碳 CO、碳氢化合物 HC 和二氧化碳 CO_2 的成分，用电化学电池原理测量排气中的氮氧化合物 NO 和氧气 O_2 的成分，并可根据测得的 CO、CO_2、HC 和 O_2 的成分计算出过量空气系数 λ。配置感应式转速测量钳、温度传感器探头和外置微型打印机，可在检测排气的同时监测发动机的转速、润滑油的温度和打印当前检测结果。

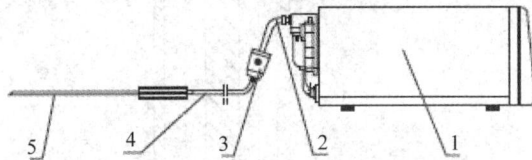

1—仪器本体；2—短导管；3—前置过滤器；4—取样管；5—取样探头

图 7-10　NHA—501A 排气分析仪的组成

二、不透光烟度计

GB 3847 规定用光吸收系数来度量可见污染物的大小。规定使用不透光烟度计测量压燃式发动机和装有压燃式发动机的汽车的可见污染物。要求不透光烟度计的显示仪表应有两种刻度：一种为绝对光吸收的单位，从 0 到趋于 $\infty$$(m^{-1})$；另一种为线性刻度，从 0 到 100%。两种刻度的范围均以光全通过时为 0，光全被遮挡时为满刻度。不透光烟度计测量排烟污染程度的原理是使光束通过一段给定长度的排烟通道，通过测量排烟对光的吸收程度来决定排烟对环境的污染程度。

1. 检验原理

不透光烟度计测量排烟污染程度的工作原理是，一束光被废气的微粒所遮蔽，光束的强度与长度成反比，用光吸收系数 k 表示，由 Beer-Lambert 定律确定其系数。

$$k = -\frac{1}{L}\ln(\tau) = -\frac{1}{L}\ln(1-N)$$

式中：N——从光源发出的光通过充满烟气的暗通道到达烟度计检测平台光接收器的吸收
　　　　　百分比，称光吸收比(又称不透光度)，单位为%；

　　　L——光通道有效长度，单位为 m；

　　　k——光吸收系数，单位为 m^{-1}。

光吸收系数 k 是不透光值的基本单位，它与通道长度无关，通道长度 L 定义为光路长度即烟柱长度，是以米(m)为单位。光吸收比与所使用的光路长度有关，而光吸收系数则与光路长度无关。

不透光烟度计的工作原理如图 7-11 所示，测量单元的测量室是一根分为左右两半部分的圆管，被测排气从中间的进气口进入，分别穿过左圆管和右圆管，从左出口和右出口排出。左右两侧装有两个凸透镜，左端装有绿色发光二极管，右端装有光电转换器，发光二极管至左透镜及光电转换器至右透镜的光程都等于透镜的焦距。因此，发光二极管发出的光通过左透镜后就成为一束平行光，再通过右透镜后，汇聚于光电转换器上，并转换成电信号。排气中含烟越多，平行光穿过测量室时光能衰减越大，经光电转换器转换出的电信号就越弱。

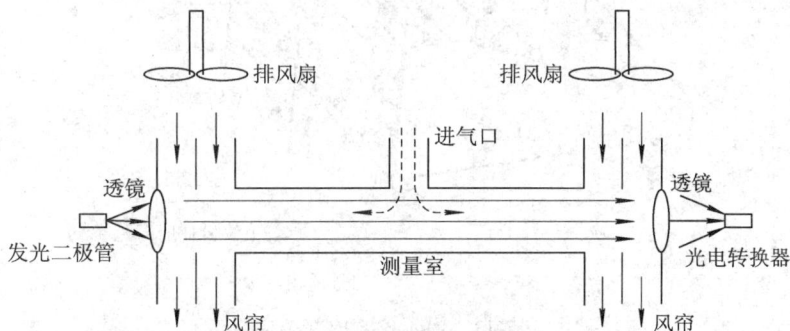

图 7-11　不透光烟度计的测量原理

排气中夹带着许多碳烟微粒，如果让排烟直接接触左右透镜的表面，碳烟微粒将会沉积在上面，吸收光能，从而影响测量结果。为使光学系统免遭烟的污染，仪器采用了"空气气幕"保护技术。排风扇将外界的清洁空气吹入左右透镜与测量室出口之间的通道，使透镜表面形成"风帘"，避免其沾染上碳烟微粒。

排气中含有水分，由于排气管的温度较高，刚进入仪器时，排气中的水分仍保持在气态。如果仪器测量室管壁的温度比排气温度低很多，排气中的水蒸气就要冷凝成雾，影响测量结果。为了防止冷凝的影响，测量室管壁的温度应始终保持在 70℃ 以上，为此测量室装有加热及恒温控制装置。

2. 烟度计的结构组成

FTY-100 型不透光烟度计如图 7-12 所示，该烟度计主要由显示仪表和光学平台组成。其功能特点是：采用取样式(分流式)测量方式；采用"空气气幕"保护技术，使光学系统免遭排烟的污染；测量室恒温控制，防止排气中水分冷凝，影响测量结果；具有不透光度和光吸收系数两种示值。测量范围：不透光度(N)：0%～99.9%；光吸收系数(k)：$0\sim16.0\ \mathrm{m^{-1}}$。

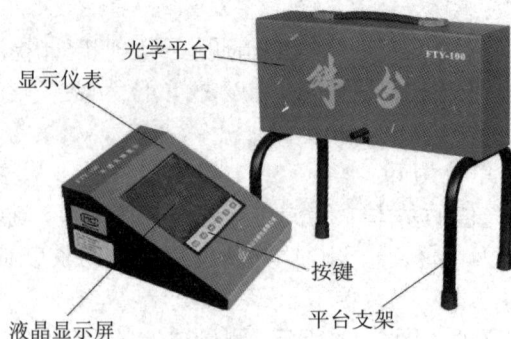

图 7-12　FTY-100 不透光烟度计

光烟度计中的显示仪表的内部结构如图 7-13 所示。

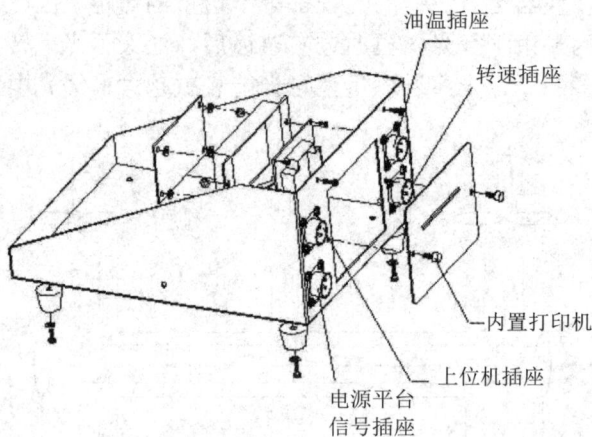

图 7-13　显示仪表内部结构

第三节　汽油车排放污染物的检验方法

汽油车排放污染物检测方法主要有双怠速法、稳态工况法、瞬态工况法、简易瞬态工况法以及燃油蒸发排放控制系统检验方法。下面详细介绍各种检验方法。

一、汽油车双怠速污染物的检测程序

(1) 应保证被检测车辆处于制造厂规定的正常状态，发动机进气系统应装有空气滤清器，排气系统应装有排气消声器和排气后处理装置，排气系统不得有泄漏。

(2) 应在发动机上安装转速计、点火正时仪、冷却液和润滑油测温计等测量仪器。测量时，发动机冷却液和润滑油温度应不低于 80℃，或者应达到汽车使用说明书规定的热车状态。

(3) 发动机从怠速状态加速至 70%额定转速，运转 30 s 后降至高怠速状态。将取样探头插入排气管中，深度不少于 400 mm，并固定在排气管上。维持 15 s 后，由具有平均值计算功能的双怠速法排放测试仪读取 30 s 内的平均值，其平均值即为高怠速污染物测量结

果。对于使用闭环控制的电子燃油喷射系统和三元催化转化器技术的汽车，还应同时读取过量空气系数(λ)的数值。

(4) 发动机从高怠速降至怠速状态 15 s 后，由具有平均值计算功能的双怠速法排放测试仪读取 30 s 内的平均值，其平均值即为怠速污染物测量结果。

(5) 在测试过程中，如果任何时刻 CO 与 CO_2 的浓度之和小于 6.0%，或者发动机熄火，则应终止测试，排放测量结果无效，需重新进行测试。

(6) 若为多排气管，则取各排气管测量结果的算术平均值作为测量结果。

(7) 若车辆排气管长度小于测量深度，则应使用排气加长管。

(8) 双怠速法测量污染物的程序参见图 7-14。

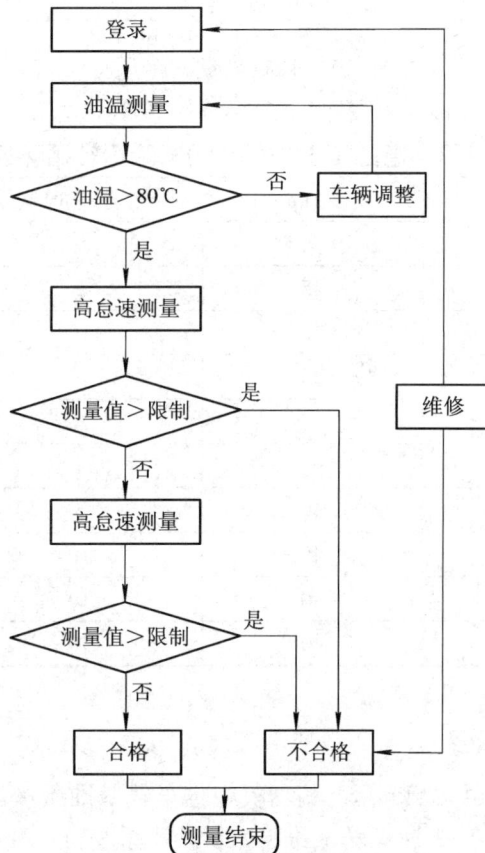

图 7-14 双怠速法测量程序

二、汽油车稳态工况(ASM)检测方法

1. 检测程序

汽车驱动轮位于底盘测功机滚筒上，将分析仪取样探头插入排气管中，深度为 400 mm 以上，并固定于排气管上。对于独立工作的多排气管应同时取样。

在底盘测功机上的测试运转循环由 ASM5025 和 ASM2540 两个工况组成，见图 7-15 和表 7-9 所示。

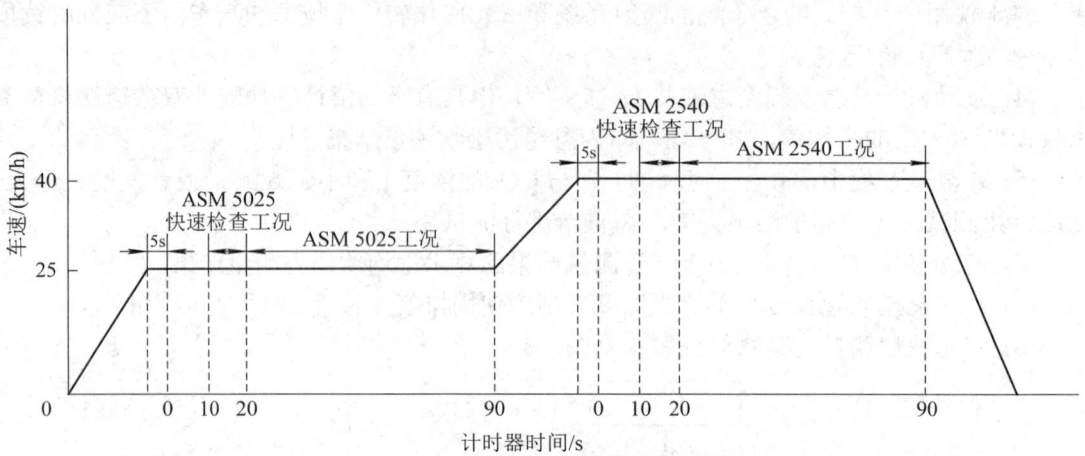

图 7-15　稳态工况法(ASM)试验运转循环

表 7-9　稳态工况法(ASM)试验运转循环表

工　况	运转次序	速度/(km/h)	操作持续时间/s	测试时间/s
5025	1	0~25	0	—
	2	25	5	
	3	25	10	
	4	25	10	90
	5	25	70	
2540	6	25~40	—	—
	7	40	5	
	8	40	10	
	9	40	10	90
	10	40	70	

2. ASM 工况

1) ASM 5025 工况

车辆经预热后，加速至 25 km/h，测功机根据车辆基准质量自动进行加载，驾驶员控制车辆保持在 (25 ± 2.0) km/h 等速运转，维持 5 s 后，系统自动开始计时 $t = 0$ s。如果测功机的速度或者扭矩连续 2 s 或者累计 5 s 超出速度或者扭矩允许波动范围(实际扭矩波动范围不容许超过设定值的 ±5%)，工况计时器置 0，重新开始计时。ASM 5025 工况时间长度不应超过 90 s($t = 90$ s)，ASM 5025 整个测试工况最大时长不能超过 145 s。

ASM 5025 工况计时开始 10 s 后($t = 10$ s)，开始进入快速检查工况阶段，排气分析仪器开始采样，每秒测量一次，并根据稀释修正系数和湿度修正系数计算 10 s 内的排放平均值，运行 10 s($t = 20$ s)后，ASM 5025 快速检查工况作业结束，进入快速检查判定阶段。如果被检车辆没有通过快速检查，则车辆继续运行至计时器 $t = 90$ s，ASM 5025 工况结束，期间车速应控制在 (25.0 ± 2.0) km/h 在 0~90 s 的测量过程中，如果任意连续 10 s 内第 1 s 至第 10 s 的车速变化相对于第 1 s 小于 ±1.0 km/h，则测试结果有效。快速检查工况 10 s 内的排放平均值经修正后如果等于或低于排放限值的50%，则测试合格，排放检测结束，输出检测结果报告；否则应继续进行检测，完成整个ASM 5025工况检查。如果所有检测污染物连续10 s的平均值经修正后均不大于标准规定的限值，则该车应被判定为ASM 5025工况合格，排放检验合格，然后打印检验合格报告。如果任何一种污染物连续10 s的平均值修正后超过限值，则应继续进行ASM 2540工况检测；在检测过程中如果任意连续10 s内的任何一种污染物10 s排放平均值经修正后均高于限值的500%，则测试不合格，输出检测结果报告，检测结束。

在上述任何情况下，检验报告单上输出的测试结果数据均为测试结果的最后10 s内，经修正后的平均值。

2) ASM 2540工况

ASM 5025工况排放检验不合格的车辆，需要继续进行ASM 2540工况排放检验。被检车辆在ASM 5025工况结束后应立即加速运行至40.0 km/h，测功机根据车辆基准质量自动加载，车辆保持在(40±2.0)km/h范围内等速运转，维持5 s后开始计时($t = 0$ s)。如果测功机的速度或者扭矩连续2 s或者累计5 s超出速度或者扭矩允许的波动范围(实际扭矩波动范围不容许超过设定值的±5%)，则工况计时器置0，重新开始计时，ASM 2540工况时间长度不应超过90 s($t = 90$ s)，ASM 2540整个测试工况最大时长不能超过145 s。

ASM 2540工况计时10 s后($t = 10$ s)，开始进入快速检查工况阶段，计时器为$t = 10$，排气分析仪器开始测量，每秒钟测量一次，并根据稀释修正系数及湿度修正系数计算10 s内的排放平均值，运行10 s($t = 20$ s)后，ASM 2540快速检查工况结束，进行快速检查判定。如果没有通过快速检查，则车辆继续运行至90 s($t = 90$ s)，ASM 2540工况结束，期间车速应控制在(40.0±2.0) km/h内。

在0 s至90 s的测量过程中，任意连续10 s内第1 s至第10 s的车速变化相对于第一秒小于±1.0 km/h，测试结果有效。快速检查工况10 s内的排放平均值经修正后如果不大于限值的50%，则测试合格，排放检测结束，输出检测结果报告；否则，应继续进行至90 s工况检测。如果所有检测污染物连续10 s的平均值经修正后均低于或等于标准规定的限值，则该车应判定为排放检验合格，排放检测结束，输出排放检验合格报告。如任何一种污染物连续10 s的平均值经修正后超过限值，则车辆排放测试结果不合格，继续进行到本工况检测结束，输出不合格检验报告。在检测过程中如果任意连续10 s内的任何一种污染物10 s排放平均值经修正后均高于限值的500%，则测试结果不合格，检测结束。

在上述任何情况下，检验报告单上输出的测试结果数据均为测试结果的最后10 s内，经过修正的平均值。

三、汽油车瞬态工况检测方法

汽油车的瞬态工况法是在底盘测功机上进行测试的。测试运转循环见表7-10，图7-16进一步加以描述。按运转状态分解的统计时间见表7-11和表7-12。

在排放检测前，系统应根据车辆的整备质量或实际道路测试获得的载荷调整设置底盘测功机，模拟车辆行驶中的惯性阻力和其它阻力。采样系统为定容稀释取样(CVS)。污染物分析时，CO用不分光红外分析仪(NDIR)，HC用氢离子火焰分析仪(FID)，NO_x用化学发光分析仪(CLD)。最后的测量结果以 g/km 表示。

表 7-10　瞬态工况运转循环

操作序号	操作	工序	加速度/(m/s²)	速度/(km/h)	每次时间 操作/s	每次时间 工况/s	累计时间/s	手动换挡时使用的挡位
1	怠速	1	—	—	11	11	11	6 s PM① + 5 s K₁②
2	加速	2	1.04	0.04	4	4	15	1
3	等速	3	—	15	8	8	23	1
4	减速	4	−0.69	15.69	2	5	25	1
5	减速,离合器脱开		−0.92	10.9	3		28	K₁
6	怠速	5	—	—	21	21	49	16 s PM + 5 s K₁
7	加速	6	0.83	0.83	5	12	54	1
8	换挡		—	—	2		56	—
9	加速		0.94	1594M	5		61	2
10	等速	7	—	32	24	24	85	2
11	减速	8	−0.75	32.75	8	11	93	2
12	减速,离合器脱开		−0.92	10.9	3		96	K₂
13	怠速	9	—	—	21	24	117	16 s PM + 5 s K₁
14	加速	10	0.83	0.83	5	26	122	1
15	换挡		—	—	2		124	—
16	加速		0.62	1562M	9		133	2
17	换挡		—	—	2		135	—
18	加速		0.52	3552M	8		143	3
19	等速	11	—	50	12	12	155	3
20	减速	12	−0.52	50.52	8	8	163	3
21	等速	13	—	35	13	13	176	3
22	换挡	14	—	—	2	12	178	
23	减速		−0.86	32.86	7		185	2
24	减速,离合器脱开		−0.92	10.9	3		188	K₂
25	怠速	15	—	—	7	7	195	7 s PM

注：① PM—变速器置空挡，离合器接合。

　　② K₁，K₂—变速器置一挡或二挡，离合器脱开。

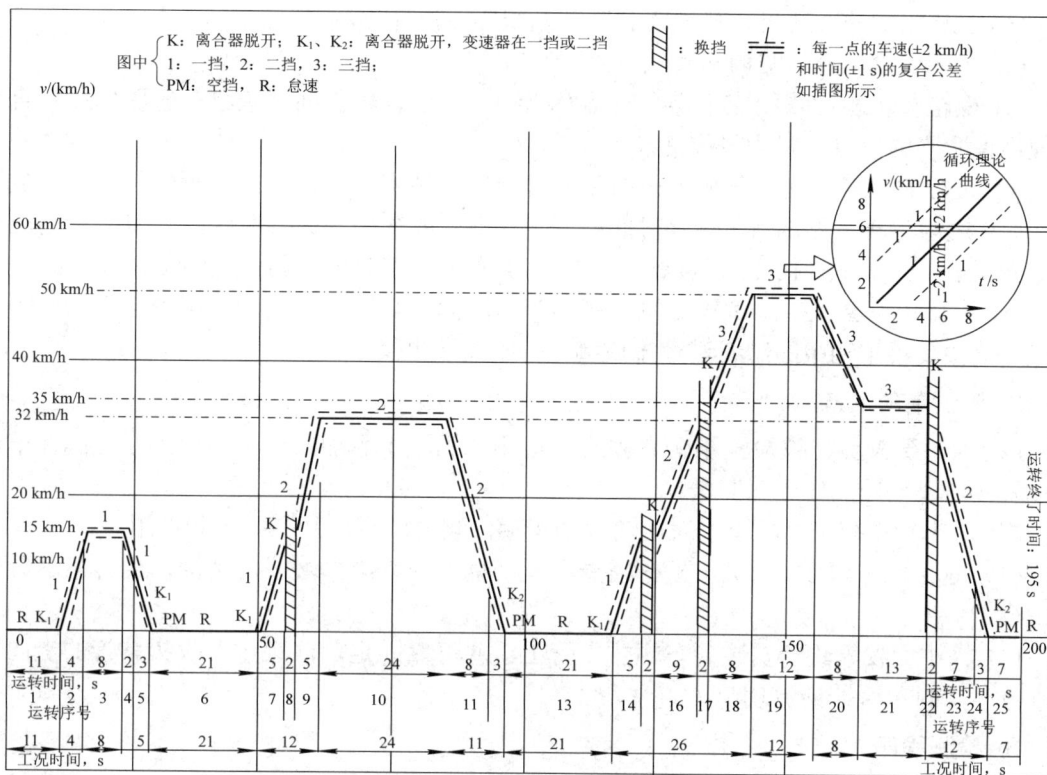

图 7-16　瞬态工况运转循环

注：① 测试期间平均车速：19 km/h；

② 有效行驶时间：195 s；

③ 循环理论行驶距离：1.013 km。

表 7-11　按工况分解表

工况	时间/s	百分比/%	
怠速	60	30.8	35.4
怠速、车辆减速、离合器脱开	9	4.6	
换挡	8	4.1	
加速	36	18.5	
等速	57	29.2	
减速	25	12.8	
合计	195	100	

表 7-12　按使用挡位分解表

变速器挡位	时间/s	百分比/%	
怠速	60	30.8	35.4
怠速、车辆减速、离合器脱开	9	4.6	
换挡	8	4.1	
一挡	24	12.3	
二挡	53	27.2	
三挡	41	21.0	
合计	195	100	

1. 受检车辆和燃料要求

(1) 受检车辆机械状况良好，无可能影响安全或引起测试偏差的机械故障。

(2) 受检车辆进、排气系统无泄漏。

(3) 受检车辆的发动机、变速箱和冷却系统等无液体渗漏。

(4) 关闭受检车辆的空调和暖风等附属装备。

(5) 受检车辆驱动轮胎应干燥、轮胎磨损符合要求、轮胎间无杂物，轮胎气压符合车辆使用说明书的规定，车辆限位良好。

(6) 进行测试前，受检车辆工作温度应符合出厂规定要求，过热车辆不得进行排放测试。如果受检车辆在测试前，熄火时间超过 20 min，或车辆冷却液温度低于 80℃，则应在排放测试前，采取适当措施对测试车辆进行预热处理，使冷却液温度达到 80℃以上。

(7) 应使用符合规定的市售燃料，例如车用汽油、车用天然气、车用液化石油气等。试验时直接使用车辆中的燃料进行排放测试，不需要更换燃料。

2. 测试前的准备

(1) 检验驾驶员将被检验车辆驾驶到底盘测功机上，驱动轮置于滚筒上，应确保车辆横向稳定，驱动轮胎应干燥防滑。

(2) 对车辆进行可靠限位，对前轮驱动车辆，测试前应使驻车制动起作用。

(3) 关闭受检车辆发动机，根据需要在发动机上安装冷却液或润滑油温度传感器等测试仪器。

(4) 将排气收集软管安装到车辆排气管上，并可靠固定，注意排气收集软管的走向不应明显增加排气系统的流动阻力。

3. 检测程序

1) 起动发动机

(1) 按照制造厂使用说明书的规定，起动发动机。如果排放测试前受检车辆的发动机处于关机状态，试验前应尽早起动发动机；在进行瞬态排放测试前，发动机至少已连续运转 30 s 以上。

(2) 发动机保持怠速运转 40 s，在 40 s 终了时刻开始进行排放测试循环，同时开始排气取样。

(3) 排放测试期间，驾驶检验员应该根据司机辅助显示器上显示的速度-时间曲线轨迹规定的速度和换挡时刻驾驶车辆，在底盘测功机上进行排放测试期间严禁转动方向盘。

2) 怠速

(1) 对于手动或半自动变速器，怠速期间，离合器应接合，变速器置于空挡位置。为保证车辆能够按规定循环进行加速，在驾驶循环每个怠速的后期，即加速开始前 5 s，断开离合器，变速器置一挡。

(2) 对于自动变速器，选择好挡位后，除特殊情况或选择器可以使用超速挡以外，排放测试期间不得再操作挡位选择器。

3) 加速

(1) 在加速工况中应尽可能地保持加速度恒定。

(2) 若在规定时间内未能完成加速过程，如果可能，所需的额外时间可从工况改变的复合公差允许时间中扣除。否则，应该从下一等速工况的时间段内扣除。

(3) 使用自动变速器的车辆，如果在规定时间内不能完成加速过程，则应按手动变速器的要求，操作挡位选择器。

4) 减速

(1) 在所有减速工况时间内，应完全松开油门踏板，离合器接合，当车速降到 10 km/h 时，脱开离合器，整个减速过程中不得操作挡位。

(2) 如果减速时间比相应工况规定的时间长，则允许使用车辆制动器，使循环按规定的时间进行。

(3) 如果减速时间比相应工况规定的时间短，则应由下一个等速工况或怠速工况中的时间进行补偿，使循环按规定的时间进行。

5) 等速

(1) 从加速工况过渡到下一等速工况时，应避免猛踏油门踏板，或关闭节气门。

(2) 应采用保持油门踏板位置不变的方法进行等速工况试验。

(3) 当车速降低到 0 km/h 时(车辆停止在转鼓上)，变速器应置空挡，离合器接合。

驾驶员在瞬态排放测试过程中，应驾驶车辆跟踪司机辅助显示器上显示的随时间变化的速度曲线(速度轨迹)，速度曲线应足够清晰可见，以方便驾驶员跟踪，并能够预测后续的速度，速度曲线上应明确规定换挡时机。在整个测试循环中，排放测量系统应该能够逐秒测量并记录稀释排气中的 HC、CO、CO_2 和 NO_x 的浓度。

四、简易瞬态工况法

简易瞬态工况法是采用气体流量分析仪来测量汽车稀释后的排气流量，经处理计算，最终得出每种污染物每公里的排放质量。

在底盘测功机上进行的测试运转循环见表 7-10，按运转状态分解的统计时间分别列入表 7-11 和表 7-12。

1. 车辆和燃料要求

(1) 车辆机械状况良好，没有可能影响安全或引起测试偏差的机械故障。

(2) 车辆进、排气系统不得有任何泄漏。

(3) 车辆的发动机、变速箱和冷却系统等应无液体渗漏。

(4) 应关闭受检车辆的空调和暖风等附属装备。

(5) 进行排放测试前，受检车辆温度应符合制造厂出厂规定，不能对过热车辆进行排放测试。如果受检车辆在排放测试前熄火时间超过 20 min，则应在进行简易瞬态排放测试前，采取适当措施对被测试车辆进行预热处理。

(6) 应使用符合规定的市售燃料，例如车用汽油、车用天然气、车用液化石油气等。试验时直接使用车辆中的燃料进行排放测试，不需要更换燃料。

2. 检测程序

(1) 驾驶员将受检车辆驾驶到底盘测功机上，车辆驱动轮应置于滚筒上，必须确保车辆横向稳定，车辆轮胎应干燥，轮胎间无夹杂石子等杂物。

(2) 车辆应限位良好，对于前轮驱动车辆，测试前应使驻车制动起作用。

(3) 关闭发动机，根据需要在发动机上安装机油温度传感器等测试仪器。

(4) 将分析仪取样探头插入排气管中，插入深度至少为 400 mm，并固定在排气管上。

将气体质量分析系统的锥形管安装到车辆排气管上，并按要求进行固定，注意排气收集软管的布置和走向都不应明显增加系统流动阻力。

(5) 进行气体质量分析系统中环境空气 O₂ 浓度的校正。每次排放测试前，都应利用气体质量分析系统中的氧传感器测量环境大气中氧的浓度，在读数前，气体质量分析系统的鼓风机应该至少运行 1 min 以上，环境空气中 O_2 浓度的读数应该在 20.8(1 ± 0.3%)的范围内；如果气体质量分析系统测量的环境 O_2 浓度超出上述范围，主控计算机显示器上应该显示"警告"的字样，要求检验操作人员确认气体质量分析系统的排气采样管(锥形喇叭口)是否正确连接在排气管上，然后主控计算机继续进行环境空气 O_2 浓度测量；如果再次失败，主控计算机应该自动进入环境空气检查程序进行检查。

(6) 起动发动机。注意事项如下：

① 按照制造厂使用说明书的规定，起动汽车发动机。

② 发动机保持怠速运转 40 s，在 40 s 结束时开始排放测试循环，并同时开始排气取样。

③ 在测试期间，驾驶员应该根据驾驶员引导装置上显示的速度-时间曲线轨迹规定的速度和换挡时机驾驶车辆，测试期间严格禁止转动方向盘。

(7) 怠速。注意事项如下：

① 对于手动或半自动变速器，怠速期间离合器接合，变速器置空挡。为能够按循环正常加速，在循环的每个怠速后期，加速开始前 5 s，驾驶员应松开离合器，变速器置一挡。

② 对于自动变速器，在测试开始时，放好挡位选择器后，在整个测试期间的任何时候，都不得再次操作挡位选择器。

(8) 加速。注意事项如下：

① 在整个加速工况期间，应尽可能使车辆加速度保持恒定。

② 若在规定时间内未能完成加速过程，则超出的时间应从工况改变的复合公差允许的时间中扣除，否则应从下一个等速工况时间内扣除。

③ 使用自动变速器的车辆，如果不能在规定时间内完成加速过程，则应按手动变速器的要求，操作挡位选择器进行换挡。

(9) 减速。注意事项如下：

① 在所有减速工况时间内，应将加速踏板完全松开，离合器接合，当车速降至 10 km/h 左右时，松开离合器，但不得进行换挡操作。

② 如果减速时间比相应工况规定的时间长，则允许使用车辆制动器，以便使循环按照规定的时间进行。

③ 如果减速时间比相应工况规定的时间短，则应在下一个等速或怠速工况时间中恢复至理论循环规定的时间。

(10) 等速。注意事项如下：

① 从加速过渡到下一等速工况时，应避免猛踩加速踏板或关闭节气门操作。

② 应采用保持加速踏板位置不变的方法实现等速驾驶。

③ 循环终了时(车辆停止在转鼓上)，变速器置于空挡，离合器接合，排气分析系统停止取样。

④ 根据驾驶员引导装置的提示，将受检车辆开出底盘测功机，或者继续进行后续的测试。

五、燃油蒸发排放控制系统检验

燃油蒸发排放控制系统检验的测试规程要求应分别完成燃油蒸发排放控制系统外观检验、进油口压力测试及油箱盖测试。对于无油箱盖设计的车辆，可不进行油箱盖测试。

1. 判定标准

1) 进油口压力测试

燃油蒸发排放控制系统将初始压力稳定在(3500±250)Pa，保持 120 s，如果压力损失超过了 1500 Pa，则测试结果不合格。燃油蒸发控制系统应与进油口和在燃油箱与活性炭罐之间的软管夹分离。

在 20～120 s 测量期间，如果在任意时刻测得的压力超过下列公式的计算结果，可对压力测试做出快速通过的决定：

$$P_m = P_i - \left(\frac{0.33P_i + 331.17}{120}\right)t$$

式中：P_m——任意时刻压力阈值，单位为 Pa；

P_i——初始压力，单位为 Pa；

t——时间，单位为 s。

2) 油箱盖测试

(1) 压力损失测试。压力损失法在燃油液面顶部有 1 L 的空间，启动时的压力规定为 (7000±250) Pa，如果在 10 s 的测试过程中压力损失超过了 1500 Pa，则油箱盖测试不合格。

(2) 泄漏流量测试。在压力为 7500 Pa 的条件下，泄漏流量不应超过 60 mL/min，用流量方法测得的泄漏速率应当换算为标准状态(23℃，101.35 kPa)下的泄漏速率。如果在 7500 Pa 的条件下，该泄漏速率超过了 60 mL/min，则油箱盖测试不合格。

2. 前期检查和准备工作

(1) 活性炭罐外观检查。应当对活性炭罐进行外观检查，活性炭罐应当有效可用，如果活性炭罐有缺失或者明显损坏的，则判断外观检查不合格。

(2) 燃油蒸发控制系统外观检查。应当对燃油蒸发控制系统软管的路线、连接、状态进行外观检查，连接软管应当有效可用。如果任意一部分软管的路线、连接是错误的，或者任意一部分软管是损坏的，则判断外观检查不合格。

(3) 油箱盖外观检查。如果油箱盖有缺失、有明显缺陷或者没有使用正确的油箱盖，则判断外观检查不合格。对无油箱盖设计的车辆，应检查油箱盖阀门是否能正常工作。未使用正确的油箱盖的情况举例：本应安装螺纹式油箱盖但却安装了凸轮锁紧式油箱盖。

3. 测试流程

1) 进油口压力测试

(1) 设备准备。在不损坏蒸发系统部件的前提下，应在离活性炭罐尽可能近的地方夹死连接燃油箱与活性炭罐之间的通气管。对有两个油箱的机动车，如果仅从一个油箱的加油管加压，不足以使整个蒸发控制系统都达到所要求的压力，则这两个油箱应当单独进行测试。测试时应当选用合适的联接器。

(2) 开始加压。油箱压力应加至(3500 ± 250)Pa。

(3) 稳定性监测。在压力损失测试之前，应当对压力稳定性进行 10 s 的监测。稳定的定义是：当初始压力为(3500 ± 250)Pa 时，在 10 s 的监测期内，压力损失不超过 1250 Pa。如果超过了这个值，则应再尝试监测两次以达到稳定。如果这样都不能达到稳定，说明燃油泄漏量较大，则可以判定压力测试不合格。

(4) 体积修正。油箱内的蒸气体积可能会影响压力损失测试的结果，目前仍不需要进行体积修正，流量比较法和直接法也不需要进行体积修正。

(5) 压力监测 120 s 后停止加压并测量压力损失。如果测试中压力测试结果能满足前述 P_m 计算公式，则可做出快速通过的决定。

(6) 移除软管夹。移除油箱通气管的软管夹，小心泄压，并移除用于加压的联接器。

2) 油箱盖测试

(1) 油箱盖安装。油箱盖应从进油口卸下，并安装在简易试验台或者台架试验台上，两者之间可以使用合适的联接器。

(2) 泄漏检测。应当测量油箱盖的燃油泄漏速率，在压力为 7500 Pa 的条件下泄漏速率不应超过 60 mL/min。压力损失测试时在燃油液面顶部有 1 L 左右的空间，初始压力为 7000 Pa，在接下来的 10 s 内，压力损失不应超过 1500 Pa。

(3) 油箱盖复位。测试结束后，将油箱盖安装回进油口并装紧。

六、检验结果分析

点燃式发动机车辆检测结果应符合 GB 18285 的要求。如果汽油车检测的排放污染物不符合相关要求，则主要原因是汽油车供油系统调整不当造成的。除此之外，点火系统、冷却系统的工作状态及曲柄连杆机构的技术状况也会对检测结果造成一定的影响。

1. 混合气过浓

如果发动机混合气过浓，就意味着空气量不足，燃烧不完全，尾气中 CO 含量必然增高，因此需进行如下调整：

(1) 化油器调整(含化油器的车辆)。检查化油器主量孔是否调整过大，浮子室油面是否过高，阻风门是否开启不足等情况。

(2) 检查空气滤清器。检查空气滤清器的滤芯是否被灰尘堵塞而影响发动机吸气。将湿式滤芯浸入润滑油池内，检查空气滤清器内润滑油油面高度是否超限。

(3) 检查燃油泵。检查燃油泵安装垫片厚度是否合适。过薄会造成燃油泵摇臂行程加大，增加供油压力，造成浮子室油面高度增高。

2. 点火时刻失准

点火时刻滞后，会使混合气燃烧不充分，造成尾气中的 CO、HC 的体积分数值变大。因此，要严格按照规定正确合理地调整点火提前角，并检查怠速时真空点火提前角调节装置是否起作用、真空点火提前角调节装置膜片是否损坏等。

3. 冷却系冷却效果温度过低

发动机冷却系冷却效果不良，工作时温度过低，燃油不能充分雾化燃烧，均会使尾气中 CO、HC 的体积分数值变大。节温器工作失常、散热器容量过大、百叶窗不能关闭等，都会影响冷却系统正常工作。

4. 曲柄连杆机构磨损严重

气缸、活塞、活塞环等部件磨损严重，会使漏气增加，从而使压缩终了时气缸内压力不足，混合气不能充分燃烧，进而造成尾气中 CO、HC 含量的增加。为此，需要适时测量气缸压力，以便确定气缸及活塞组件的技术状况是否良好。

第四节　柴油车排放污染物的检验方法

一、无负载检测方法

柴油车无负载检测是指自由加速法检测，是我国当前对柴油车烟度的检测手段，依据的国家标准是 GB 3847。该方法具有检测操作简便易行、仪器便于携带等优点，广泛应用于柴油车的年检和抽检。

1. 滤纸式烟度法的检测方法

(1) 将取样探头逆气流方向固定在排气管内，并使其中心线与排气管轴线平行。

(2) 将踏板开关引入汽车驾驶室或将手动橡皮球通过远控软管引入汽车驾驶室。

(3) 把抽气泵活塞压下锁止。

(4) 按图 7-17 所示的测量规程进行自由加速烟度的检测。先由怠速工况将加速踏板踩到底，约 4 s 后迅速松开，如此重复三次，以便把排气管内碳渣吹掉。

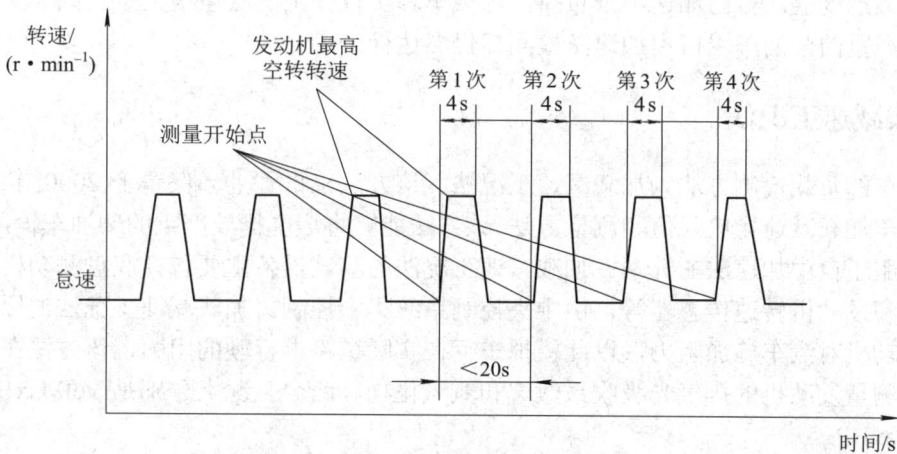

图 7-17　测量烟度时发动机运行工况模式(测量规程)

(5) 怠速运转约 16 s。在此期间内用压缩空气对取样软管和取样探头吹洗 3～4 s。

(6) 将踏板开关固定在加速踏板上或将手动橡皮球拿在手中。

(7) 将加速踏板与踏板开关一起迅速踏到底，或在踩下加速踏板的同时，急速压缩手动橡皮球，至 4 s 时迅速松开加速踏板和踏板开关。

(8) 维持 16 s 怠速运转。在此期间，将抽气泵的活塞压下至吸气开始位置，有纸卷的烟度计可完成走纸并可直接由表头读取烟度值。在此期间均要用压缩空气对取样软管及取样探头吹洗 3～4 s。

(9) 再次踩下加速踏板与踏板开关，两次之间的时间间隔为 20 s，如此重复取样 4 次，对第一次采样不测量，后三次读数的算术平均值即为该工况下的排气烟度值。

2. 不透光烟度法的检测方法

(1) 目测检测车辆的排气系统的相关部件是否泄漏。

(2) 发动机(包括废气涡轮增压发动机)在每个自由加速循环的开始点均处于怠速状态，对于重型车用发动机，将油门踏板放开后至少等待 10 s。

(3) 在进行自由加速测量时，必须在 1 s 内，将油门踏板快速、连续地完全踩到底，使喷油泵在最短时间内供给最大油量。

(4) 对于每一次自由加速测量，在松开油门踏板前，发动机必须达到断油点转速。对于带自动变速箱的车辆，则应达到制造厂申明的转速(如果没有该数据值，则应达到断油转速的 2/3)。在测量过程中应监测发动机转速，检查其是否符合试验要求(特殊的无法测得发动机转速的车辆除外)，并将发动机转速数据实时记录并上报。

(5) 计算结果取最后三次自由加速测量结果的算术平均值。在计算均值时可以忽略与测量均值相差很大的测量值。

怠速法与自由加速法共有的、突出的弊端是检测时车辆无载荷，检测结果不能反映车辆行驶时的排放状况。随着社会对汽车环保要求的提高，以往的在用车排放检测方法已暴露出一些问题。例如，实验室大量试验表明，检测中对"将油门踏板迅速踏到底"速度与力度的操作不同，"维持 4 s 后松开"中时间长短的掌握，使得测量的不确定性较大，重复性差，也易留下作弊机会。有时会出现冒黑烟和抽气泵抽气的时间不同步的现象，这时测不到最大烟度值。自由加速不带负荷，与汽车真实行驶工况相差很大。正因如此，许多烟度排放严重的柴油车用自由加速法检测却仍然达标。

二、加载减速工况法

柴油车的负载检测方法为加载减速工况法，该方法来自香港环保署于 2000 年 6 月颁布的柴油车加载减速排放限值和测量方法。该方法能够将烟度排放严重的柴油车检测出来，有效地克服了自由加速法的弊端。加载减速工况法的测试设备主要包括底盘测功机、不透光烟度计和发动机转速传感器等，由中央控制系统集中控制。加载减速工况法的原理是使用底盘测功机对汽车施加阻力，以此模拟车辆在实际道路上行驶的阻力，该方法在两个加载工况点测量发动机的排气光吸收系数 k 和氮氧化物。两个工况点分别是 VelMaxHP 点和 80%VelMaxHP 点。

1. 车辆准备

试验前应该对车辆的技术状况进行检查，以确定待检车辆是否能够进行后续的排放检测，对车辆的预检要求包括车辆身份确认和安全检查。待检车辆放在底盘测功机上，按照规定的加载减速检测程序，检测最大轮边功率和相对应的发动机转速与转鼓表面线速度(VelMaxHP)，并检测 VelMaxHP 点和 80%VelMaxHP 点的排气光吸收系数 k 及 80%VelMaxHP 点的氮氧化物。排气光吸收系数检测应采用分流式不透光烟度计。

加载减速过程中经修正的轮边功率测量结果不得低于制造厂规定的发动机额定功率的 40%，否则判定为检验结果不合格。

2. 检测流程

(1) 发动机熄火，变速器置空挡，检查不透光烟度计的零刻度和满刻度。检查完毕后，将采样探头插入受检车辆的排气管中。注意连接好不透光烟度计，采样探头的插入深度不得低于 400 mm。

(2) 起动发动机，变速器置空挡，逐渐加大油门踏板开度直到达到最大，并保持在最大开度状态，记录这时发动机的最大转速，然后松开油门踏板，使发动机回到怠速状态。

(3) 使用前进挡驱动被检车辆，选择合适的挡位，使油门踏板处于全开位置时，测功机指示的车速最接近 70 km/h，但不能超过 100 km/h。对装有自动变速器的车辆，应注意不要在超速挡下进行测量。

(4) 计算机对按上述步骤获得的数据自动进行分析，判断是否可以继续进行后续的检测，被判定为不适合检测的车辆不允许进行加载减速检测。

(5) 在确认机动车可以进行排放检测后，将底盘测功机切换到自动检测状态。

① 加载减速测试的过程必须完全自动化，具体要求见 GB 3847—2018 中附录 B.4 的检测软件说明。在整个检测循环中，均由计算机控制系统自动完成对测功机加载减速过程的控制。

② 自动控制系统采集二组检测状态下的检测数据，以判定受检车辆的排气光吸收系数 k 和 NO_x 是否达标，二组数据分别在 VelMaxHP 点和 80%VelMaxHP 点获得。

③ 上述二组检测数据包括轮边功率、发动机转速、排气光吸收系数 k 和 NO_x，必须将不同工况点的测量结果都与排放限值进行比较。若测得的排气光吸收系数 k 或 NO_x 超过了标准规定的限值，均判断该车的排放不合格。

(6) 检测开始后，检测员应始终将油门保持在最大开度状态，直到检测系统通知松开油门为止。在试验过程中检测员应实时监控发动机冷却液温度和机油压力。一旦冷却液温度超出了规定的温度范围，或者机油压力偏低，都必须立即暂时停止检测。冷却液温度过高时，检测员首先应松开油门踏板，将变速器置空挡，使车辆停止运转；然后使发动机在怠速工况下运转，直到冷却液温度重新恢复到正常范围为止。

(7) 检测过程中，检测员应时刻注意受检车辆或检测系统的工作情况。

(8) 检测结束后，打印检测报告并存档。

三、林格曼烟度法

1. 术语和定义

(1) 烟羽：从柴油车排气口排出的气流。

(2) 林格曼黑度级数：评价烟羽黑度的一种数值，将观测的烟羽黑度与林格曼烟气黑度图对比得到。

(3) 林格曼烟气黑度图：标准的林格曼烟气黑度图由 14 cm × 21 cm 的不同黑度的图片组成，除全白与全黑分别代表林格曼黑度 0 级和 5 级外，其余 4 个级别是根据黑色条格占整块面积的百分数来确定的，黑色条格的面积占 20% 为 1 级，占 40% 为 2 级，占 60% 为 3

级，占 80% 为 4 级。

2. 测量原理

把林格曼烟气黑度图放在适当的位置上，将柴油车排气的烟度与图上的黑度相比较，确定柴油车排气烟羽的黑度。

3. 资料(图片)与仪器和设备

(1) 林格曼烟气黑度图。

(2) 计时器(秒表或手表)，精度为 1 s。

(3) 烟气黑度图支架。

(4) 风向、风速测定仪。

4. 观测位置和条件

(1) 应在白天进行观测，观测人员与柴油车排气口的距离应足以保证可清晰地观察到排气情况。林格曼烟气黑度图安置在固定支架上，图片面向观测人员，尽可能使图片位于观测人员至排气口端部的连线上，并使图与排气有相似的天空背景。图距观测人员应有足够的距离，以使图上的线条看起来融合在一起，从而使每个方块有均匀的黑度。

(2) 观测人员的视线应尽量与排气烟羽飘动的方向垂直。观察排气烟羽的仰视角不应太大，一般情况下不宜大于 45°，尽量避免在过于陡峭的角度下观察排气烟羽。

(3) 力求在比较均匀的光照下观察排气烟羽黑度。如果在太阳光照射下观察，则应尽量使照射光线与视线成直角，光线不应来自观测人员的前方或后方。雨雪天、雾天及风速大于 4.5 m/s 时不应进行观察。

5. 观测方法

(1) 观察排气烟羽的部位应选择在排气黑度最大的地方。观察时，观测人员连续观测排气黑度，将排气的黑度与林格曼烟气黑度图进行比较，记下排气的林格曼级数最大值作为林格曼烟度值。如排气黑度处于两个林格曼级之间，可估计一个 0.5 或 0.25 林格曼级数。

(2) 观察排气宜在比较均匀的天空照明下进行。如在阴天的情况下观察，由于天空背景较暗，在读数时应根据经验取稍偏低的级数(减去 0.25 级或 0.5 级)。

6. 记录观测值

(1) 观测人员连续观测排气烟度，将排气的黑度与林格曼烟气黑度图进行比较，记下观测过程中排气的林格曼级数最大值作为林格曼烟度值。

(2) 采用林格曼烟度测试仪观测排气烟度时，记录林格曼烟度测试仪的最大读数作为林格曼烟度值。

7. 林格曼烟气黑度图

标准的林格曼烟气黑度图由 5 张不同黑度的图片组成，可以通过在白色背景上确定宽度的黑色线条和间隔的矩形网格来准确印制。每张图片中，网格所占的面积是 14 cm × 21 cm，每个小格长 10 mm，宽 10 mm。每张图片上的网格由 294 个小格组成。林格曼黑度是根据黑色条格占整块面积的百分数来确定的，如图 7-18 所示。

林格曼黑度 0 级——全白。

林格曼黑度 1 级——图片 1，每个小格长、宽均为 10 mm，黑色线条宽 1 mm，余下 9 mm × 9 mm 平方的空白(黑色条格的面积占 20%)。

林格曼黑度 2 级——图片 2，每个小格长、宽均为 10 mm，黑色线条宽 2.3 mm，余下 7.7 mm × 7.7 mm 平方的空白(黑色条格的面积占 40%)。

林格曼黑度 3 级——图片 3，每个小格长、宽均为 10 mm，黑色线条宽 3.7 mm，余下 6.3 mm × 6.3 mm 平方的空白(黑色条格的面积占 60%)。

林格曼黑度 4 级——图片 4，每个小格长、宽均为 10 mm，黑色线条宽 5.5 mm，余下 4.5 mm × 4.5 mm 平方的空白(黑色条格的面积占 80%)。

林格曼黑度 5 级——全黑。

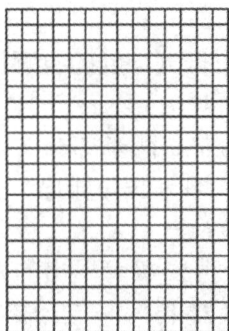

图片 1　林格曼 1 级　　　图片 2　林格曼 2 级　　　图片 3　林格曼 3 级　　　图片 4　林格曼 4 级

图 7-18　林格曼等级图示

四、检验结果分析

检测结果应符合 GB 3847 的要求。如果柴油车自有加速烟度值超过标准，则主要是由于供油系统调整不当所致。此外，柴油机气缸活塞组和曲柄连杆机构的技术状况及柴油的质量等也会对检测结果造成一定的影响。下面主要对排烟故障进行简要分析。

1. 黑烟故障

柴油机工作时黑烟浓重，其故障多由于喷油量过大、雾化不良、各缸喷油量不均匀、喷油时刻过早、调速器失调和空气滤清器堵塞等原因引起。

2. 蓝烟故障

蓝色烟雾一般是由于润滑油窜入燃烧室后燃烧而生成的。因此，发现蓝色烟雾后，首先要检查油底壳的油面高度是否超高，因为润滑油油面过高容易造成润滑油上窜。值得注意的是，检查油面高度时，切不可在发动机停止工作后就抽出油尺查看，因为此刻飞溅到曲轴箱壁的润滑油尚未流回，必须待停机后 10 min 再抽出查看。如果经检查油面高度正常，则可进一步检查气缸压缩压力。

3. 白烟故障

燃油中的水分或冷却液漏入气缸，经加热后化为蒸汽由排气管喷出，常被视为白烟。在气温较低或下雨天露天停放车辆后，待发动机初次起动时，排气管所冒白烟往往是由于尾气消声器内积水被发动机尾气加热蒸发造成的。在发动机起动运转正常后，水汽蒸发完毕，症状也会随之消失。

　　柴油机喷油时刻过迟、喷油压力低、雾化不良，均可导致柴油未经充分燃烧即化作灰色烟雾排出。因此，发现车辆排气管冒灰白色烟雾时，应及时检查喷油正时、喷油压力等是否符合标准要求。

本 章 小 结

　　(1) 汽车排放的污染物主要有 CO、HC、NO_x、微粒(由碳烟、铅氧化物等重金属氧化物和烟灰等组成)和硫化物等。

　　(2) 汽油车排放污染物检测使用的仪器主要是排气分析仪，柴油车排气烟度的检测仪器主要是不透光式烟度计。

　　(3) 不透光烟度计的工作原理是：测量单元的测量室是一根分为左右两半部分的圆管，被测排气从中间的进气口进入，分别穿过左圆管和右圆管，从左出口和右出口排出。左右两侧装有两个凸透镜，左端装有绿色发光二极管，右端装有光电转换器，发光二极管至左透镜及光电转换器至右透镜的光程都等于透镜的焦距。因此，发光二极管发出的光通过左透镜后就成为一束平行光，再通过右透镜后，汇聚于光电转换器上，并转换成电信号。排气中含烟越多，平行光穿过测量室时光能衰减越大，经光电转换器转换出的电信号就越弱。

　　(4) 加载减速工况法的原理是：使用底盘测功机对汽车施加阻力来模拟车辆在实际道路上行驶的阻力。该方法在 2 个加载工况点测量发动机的排气光吸收系数 k 和氮氧化物。两个工况点分别是 VelMaxHP 点和 80%VelMaxHP 点。

　　(5) 林格曼黑度级数是评价烟羽黑度的一种数值，是将观测的烟羽黑度与林格曼烟气黑度图对比得到的。标准的林格曼烟气黑度图由 14 cm × 21 cm 的不同黑度的图片组成，除全白与全黑分别代表林格曼黑度 0 级和 5 级外，其余 4 个级别是根据黑色条格占整块面积的百分数来确定的，黑色条格的面积占20%时为 1 级，占40%时为 2 级，占60%时为 3 级，占80%时为 4 级。

复习思考题

　　1. 机动车排放污染物主要有哪些？
　　2. 汽车废气分析仪的原理是什么？
　　3. 不透光烟度计的测量原理是什么？
　　4. GB 3847—2018 关于压燃式发动机车辆排放性要求限值标准中，林格曼黑度法的限值要求是多少？
　　5. 试述柴油机加载减速法的试验方法。

第八章　机动车其他性能检验

　　机动车前照灯是为驾驶员提供行车道路照明的重要设备，而且也是驾驶员发出警示，进行联络的灯光信号装置。国标 GB 38900—2020《机动车安全技术检验项目和方法》规定机动车的前照灯必须有足够的发光强度。汽车噪声也已经成为一些大城市的主要噪声源。所以在进行机动车综合性能检验时，会检验机动车的噪声。汽车在高速条件下，由于车轮的不平衡，其不平衡质量在高速旋转时会引起车轮的上下振动和横向摆动，不仅影响汽车的行驶平顺性，也影响乘客的乘坐舒适性。因此机动车在进行综合性能检验时，也会检验车轮的不平衡性。本章主要讲解机动车前照灯发光强度的检验方法、机动车喇叭声级的检验方法。

第一节　机动车前照灯检验

　　机动车在夜间或能见度较低的条件下，前照灯是为驾驶员提供行车道路照明的设备，前照灯的发光强度和照射方向影响着行车安全。前照灯也是驾驶员发出警示，进行联络的灯光信号装置，所以前照灯必须有足够的发光强度和正确的照射方向。行车过程中，汽车受到振动，可能引起前照灯部件的安装位置发生变动，从而使光束的照射方向发生改变，同时，灯泡在使用过程中会逐步老化，反射镜也会受到污染而使其聚光的性能变差，导致前照灯的亮度不足。这些变化，都会使驾驶员对前方道路情况辨认不清，或在与对面来车交会时造成对方驾驶员眩目等，从而导致交通事故的发生。因此，保持汽车前照灯良好的性能非常重要。

一、机动车前照灯检验的限值要求

　　GB 7258 对汽车前照灯的要求如下：

1. 基本要求

　　(1) 在正常使用条件下，汽车前照灯光束照射位置应保持稳定。

　　(2) 装有前照灯的汽车应有远、近光变换装置，并且当远光变为近光时，所有远光应能同时熄灭。同一辆汽车上的前照灯不允许左、右的远、近光灯交叉开亮。

　　(3) 所有前照灯的近光都不允许眩目。

　　(4) 汽车(三轮汽车除外)、摩托车及轻便摩托车装用的前照灯应分别符合 GB 4599—2007《汽车用灯丝灯泡前照灯》、GB 5948—1998《摩托车白炽丝光缘前照灯配光性能》、

GB 19152—2016《轻便摩托车前照灯配光性能》、GB 21259—2007《汽车用气体放电光源前照灯》、GB 25991—2010《汽车用 LED 前照灯》的规定。安装有自适应前照明系统的，应符合 GB/T 30036—2013《汽车用自适应前照明系统》的规定。

(5) 汽车(三轮汽车及设计和制造上能保证前照灯光束高度照射位置在规定的各种装载情况下均符合 GB 4785 要求的汽车除外)应具有前照灯光束高等调整装置/功能，以方便地根据装载情况对光束照射位置进行调整；该调整装置如为手动的，应坐在驾驶座上就能操作。

2. 发光强度要求

汽车每只前照灯的远光光束发光强度应达到表 8-1 的要求。测试时，其电源系统应处于充电状态。

表 8-1　前照灯远光光束发光强度最小值要求　(单位：坎[德拉](cd))

汽车类型		检 查 项 目					
		新注册车			在用车		
		一灯制	两灯制	四灯制 [a]	一灯制	两灯制	四灯制 [a]
三轮汽车		8000	6000	—	6000	5000	—
最高设计车速小于 70 km/h 的汽车		—	10 000	8000	—	8000	6000
其他汽车			18 000	15 000		15 000	12 000
普通摩托车		10 000	8000	—	8000	6000	—
轻便摩托车		4000	3000		3000	2500	
拖拉机运输机组	标定功率>18 kW		8000			6000	
	标定功率≤18 kW	6000 [b]	6000		5000 [b]	5000	

注：a. 四灯制是指前照灯具有四个远光光束；采用四灯制的汽车其中两只对称的灯达到两灯制的要求时，视为合格；

　　b. 允许手扶拖拉机运输机组只装用一只前照灯。

3. 光束照射位置要求

(1) 在空载车状态下，汽车前照灯近光光束照射在距离 10 m 的屏幕上，如图 8-1 所示，近光光束明暗截止线转角或中点的垂直方向位置，对于近光光束透光面中心(基准中心，下同)高度小于或等于 1000 mm 的机动车，应不高于近光光束透光面中心所在水平面以下 50 mm 的直线且不低于近光光束透光面中心所在水平面以下 300 mm 的直线；对于近光光束透光面中心高度大于 1000 mm 的机动车，应不高于近光光束透光面中心所在水平面以下 100 mm 的直线且不低于近光光束透光面中心所在水平面以下 350 mm 的直线。除装用一只前照灯的三轮汽车和摩托车外，前照灯近光光束明暗截止线转角或中点的水平方向位置，与近光光束透光面中心所在位置面相比，向左偏移应小于或等于 170 mm，向右偏移应小于或等于 350 mm。

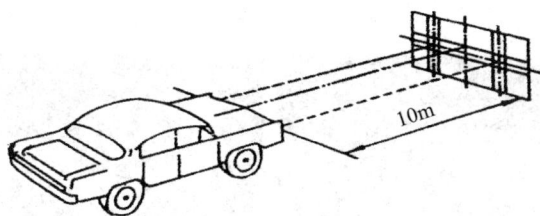

图 8-1　汽车前照灯与屏幕的距离

(2) 在空载车状态下，轮式拖拉机运输机组装用的前照灯近光光束照射在距离 10 m 的屏幕上，近光光束中点的离地高度应小于或等于 0.7H(H 为前照灯近光光束透光面中心的高度)；水平位置向右偏移应小于或等于 350 mm，且不应向左偏移。

(3) 在空载车状态下，对于能单独调整远光光束的汽车前照灯，前照灯远光光束照射在距离 10 m 的屏幕上，其发光强度最大点的垂直方向位置，应不高于远光光束透光面中心所在水平面(高度值为 H)以上 100 mm 的直线且不低于远光光束透光面中心所在水平面以下 0.2H 的直线。除装用一只前照灯的三轮汽车和摩托车外，前照灯远光发光强度最大点的水平位置，与远光光束透光面中心所在垂直面相比，左灯向左偏移应小于等于 170 mm 且向右偏移应小于等于 350 mm，右灯向左和向右偏移均应小于等于 350 mm。

二、汽车前照灯的检测设备

用于检测汽车前照灯性能的设备，称为前照灯检测仪。根据检测距离和方法的差异，前照灯检测仪可分为聚光式、投影式和自动跟踪光轴式等。按测试方法和功能可分为手动、电动、远光光轴自动跟踪、远近光光轴自动跟踪式。

前照灯检测仪又可分为光电池式和 CCD 式等。光电池式前照灯检测仪的主要元器件是硅半导体光电池和聚光透镜。光电池用于吸收前照灯发出的光能，将其转变成光电池的电流，按该电流的大小来确定前照灯的发光强度与光轴偏移量。目前应用较多的是 CCD 式前照灯检测仪，主要有南华生产的 NHD—6101 型远近光检测仪和佛山生产的 FD—103 型远近光检测仪。这两种型号前照灯检测仪在透镜的前后安装有两个 CCD 摄像机，分别负责光轴的跟踪和前照灯配光性能及照射方向的分析。有的检测仪，如南华生产的 QD—1003 型前照灯检测仪在透镜后安装有一个 CCD 摄像机用于前照灯配光性能和照射方向的分析，而光轴的跟踪仍沿用以前的光电池方法。有的检测仪的立柱上装有扫描光电管阵列，其作用是扫描汽车前照灯的大概位置，以便光接收箱快速定位。

1. CCD 式前照灯检测仪工作原理

1) 前照灯光轴的定位原理

前照灯检测仪可以对进入光接收箱的前照灯光束进行拍摄，利用计算机和图像处理技术对整个光斑进行量化分析处理，找出前照灯的光轴中心，通过控制系统控制驱动电机，使光接收箱的光学中心和前照灯的远光(或近光)光束中心准确重合。当光接收箱的光学中心和前照灯的远光光束中心准确重合时，如图 8-2(a)所示，上下、左右电机不动，仪器处于平衡状态；当光接收箱的光学中心和前照灯的远光光束中心不重合时，如图 8-2(b)所示，计算机会发出指令，使上下、左右电机走动，直到光接收箱的光学中心和前照灯的远光光束中心准确重合。

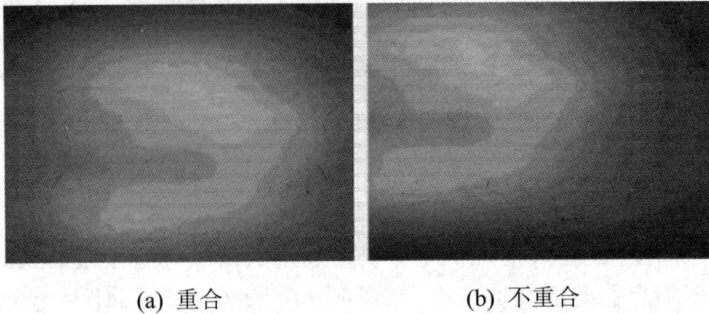

(a) 重合　　　　　　　　　　(b) 不重合

图 8-2　未进行聚光的前照灯光束灰度图像

2) 偏角和光强的测量原理

对准光轴后，前照灯检测仪的 CCD 相机拍摄光接收箱聚光后的前照灯光斑，利用计算机和图像处理技术对整个焦平面光斑进行量化分析处理，找出其光束中心。不同偏角的光束其光学中心成像在焦平面上的位置不同；不同光强的点，其在图像上的灰度也不同。光强越强的点，光斑越白；光强越小的点，光斑越暗。前照灯检测仪可以测出汽车前照灯的角度和光强。当汽车前照灯远光的偏角为 0° 时，远光(或近光)灯光束经过聚光透镜聚光后，其成像在焦平面光学中心，也在焦平面的中心，其成像在焦平面的光分布图如图 8-3(a)所示。当汽车前照灯远光的偏角不为 0° 时，远光灯光束经过聚光透镜聚光后，其成像在焦平面光学中心但不在焦平面的中心，其成像在焦平面的光分布图如图 8-3(b)所示。

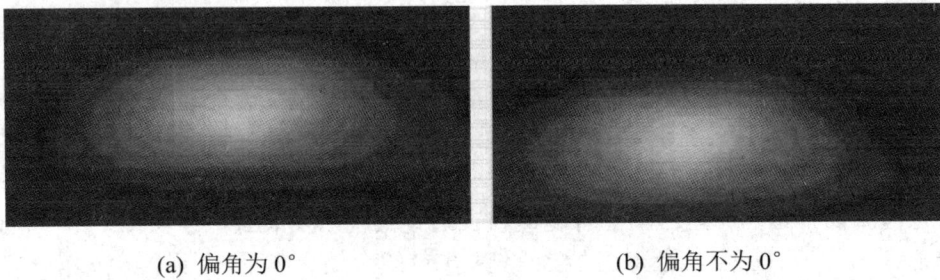

(a) 偏角为 0°　　　　　　　　　　(b) 偏角不为 0°

图 8-3　聚光后的前照灯光分布图

2. 前照灯检测仪的组成

用检测仪检测灯光性能时，一般距离大灯为 1 m 或 3 m，检测时前照灯的光束通过检测仪的聚光透镜和光电元件等，将 1 m 或 3 m 处的光照度折算成 10 m 处的照度，并以发光强度值进行指示。

下面以目前应用较多的南华厂生产的 NHD-6101 型远近光检测仪说明全自动前照灯远近光检测仪结构。NHD-6101 型远近光检测仪外形如图 8-4 所示。

控制机是前照灯检测仪进行数据处理及控制的计算机。控制机前面板的液晶显示器下方装有操作键盘(参见图 8-4(a))，背面装有插座连接板(参见图 8-4(b))。

底座是整台仪器的基座，装有水平方向驱动系统，以驱动仪器整机作水平方向运动；底座内装有受光箱的上下传动机构、限位开关组、高度检测机构等。立柱是控制机支承部分，也是受光箱垂直运动的支承导向柱。立柱内还安装有电气系统的主控板、电机控制板、电源板等控制线路板。立柱表面安装有扫描光电管阵列。接线盒位于立柱后侧，装有各连接电缆的插座。回转台装有驱动受光箱做上下、左右摆动的传动机构，是受光箱的支承座。受光箱内装有光电检测元件及光学测量系统，用以测取检测参数。各指示表用以显示实时测量数据。观测屏幕是用以观察远光配光特性及近光明暗截止线的显示面板，当扳起"观察把手"时，被检前照灯的配光图像就会投射在屏幕上，这时可借助屏幕上的刻度，对配光图像进行目测。控制盒上面装有各种控制键，供用户执行操作。

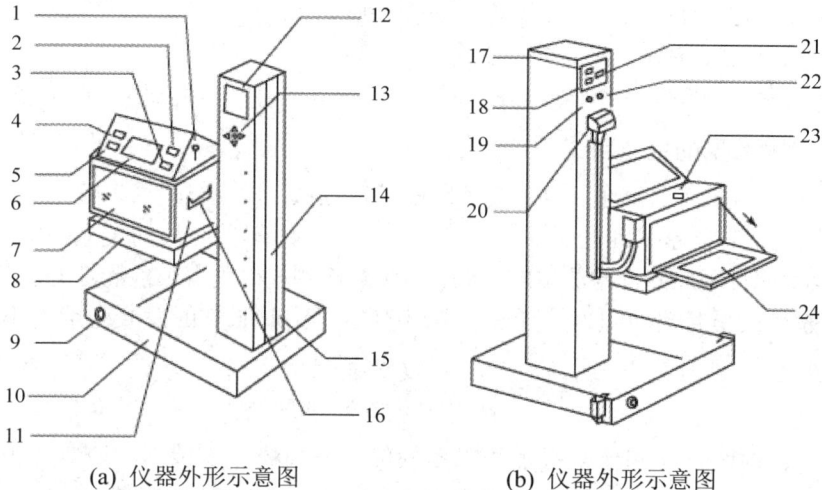

(a) 仪器外形示意图　　　　　　　(b) 仪器外形示意图

1—观测把手；2—左右方向指示表；3—上下方向指示表；4—光强指示表；5—高度指示表；
6—观测屏幕；7—菲涅尔透镜；8—回转平台；9—水平调整偏心轮；10—底座；11—受光箱；12—控制机；
13—操作键盘；14—立柱盖板；15—立柱；16—准星；17—数字信号接口；18—显示器插座；
19—电源开关；20—接线盒；21—打印机接口；22—电源插座；23—水准泡；24—参数调校板

图 8-4　NHD-6101 型远近光检测仪

三、检验方法

1. 检验前的准备

(1) 检测前照灯前应保持前照灯配光镜的清洁，应擦干净配光镜上的脏物，以免影响发光强度。

(2) 汽车空载，车内乘坐 1 人，轮胎气压符合规定。

(3) 蓄电池电压正常。

2. 检测步骤

(1) 被检车辆沿引导线居中行驶至规定的检测距离处停止，车辆的纵向轴线应与引导线平行，如不平行，车辆应重新停放，或采用车辆摆正装置进行拨正。

(2) 发动机怠速运转，蓄电池处于充电状态。

(3) 利用前照灯检测仪上的找准器，使检测仪和待检测的汽车前照灯对正。

(4) 若为四灯制车，则应遮住暂不检测的前照灯，只保留一只前照灯。

(5) 接通前照灯，并测量其远光发光强度及远光照射位置偏移值。

注: 前照灯远光照射位置偏移值检验仅对远光光束能单独调整的前照灯进行；远光光束能单独调整的前照灯是指手工或通过使用专用工具能够在不影响近光光束照射角度的情况下调整远光光束照射角度的前照灯，通常情况下远近光束一体的前照灯其远光光束照射角度不能单独进行调整。

(6) 将被检前照灯转换为近光光束，检测其近光光束明暗截止线转角(或中点)的照射位置偏移值。

(7) 根据上述(5)、(6)步骤，对各前照灯逐一检测。

(8) 采用气体放电光源前照灯时，测试前应预热。

(9) 检测完毕，前照灯检测仪移开，汽车驶离检测工位，切断检测仪电源。

3. 影响检测结果的主要因素

(1) 发动机怠速转速。汽车发动机怠速时的转速过低，发电机转速也随之降低，从而使发电机处于非发电状态，蓄电池处于非充电状态，此时，汽车前照灯的发光强度将有所降低。

(2) 汽车前照灯距前照灯检测仪的距离。前照灯检测仪检测汽车前照灯的发光强度时，是根据前照灯检测仪受光器的照度，通过下式计算后得到前照灯的发光强度大小的。

$$照度 = \frac{发光强度}{离开光源距离的平方}$$

由此可见，前照灯检测仪距光源的距离越远，得到的照度越小；检测仪距光源的距离越近，得到的照度越大。实际检测时，检测仪要求汽车前照灯距前照灯检测仪的距离在一定值范围内，如果汽车前照灯距检测仪的距离比要求的距离远，则检测仪检测到的照度就小，最终指示的前照灯发光强度检测值也就比实际的小；相反，如果汽车前照灯距检测仪的距离比要求的距离小，则检测仪检测到的照度就大，最终指示的前照灯发光强度检测值也就比实际的大。

因此，检测前照灯发光强度时，要严格掌握检测仪距离汽车的距离。

(3) 汽车纵轴轴线是否与大灯仪导轨垂直。国家标准规定的前照灯光轴偏移量限值要求，是在距离汽车前照灯 10 m 远的屏幕上测量的结果。通过理论计算可知，如果汽车纵轴轴线与大灯仪导轨不垂直，而是偏移了 1°，则会使光轴偏移量变化 174 mm；如果汽车纵轴轴线与大灯仪导轨不垂直，而是偏移了 2°，则会使光轴偏移量变化 350 mm。

因此，实际检测时一定要尽可能地使汽车纵轴轴线与大灯仪导轨垂直。

(4) 其他光源的照射。检测前照灯时，应避免外界强光照射，否则会影响检测结果。

第二节　喇叭声级检验

一、机动车喇叭声级的限值要求

1. 驾驶人耳旁噪声检测要求

GB 7258—2017《机动车运行安全技术条件》规定：汽车(纯电动汽车、燃料电池汽车和低速汽车除外)驾驶员耳旁噪声声级应小于或等于 90 dB(A)。

2. 汽车喇叭声级检测要求

GB 18565—2016《道路运输车辆综合性能要求和检验方法》规定：喇叭应能发出连续、均匀的声响，声压级应为 90～115 dB(A)。

二、声级计

不论是评价汽车噪声水平的高低，还是控制汽车噪声，首先都应确知噪声的状况，而后与允许噪声标准进行比较，确定所需减噪量的数值，并以此为依据，采取一定技术措施来控制噪声。在各项控制措施实施后，还要检验噪声控制的效果。因此噪声的测量是汽车噪声控制与评价的重要组成部分。

在汽车噪声测试中，常用的设备是声级计。

1. 声级计的结构与工作原理

声级计是一种能把工业噪声、生活噪声和交通噪声等，按人耳听觉特性近似地测定其噪声级的仪器。噪声级是指用声级计测得的并经过听感修正的声压级(dB)或响度级(phon)。

声级计一般由传声器、放大器、衰减器、计权网络、检波器、指示表头和电源等组成，图 8-5 所示是 HY104 型声级计外形结构。

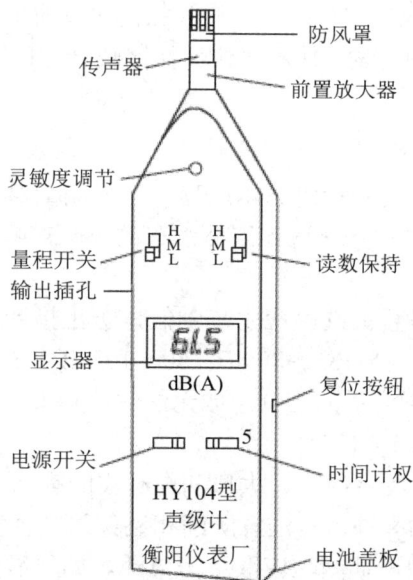

图 8-5　HY104 型声级计外形结构

(1) 传声器。传声器也称为话筒，是声级计的传感器，将声压信号转变为电压信号。

电容式传声器主要由金属膜片和靠得很近的金属电极组成，它实质上是一个平板电容。金属膜片与金属电极构成了平板电容的两个极板。当膜片受到声压作用时，膜片发生变形，使两个极板之间的距离发生改变，电容量也随之发生变化，从而产生交变电压，其波形在传声器线性范围内与声压级波形成比例,实现了将声压信号转变为电压信号的作用。

电容式传声器是声学测量中比较理想的传声器，它具有动态范围大、频率响应平直、灵敏度高和在一般测量环境中稳定性好等优点，得到广泛应用。由于电容式传声器输出阻抗很高，因此需要通过前置放大器进行阻抗变换，前置放大器装在声级计内部靠近安装电容式传声器的部位。

(2) 放大器和衰减器。一般声级计的放大线路中都采用两级放大器，即输入放大器和输出放大器，其作用是将微弱的电信号放大。输入衰减器和输出衰减器用来改变输入信号的衰减量和输出信号的衰减量，以便使表头指针指在适当的位置，其每一挡的减量为 10 dB。输入放大器使用的衰减器调节范围为测量低端(如 0～70 dB)，输出放大器使用的衰减器调节范围为测量高端(如 70～120 dB)。

(3) 计权网络。为了模拟人耳听觉在不同频率有不同的灵敏性，在声级计内设有一种能够模拟人耳的听觉特性，把电信号修正为与听感近似的网络，这种网络叫作计权网络。通过计权网络测得的声压级已不再是客观物理量的声压级(叫线性声压级)，而是经过听感修正的声压级，叫做计权声级或噪声级。从声级计上得出的噪声级读数必须注明测量条件。

(4) 检波器和指示表头。为了使经过放大的信号通过表头显示出来，声级计还需要有检波器，以便把迅速变化的电压信号转变成变化较慢的直流电压信号。这个直流电压的大小要正比于输入信号的大小。

指示表头是一只电表，只要对其刻度进行一定的标定，就可从表头上直接读出噪声级的 dB 值。声级计表头阻尼一般都有"快"和"慢"两个挡。"快"挡的平均时间为 0.27 s，很接近于人耳听觉器官的生理平均时间；"慢"挡的平均时间为 1.05 s。当对稳态噪声进行测量或需要记录声级变化过程时，使用"快"挡比较合适；在被测噪声的波动比较大时，使用"慢"挡比较合适。

2. 使用声级计的注意事项

(1) 避免在本底噪声大的场所检测。本底噪声是指测量对象的噪声不存在时，周围环境的背景噪声。检测场地的本底噪声应比所测汽车的喇叭声响低至少 10 dB，并保证测量不被偶然的其他声源所干扰。

(2) 检测时要注意仪表量程的选择应由高到低，防止指针超出刻度线以外。仪器的测量范围为 35～130 dB，分为三挡：35～80 dB；60～105 dB；85～130 dB。测量前应根据被测声音的大小将量程开关置于合适的挡位，如无法估计其大小，应先将量程开关置于最高挡。测量喇叭声级时，使用 85～130 dB 挡。

(3) 检测时要避免声级计受反射音、大风和电磁波的影响。

(4) 声级计要避免受振动和冲击，注意防潮和避免阳光直射。

(5) 电池式声级计在不使用期间，应取下干电池。如果显示器左下方显示出电压低落标志"→"，则表明电池已低于规定的工作电压，需要更换。在更换电池时，要特别注意应将电源开关置于"关"的位置。每天下班以前一定不要忘记关掉电源开关，否则第二天电池的电能将耗尽。

(6) 声级计前端的多孔泡沫塑料圆球是风罩，在室外测量或当风速超过 0.5 m/s 时应使用风罩，以减少风噪声的影响。风罩还能保护传声器不受尘埃的损害，因此在检测站内也应使用风罩。

(7) 声级计每年要接受有关部门的检定。

三、喇叭声级的检验方法

(一) 驾驶人耳旁噪声测量方法

车内噪声的测量应满足如下要求：

测量跑道应有实验需要的足够长度，应是平直、干燥的沥青路面或混凝土路面；测量时的风速(指相对路面)应不大于 3 m/s；测量时车辆门窗应关闭，车内其他辅助设备若是噪声源，测量时是否启动，应按正常使用情况而定；车内本底噪声比所测车内噪声至少低 10 dB(A)，并保证测量不被偶然的其他声源所干扰；车内除驾驶员和测量人员外，不应有其他人员。

车内噪声测量时通常在人耳附近布置测点，噪声测量点位置如图 8-6 所示。

(1) 汽车空载，处于静止状态且置变速器于空挡，发动机应处于额定转速状态，门窗紧闭。

(2) 环境噪声应低于被测噪声值至少 10 dB(A)。

(3) 声级计置于"A"计权、"快"挡。

(4) 测量位置应符合 GB/T 18697 的规定。

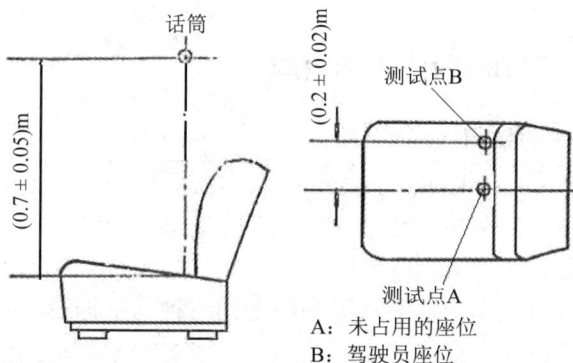

图 8-6　传声器相对于座位的位置

测量汽车以常用挡位 50 km/h 以上的不同车速等速行驶时的车内噪声。用声级计"慢"挡测量 A、C 计权声级，分别读取表头指针最大读数的平均值。如果做车内噪声频谱分析，则应包括中心频率为 31.5、63、125、250、500、1000、2000、4000、8000 Hz 的倍频带声级。

(二) 汽车喇叭声级的测量方法

(1) 将声级计置于车前 2 m、离地高 1.2 m 处，如图 8-7 所示，且传声器指向被检车辆驾驶员位置。

(2) 将声级计计权网络开关扳至"A"级计权和快挡位置。

(3) 检测环境本底噪声应<80 dB(A)。

(4) 按喇叭连续发声 3 s 以上，读取检测数据。

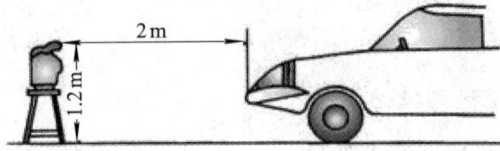

图 8-7　汽车喇叭噪声的测点位置

四、检验结果分析

检测结果应符合国家标准对喇叭声级的要求，如检测结果超出限值要求，则应对喇叭进行相应的修理或更换。

汽车噪声的容许标准因车辆的种类、功率和用途不同而有所差异。指定这种标准既是为了控制环境噪声，也是为了促进车辆质量的提高。各国制定的标准有所不同，但都用 A 声级，标准也日渐严格。

第三节　ABS 防抱死制动检验

一、防抱死制动系统(ABS)的作用和组成

1. 防抱死制动系统的作用

防抱死制动系统(Antilock Brake System)简称 ABS，其作用就是在汽车制动时，自动控制制动器制动力的大小，使车轮不被抱死，处于边滚边滑(滑移率在 20%左右)的状态，以保证车轮与地面的附着力在最大值。

车轮的运动状态有纯滚动、边滚边滑和纯滑动三种。空挡滑行时，可近似认为车辆在做匀速运动，此时车轮也处于近似纯滚动状态；驾驶员踩下制动踏板并产生制动力后，车辆处于边滚边滑状态；当轮胎完全抱死后，车轮就处于纯滑动状态。为了定量表示车轮的运动状态，定义车轮的滑移率参数 S 为

$$S = \frac{u_a - \omega_r r}{u_a} \times 100\%$$

式中：u_a——车速，单位为 km/h；

　　　ω_r——车轮转速，单位为 r/min；

　　　r——车轮的滚动半径，单位为 m。

S 表示了车轮运动过程中滑动成分所占的比例。当车轮做近似纯滚动时，$S = 0$；当车轮完全抱死拖滑时，$S = 100\%$；当车轮边滚边滑时，$0 < S < 100\%$。附着系数随滑移率的变化如图 8-8 所示。由图 8-8 可以看出，纵向力系数的最大值并非出现在 $S = 100\%$ 时，而是在 $S = 18\%$ 左右。也就是说，当车轮完全抱死时，地面制动力并不是最大的。如果能够把纵向滑移率控制在 20%附近(约 10%～30%的范围内)，则车辆制动时就能获得最大制动力，

制动效能最高。

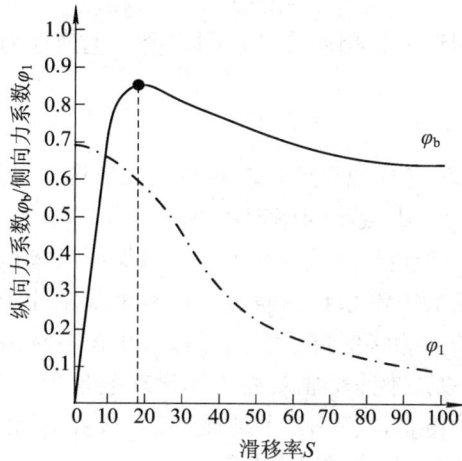

图 8-8 $\varphi - S$ 曲线

防抱死制动系统的作用就是防止车轮抱死，并使车轮的滑移率保持在 10%～30%的范围内，保证车轮与路面有良好的纵向和侧向附着力，保证汽车制动时方向的稳定性，提高汽车的制动效能。

2. 防抱死制动系统的分类

电子控制 ABS 按传递介质的不同，分为液压式和气压式两种。液压式 ABS 主要用于采用液压制动系的轿车和轻型车辆，而气压式 ABS 一般用于采用气压制动系的商用车和大、中型客车。在防抱死制动系统中，能够独立进行制动压力调节的制动管路称为控制通道。每个控制通道可以只有一个车轮，也可以是两个或者多个车轮。对于四轮车辆，按控制通道的数量，防抱死制动系统常分为四通道式、三通道式和一通道式。不同通道的系统布置形式如图 8-9 所示。

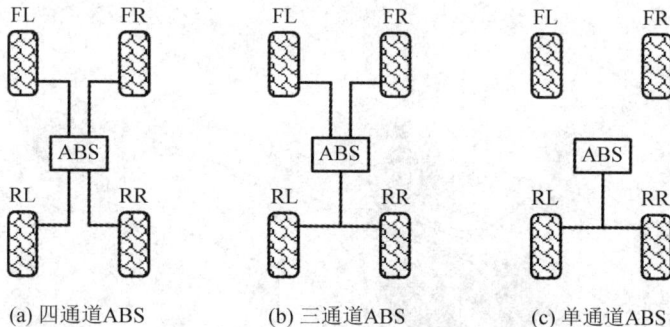

(a) 四通道ABS　　(b) 三通道ABS　　(c) 单通道ABS

图 8-9 四轮汽车 ABS 不同通道数量的布置形式

1) 四通道式

四通道 ABS 有四个轮速传感器，在通往四个车轮制动分泵的管路中，各设一个制动压力调节器装置，独立控制，构成四通道控制形式(图 8-9(a)所示)。四通道防抱死制动系统可以最大限度地利用每个车轮的最大附着力进行制动。当车辆左右两侧车轮的附着力相近时，两侧车轮所产生的制动力几乎相等，而且接近于附着力的极限，车辆具有良好的方向稳定性和制动性。但是如果汽车左右两个车轮的附着系数相差较大(如路面部分积水或结冰)，则制动时两个车轮的地面制动力就相差较大，因此会产生横摆力矩，影响汽车的制动方向稳定性。

2) 三通道式

三通道 ABS 是对两前轮进行独立控制，两后轮按低选原则进行一同控制(即两个车轮由一个通道控制，以保证附着力较小的车轮不抱死为原则)。三通道防抱死制动系统如图8-9(b)所示。两后轮按低选原则进行一同控制时，可以保证汽车在各种条件下左右两后轮的制动力相等，即使两侧车轮的附着系数相差较大，两个车轮的制动力都限制在附着力较小的水平，使两个后轮的制动力始终保持平衡，保证汽车在各种条件下制动时都具有良好的方向稳定性。对两前轮进行独立控制，主要考虑车辆在紧急制动时会发生很大的轴荷转移，使前轮的附着力比后轮的大得多，特别是前轮驱动的车辆，前轮的制动力在汽车总制动中所占的比例较大，可以充分利用两前轮的附着力。

3) 一通道式

一通道式 ABS 也叫单通道 ABS，它是在后轮制动器总管中设置一个制动压力调节器，在后桥主减速器上安装一个轮速传感器(也有在后轮上各安装一个)，其结构如图8-9(c)所示。

3. 防抱死制动系统的结构

防抱死制动系统主要由制动总泵、制动分泵、轮速传感器、制动压力调节器、ABS 电控单元和 ABS 报警灯等组成，如图 8-10 所示。其中制动压力调节器主要由调压电磁阀总成、回液泵总成和储液器组成。

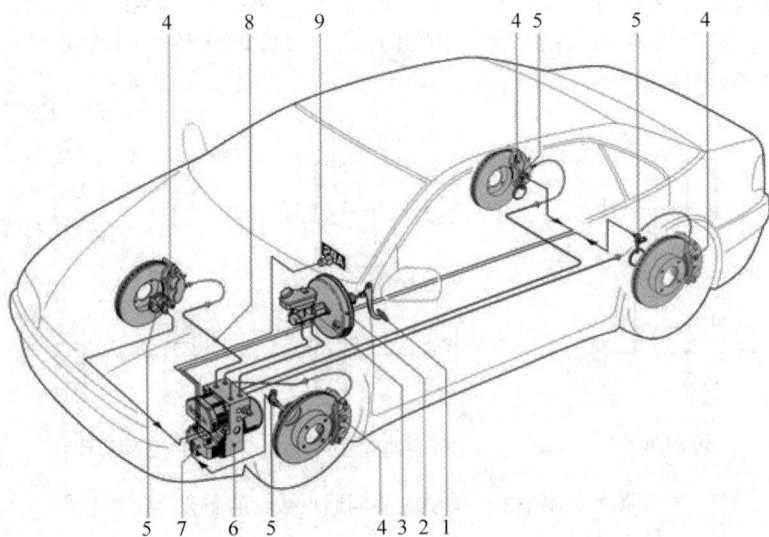

1—制动踏板；2—真空助力器；3—制动总泵；4—制动分泵；5—轮速传感器；

6—制动压力调节器总成；7—ECU；8—液压管路；9—ABS 报警灯

图 8-10　典型的防抱死制动系统的组成

4. 防抱死制动系统的工作原理

在制动时，防抱死制动系统的电子控制单元 ECU 根据每个车轮速度传感器传来的速度信号，确定各车轮的滑移率，判断出车轮的抱死状态。一旦判断出某个车轮趋于抱死时，ECU 就会立即发出指令，对制动压力调节器进行控制。通过制动压力调节器，对制动分泵的制动压力进行制动压力减小、制动压力保持和制动压力增大的反复调节，使各车轮的滑移率保持在理想的范围内，防止车轮出现完全抱死现象。

二、防抱死制动系统的常规检查

防抱死制动系统(ABS)是在常规制动系统的基础上进行工作的，当常规制动系统正常工作时，ABS 才有可能工作，如常规制动系统出现问题，则 ABS 系统就不能正常工作。因此，在 ABS 系统检修前，需要先检查常规制动系统的技术状况，及时发现简单的故障，这样可以节省时间，提高检查效率。常规检查主要包括以下几个方面。

(1) 检查 ABS 报警灯。检查 ABS 报警灯的工作情况，并起动发动机，让其保持怠速。当发动机处于怠速状态时，ABS 报警灯就会灭掉。若在行驶中，防抱死警告灯亮了，就说明系统出了故障。

(2) 检查运转情况。接通点火开关，ABS 报警灯应闪烁，然后起动车辆并使车辆运行 6 km/h 以上，警告灯不应闪动，此时表明防抱死控制装置工作正常。

(3) 检查蓄电池的电压，看其是否在规定范围内，电压不足将引起 ABS 警告灯工作异常点亮；检查正负极柱电缆线连接是否清洁、牢固。

(4) 检查制动总泵液面高度、油液质量、制动液储液器和制动总泵有无泄漏现象以及真空助力装置的技术状况是否良好。

(5) 检查驻车制动是否完全解除以及驻车开关功能是否正常。

(6) 检查 ABS 各部分导线连接的可靠性，与车身的搭铁处是否良好可靠。检查 ABS 系统熔丝接触是否良好，电路和各插接器有无松动或损坏。

(7) 检查轮胎磨损是否超过规定要求，轮胎规格与车型是否相符。

(8) 检查各车轮能否灵活转动，制动器响应性程度，检查车轮轮毂轴承和车轮转动是否有颤动。对于前轮驱动的车辆，还要检查前轮等速万向节的技术状况，看有无松旷或间隙。

(9) 检查电子控制单元(ECU)导线插接器接触是否良好，导线是否有断路或短路现象。检查轮速传感器连线是否良好。

三、防抱死制动系统自诊断

在进行故障自诊断前，可通过初步路试来判断是常规制动系统故障还是 ABS 故障，方法是：拆下 ABS 继电器线束插接器或 ABS 制动压力调节器电磁阀线束插接器，使 ABS 制动压力调节器电磁阀不能通电工作，让车辆以常规制动方式制动，若故障现象消失，则是 ABS 有故障，否则为机械部分的故障。

(一) ABS 系统的自检

当点火开关一接通，ABS 电子控制单元就会对电源电压、控制电压和电磁阀线圈、轮速传感器、电子控制单元等外部电路和项目进行自检。此时，制动报警灯点亮大约 3 s 后自动熄灭。如果上述自检过程中发现 ABS 系统工作异常，制动报警灯就会亮起。汽车仪表板上有两个制动报警灯，其中一个是黄色故障警告灯，称 ABS 灯；另一个为红色制动报警灯，由制动液压力开关和液面开关及手制动开关控制。当红色制动报警灯亮起时，可能是制动液不足、蓄能器的制动液压过低或是驻车制动器开关有问题等。这时，防抱死控制系统和普通制动系统均不能正常工作，应停车检查故障原因，及时排除故障。如果只是黄色 ABS 灯常亮，则说明 ABS 控制单元发现 ABS 控制系统有故障，这时车辆制动时将无防抱死功能，因此也要及时检修。正常情况下，点火开关打开，ABS 故障警告灯和制动警告灯应闪亮约 3 s，一旦发动机运转起来，驻车制动杆在释放位置，两个警告灯应熄灭，否则说明 ABS 有故障。可利用两灯的闪亮规律，粗略地判断出系统发生故障的部位。

(二) 故障码诊断

ABS 存在故障的诊断主要有两种方式：一是使用随车自带的闪码诊断功能读取运行故障码；二是使用诊断仪进行诊断。下面以汽车 EQ1120 为例，介绍诊断仪诊断方法，EQ1120 为气压 ABS 故障诊断仪。诊断仪的主要功能是读取故障码和 ECU 数据，帮助诊断故障。同时它还能激活 ABS 灯和电磁阀等，对这些部件及线路进行快捷的检查。

1. 诊断仪的连接

(1) 将具有 16 针插头的诊断导线插入诊断仪的相应接口，另一端与车辆 ABS 诊断接口连接。

(2) 打开点火开关，诊断仪显示屏会立即显示"888"，大约 1 s 后显示"ABS"。

(3) 诊断仪与 ABS 系统连接成功，可进行诊断操作。

2. 故障诊断

(1) 诊断仪与 ABS 系统连接成功后，按下"ERROR"键约 1 s，然后松开"ERROR"键，屏幕会以 3 组数字显示当前故障代码。其中第一位数字表示故障部位；第二位数字表示故障类型；第三位数字表示故障出现的次数。

(2) 当前故障显示完成后会出现"old"，此时按下并松开"ERROR"键，随后显示存储故障。所有故障显示完毕后，显示屏会显示"ABS"。

3. 清除故障代码

当故障排除后应将故障码清除，其操作步骤如下：

(1) 按下"CLEAR"键(大约 0.5 s)再松开；

(2) 显示屏显示"Clr"，然后显示"ABS"；

(3) 断开点火开关，然后重新打开，所有存储的故障代码会被清除。

(三) ABS 元件故障检查

通过读取故障码，查表可以得知故障元件，然后可进行有针对性的检测，确认故障元件并进行故障排除。ABS 的常见电路故障主要有：轮速传感器故障、压力调节器故障、ABS 电控单元 ECU 故障等。

1. 轮速传感器故障检测

ABS 控制系统中轮速传感器的好坏直接关系着制动控制的准确性。因此，对轮速传感器进行检测是非常重要的。

1) 轮速传感器可能出现的故障

(1) 轮速传感器感应线圈有断路、短路或接触不良等现象；

(2) 轮速传感器齿圈上的齿有缺损或脏污；

(3) 轮速传感器信号探头部分安装不牢(松动)或磁极与齿圈之间有脏物。

2) 轮速传感器故障的检查方法

(1) 直观检查，主要检查传感器有无松动，导线及插接器有无松脱。

(2) 用万用表 20 kΩ 挡检查传感器感应线圈的电阻值。通常其阻值在 $1.0 \sim 1.3 \text{ kΩ}$ 之间，如果电阻值过大或过小，均说明传感器不良，应更换。

(3) 用万用表测量传感器的输出信号电压，在车轮转动时，万用表的电阻挡应该有电压指示，其电压值应随车轮转速的增加而升高。一般情况下，传感器信号电压必须大于 0.2 V。

(4) 用示波器检测传感器的输出信号电压波形。正常的信号电压波形应是均匀稳定的正弦电压波形。如果信号电压及波形有异常，应拆下传感器做进一步检查。

2. ABS 压力调节器的检查

制动压力调节器可能的故障有制动压力调节器电磁阀线圈不良，制动压力调节器中有泄漏等，检查时用万用表电阻挡检测电磁阀线圈的电阻，如果电阻无穷大或过小等，均说明其电磁阀有故障；给制动压力调节器电磁阀加上工作电压，看其能否正常动作，如果不能正常动作，则说明电磁阀损坏，应更换制动压力调节器。

3. 电控单元(ECU)故障检测

ECU 常见的故障有线束插接器松动、插口损坏，操作不当造成的 ECU 的内部损坏等。

1) 线束插接器、插口检查

先检查 ABS ECU 线束插接器有无松动，插口有无损坏。如果线束松动，则进行紧固；如果插口损坏，则更换 ECU。

2) ECU 的内部损坏检查

如果 ECU 内部损坏，多数可通过其自诊断功能读取到相应的故障代码，对故障代码进行确认后更换控制单元；如果诊断仪无法连接 ABS 电控单元(ECU)，首先检查 ABS 电控单元供电是否正常。

如果供电与搭铁均正常，可能 ECU 本身出了故障，可以采用替换 ECU 进行验证的方法来检查。如果 ECU 损坏，则更换即可。

ABS 系统故障检修完成后应进行路试，检查故障是否被彻底排除。检查制动踏板行程和阻力是否适宜；检查 ABS 报警灯和制动报警灯的指示情况是否正常；检查 ABS 工作是否正常，在大于 40 km/h 的初始速度下紧急制动，若感觉到制动踏板有轻微的颤动，轮胎与地面基本上无拖痕，则判 ABS 工作正常；否则，认为 ABS 存在故障，ABS 不起作用；检查制动时是否有其他不正常的现象。如果路试后一切正常，则说明故障被彻底排除。

本 章 小 结

(1) 前照灯是汽车在夜间或能见度较低的条件下，为驾驶员提供行车道路照明的重要设备，而且也是驾驶员发出警示，进行联络的灯光信号装置，所以前照灯必须有足够的发光强度和正确的照射方向。

(2) 驾驶人耳旁噪声检测要求，即 GB 7258—2017《机动车运行安全技术条件》规定：汽车(纯电动汽车、燃料电池汽车和低速汽车除外)驾驶员耳旁噪声声级小于或等于 90 dB(A)。

(3) 汽车喇叭声级检测要求，即 GB 18565—2016《道路运输车辆综合性能要求和检验方法》规定：喇叭应能发出连续、均匀的声响，声压级应为 90～115 dB(A)。

(4) 防抱死制动系统(Antilock Brake System)，简称 ABS，其作用就是在汽车制动时，自动控制制动器制动力的大小，使车轮不被抱死，处于边滚边滑(滑移率在 20%左右)的状态，以保证车轮与地面的附着力在最大值。

复 习 思 考 题

1. 简述机动车前照灯远光发光强度的检验方法。
2. 简述驾驶人耳旁噪声检测方法和限值要求。
3. 悬架检验方法有哪些？
4. 车轮不平衡的检验方法有哪些？

第九章　机动车系统、总成与装置检验

按照 GB 7258—2017《机动车运行安全技术条件》，机动车运行安全条件不仅有性能要求，而且对于总成、部件以及安全装置等的技术状况也有要求，一般采用人工检验的方式实施。人工检验是指采用目视、耳听、感知等人工检查方式或便携式仪器测量的方式对车辆总成、部件及安全装置等的技术状况进行检验。按照 GB 38900—2020《机动车安全技术检验项目和方法》，人工检验的项目主要包括：联网查询、车辆唯一性检查、车辆特征参数检查、车辆外观检查、安全装置检查、底盘动态检查、车辆底盘部件检查七项。本章主要按照机动车检验检测机构工作开展顺序，介绍机动车系统、总成与装置检验的项目、方法和要求。

第一节　检验的项目

机动车系统、总成与装置检验的项目主要包括车辆特征参数检查、车辆外观检查、安全装置检查、底盘动态检查、车辆底盘部件检查等。此外，在机动车检验时，还要进行联网查询和车辆唯一性检查，确保机动车的唯一性和合法性。

1. 联网查询

联网查询的目的是希望安检机构能通过查询送检机动车是否发生过造成人员伤亡的交通事故，是否有未处理的道路交通安全违法事件，送检机动车是否异常、是否有因安全缺陷召回等情形，发现送检机动车的问题。

2. 车辆唯一性检查

唯一性检查主要是对机动车的号牌号码和分类、车辆品牌和型号、车辆识别代号(或整车出厂编号、发动机号码、驱动电机号码)、车辆颜色和外形进行检查，以确认送检机动车的唯一性。

3. 车辆特征参数检查

特征参数检查主要是对机动车的外廓尺寸、轴距、核定载人数和座椅布置、栏板高度、悬架、客车出口、客车乘客通道和引道、货厢/罐体等车辆主要特征和技术参数进行检查，以确认与机动车国家安全技术检验相关的标准、机动车产品公告、机动车出厂合格证、机动车行驶证等技术资料凭证的符合性。

4. 车辆外观检查

外观检查主要是对机动车的车身外观、外观标识、标注和标牌、外部照明和信号装置、轮胎、号牌及号牌安装、加装/改装灯具进行检查。确认其符合机动车安全技术相关的标准要求，如 GB 38900—2020、GB 7258—2017 等相关规定。

5. 安全装置检查

安全装置检查主要包括对汽车安全带、机动车用三角警告牌、灭火器、行驶记录装置、车身反光标识、车身尾部标志板、侧后与前下部防护装置、应急锤、急救箱、车速限制/报警功能或装置、防抱死制动装置、辅助制动装置、盘式制动器、制动间隙自动调整装置、紧急切断装置、发动机舱自动灭火装置、手动机械断电开关、副制动踏板、校车标志灯和校车停车指示标志牌、危险货物运输车辆标志、驾驶区隔离设施等进行检查。

6. 底盘动态检验

在行驶状态下，定性地判断送检机动车的转向系、传动系、制动系、仪表和指示器是否符合运行安全要求。

(1) 转向系：检查方向盘的最大自由转动量是否符合要求及行驶时转向是否沉重，行驶时检查车辆是否具有自动回正能力及保持直线行驶的能力。

(2) 传动系：在车辆行驶过程中进行下列检查：

① 离合器接合是否平稳，有无异响、打滑、抖动、沉重、分离不彻底等现象；

② 变速器倒挡能否锁止，换挡是否正常，有无异响；

③ 传动轴有无异响、抖动，驱动桥的主减速器和差速器有无异响。

(3) 制动系：检查车辆制动协调时间、释放时间和有无跑偏现象；检查低气压报警装置是否报警；检查在低气压时弹簧储能制动器自锁装置是否有效；检查其装备的防抱制动装置自检功能是否正常。

(4) 仪表和指示器：观察车辆配备的各种仪表和指示器是否有异常情形。

7. 车辆底盘部件检查

检查车辆的转向系部件、传动系部件、行驶系部件、制动系部件及其它部件的技术状况。

1) 转向系部件

转向系部件应检查以下项目：

(1) 检查各部件是否松动、变形、开裂；

(2) 检查横、直拉杆和球销总成是否有拼焊、损伤、松旷、严重磨损等情形；

(3) 检查转向节臂、转向球销总成等连接部位是否松旷；

(4) 检查转向过程中是否有干涉或摩擦现象；

(5) 检查转向器、转向油泵、转向油管等是否有漏油现象。

2) 传动系部件

传动系部件应检查以下项目：

(1) 检查变速器、驱动桥等部件是否连接可靠，是否有漏油现象；

(2) 检查传动轴、万向节及中间轴承和支架是否有可视的裂损和松旷现象。

3) 行驶系部件

行驶系部件应检查以下项目：

(1) 检查车桥是否有可视的裂纹、损伤及变形；

(2) 检查车架纵梁、横梁是否有明显变形、损伤，铆钉、螺栓是否缺少或松动；

(3) 检查钢板吊耳及销是否松旷，中心螺栓、U 形螺栓螺母是否齐全、紧固、不松旷；

(4) 检查车桥与悬架之间的拉杆和导杆是否松旷和移位，减振器是否漏油，杆衬套是否出现开裂、与销轴分离等现象；

(5) 检查空气悬架的控制管路和空气弹簧是否漏气，空气弹簧是否有可视的裂损。

4) 制动系部件

制动系部件应检查以下项目：

(1) 检查制动系有无擅自改动，是否有从制动系统获取气源作为加装装置的动力源；

(2) 检查制动主缸、轮缸、管路等是否漏气、漏油，制动软管是否有明显老化、开裂、被压扁、鼓包等现象；

(3) 检查制动系管路与其他部件是否有摩擦、干涉和固定松动现象。

第二节 机动车人工检验的方法与要求

一、联网查询

注册登记安全检验和在用机动车安全检验时，利用联网信息系统查询送检机动车是否发生过交通事故或者是否有违法违章记录信息，是否有因安全缺陷召回等信息：

对发生过造成人员伤亡交通事故的送检机动车，人工检验时应重点检查损伤部位和损伤情况，属于使用年限在 10 年以内的非营运小型、微型载客汽车的，检验项目增加底盘动态检验、车辆底盘部件检查；

对涉及尚未处理完毕的道路交通安全违法行为或道路交通事故的送检机动车，应提醒机动车所有人及时到公安机关交通管理部门处理；

对送检机动车状态为"被盗抢""注销""达到报废标准""事故逃逸""锁定"情形的，应报告当地公安机关交通管理部门处理；

发现送检机动车达到召回计划实施周期而未实施召回的，应提醒机动车所有人及时进行召回处置。

二、车辆唯一性检查

1. 检验方法

车辆唯一性检查主要采取目视检查法进行检查，目视难以清晰辨别时再使用内窥镜等工具进行检查。注册登记安全检验时应拓印车辆识别代号(或整车出厂编号，下同)，在用机动车安全检验时应使用 PDA 拍摄打刻的车辆识别代号；大中型客车、重中型货车、重中型挂车应使用 PDA 由近及远拍摄车辆识别代号视频，视频应能清晰显示车辆识别代号、打刻区域情况以及车辆前部特征等；有条件时，使用 VIN 码信息读取仪器采集、比对车载 ECU 记载的车辆识别代号等信息；怀疑车辆识别代号有重新涂漆时，可采用金属探伤仪、油漆层微量厚度检验仪等仪器设备检查；注册登记安全检验时，如打刻(或铸出)的发动机号码、驱动电机号码不易见，只查看发动机易见部位或覆盖件上能永久保持的标有发动机型号和出厂编号的标识；在用机动车安全检验时，如打刻(或铸出)的发动机号码/驱动电号码不易见，且易见部位或覆盖件上的发动机(驱动电机)标识缺失的，使用内窥镜等工具进一步确认。

2. 检验要求

1) 号牌号码和分类、车辆品牌及型号

注册登记安全检验时，送检机动车的车辆品牌和型号应与机动车出厂合格证(对于进口车，为海关货物进口证明书等)一致。

在用机动车安全检验时，送检机动车的号牌号码和分类，应与机动车行驶证签注的内容(或机动车登记信息，下同)一致。

2) 车辆识别代号(或整车出厂编号)

(1) 注册登记安全检验时，送检机动车的车辆识别代号(或整车出厂编号)应与机动车出厂合格证(对于进口车，为海关货物进口证明书等)、车辆识别代号(或整车出厂编号)的拓印膜一致，车辆识别代号的内容和构成应符合 GB 16735 的相关规定。车辆的车架(无车架的机动车为车身主要承载且不能拆卸的部件)上，不应既打刻车辆识别代号(或产品识别代码)，又打刻整车型号和出厂编号。车辆识别代号(或整车出厂编号)一经打刻不允许更改、变动，但按 GB 16735 的规定重新标示或变更的除外。

(2) 在用机动车安全检验时，送检机动车的车辆识别代号(或整车出厂编号)应与机动车行驶证签注的内容一致，所有打刻的车辆识别代号不应出现被凿改、挖补、打磨、垫片、重新涂漆(设计和制造上为保护打刻的车辆识别代号而采取涂漆工艺的情形除外)、擅自重新打刻等现象，对于 2018 年 1 月 1 日起出厂的总质量大于或等于 12 000 kg 的栏板式、仓栅式、自卸式、罐式货车及总质量大于或等于 10 000 kg 的栏板式、仓栅式、自卸式、罐式挂车还应在其货箱或常压罐体(或设计和制造上固定在货箱或常压罐体上且用于车架连接的结构件)上打刻至少两个车辆识别代号。

3) 发动机号码/驱动电机号码

(1) 注册登记安全检验时，送检机动车的发动机号码/驱动电机号码应与机动车出厂合格证(对于进口车，为海关货物进口证明书等)一致，并符合 GB 7258 的相关规定。对除轮边电机、轮毂电机外的其他驱动电机，如打刻的电机型号和编号被覆盖，应留出观察口，或在覆盖件上增加能永久保持的电机型号和编号的标识。

(2) 在用机动车安全检验时，送检机动车发动机/驱动电机标识记载的内容或发动机号码/驱动电机号码应与机动车行驶证签注的内容一致。

(3) 因更换发动机申请变更登记的机动车检验时，更换的发动机型号应与登记的发动机型号一致，或为机动车产品公告对应车型许可选装的其他发动机型号。

4) 车身颜色和车辆外形

(1) 注册登记安全检验时，送检机动车的车辆外形(不包括车辆颜色)应与机动车产品公告照片一致(对于国产机动车)；送检机动车具有允许自行变更的情形视为合格；送检乘用车在不改变车辆长度、宽度和车身主体结构且保证安全的情况下，加装车顶行李架、出入口踏步件、换装散热器面罩、保险杠，更换轮辋(更换后轮胎规格没有变化)的视为合格。

(2) 在用机动车安全检验时，送检机动车的车身颜色、车辆外形应与机动车行驶证上的车辆照片一致(目视不应有明显区别)，不应有更改车身颜色、改变车厢形状、改变车辆结构等情形；送检机动车具有允许自行变更的情形视为合格；送检乘用车在不改变车辆长度、宽度和车身主体结构且保证安全的情况下，加装车顶行李架、出入口踏步件、换装散热器面罩/保险杠时，提醒机动车所有人及时申请换发机动车行驶证后视为合格。

三、车辆特征参数检查

1. 外廓尺寸检查

1）检验方法

外廓尺寸主要用长度测量工具测量，重中型货车、重中型专项作业车、重中型挂车应使用符合标准的自动测量装置。采用钢卷尺和高度尺时，应在平整的场地，用铅垂将车长、车宽投影在地面上，用钢卷尺或其它量具测量投影点的间距，车高可用钢卷尺直接测量，也可以采用高度尺等量具进行测量。

（1）车辆长度、宽度的测量。将车辆停放在平整、硬实的地面上，在车辆前后和左右突出位置，使用线锤在地面画出"十"字标记，如图9-1所示。

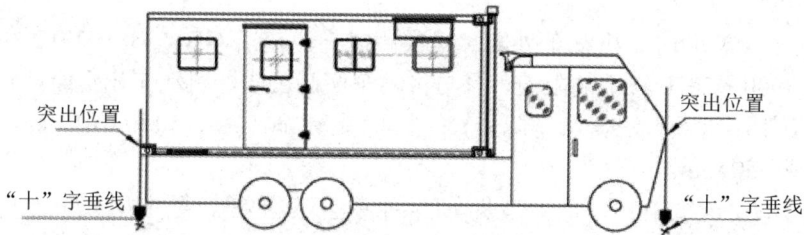

图9-1　车辆前后突出位置标注示意

为防止车辆前后突出位置不在同一中心线上，影响测试准确度，可将车辆移走，在地面的长宽标记点上分别画出平行线，在地面形成一个长方形框架(可用对角线进行校正)找出车辆中心位置，用钢卷尺分别测出长和宽的直线距离，作为整车的车长和车宽，但GB/T 3730.3规定的后视镜、侧面标志灯、示位灯、转向指示灯、挠性挡泥板、折叠式踏板、防滑链以及轮胎与地面接触部分变形，以及法律法规允许加装的其他部件不计入。车辆长度、宽度测量如图9-2所示。

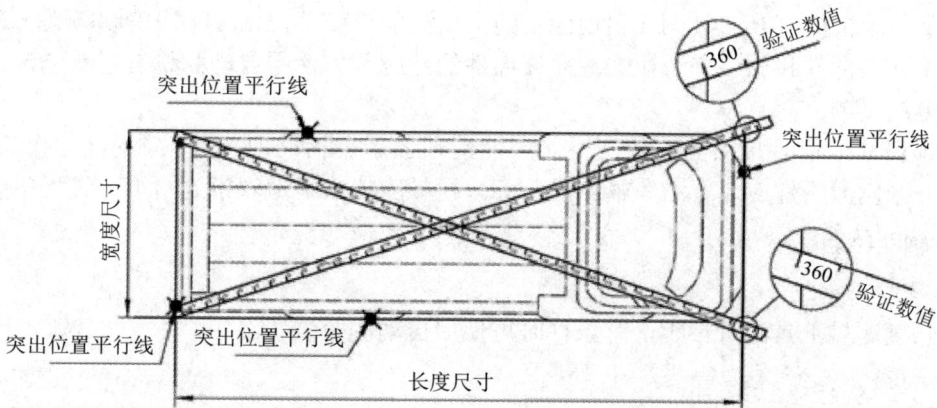

图9-2　车辆长度、宽度的测量示意

(2) 车辆高度的测量。将车辆停放在平整、硬实的地面上，将水平尺放在车辆的最高处并且保持与地面水平。在水平尺的一个端点放铅垂到地面画出"十"字标记，用钢卷尺测量水平尺该端点与地面"十"字标记之间的距离示值即为该车的实际高度，如图9-3所示。

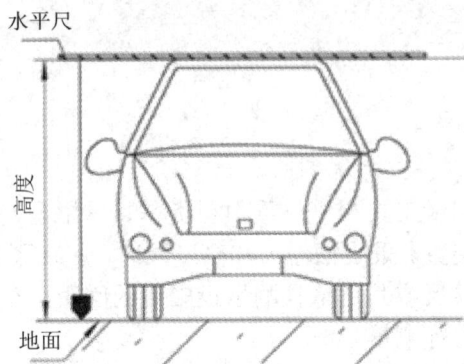

图 9-3　车辆高度的测量示意

2) 检验要求

注册登记安全检验时，机动车外廓尺寸实测值不应超出 GB 7258—2017 和 GB 1589—2016 与 GB 38900—2020 规定的限值，且与机动车产品公告、机动车出厂合格证记载的数值相比，误差应满足：汽车(三轮汽车除外)、挂车不超过 ±1%或 ±50 mm，三轮汽车、摩托车不超过 ±3%或 ±50 mm。

在用机动车安全检验时，重中型货车(半挂牵引车除外)、重中型载货专项作业车、重中型挂车外廓尺寸实测值不应超出 GB 7258 和 GB 1589 规定的限值，且与机动车行驶证记载的数值相比误差不超过 ±3%或 ±150 mm。

测量过程中应由装置实时自动保存测得数据和车身正面、侧面的测量照片并上传至监管系统，照片及数据应该不能人工修改。对于测量结果不符合要求的车辆，注册登记安全检验时汽车(三轮汽车除外)、挂车的测量值在标准值 ±2%或 ±100 mm 以内，或者在用机动车安全检验时重中型货车、重中型挂车的测量值在标准值 ±4%或 ±200 mm 以内的，按人工检验方法测量，并以人工复测数据为准。对于半挂车由牵引车牵引后测量的，宜考虑由于牵引车鞍座高度引起的测量偏差。

对于检验机构 2018 年 1 月 1 日前配备的自动测量装置，如无法自动识别并剔除 GB 1589 规定的不计入部件和加装有法律法规允许部件的，应首先使用自动测量装置测量，再用人工检验方法复测。

外廓尺寸测量时拍摄的照片，一张应能清晰显示车辆的前部并且显示车辆前车牌号码，另一张侧面照片应能看清车辆侧面轮廓。视频应能清晰地观察到检测全过程。

2. 轴距检验

1) 检验方法

用长度测量工具测量轴距，有条件时可使用自动测量装置。

2) 检验要求

注册登记安全检验时，机动车的轴距应与机动车产品公告、机动车出厂合格证相符，且误差不超过 ±1%或 ±50 mm。

3. 核定载人数和座椅布置

1) 检验方法

首先进行目视检查。注册登记安全检验时目测座椅宽度、深度及驾驶室内部宽度等参数偏小或载客汽车座椅布置及固定情形异常的，使用量具测量相关尺寸。

2) 检验要求

注册登记安全检验时，机动车的核定载人数应符合 GB 7258—2017 中的核载规定并与机动车产品公告、机动车出厂合格证相符；机动车的座椅布置应符合 GB 7258—2017 中11.6 的规定，并与产品使用说明书等资料相符。

在用机动车安全检验时，机动车的座位(铺位)数应与机动车行驶证签注的内容一致，座椅布置和固定方式应无改装情形。

4. 栏板高度检验

1) 检验方法

用钢尺等长度测量工具测量栏板高度。

2) 检验要求

(1) 注册登记安全检验和在用机动车安全检验时,机动车栏板(含盖)高度不应超出 GB 1589 规定的限值。

(2) 注册登记安全检验时，货车、挂车的栏板(含盖)高度应与机动车产品公告、机动车出厂合格证、驾驶室两侧喷涂的栏板高度数值相符，且误差不超过 ±50 mm。

(3) 在用机动车安全检验时，货车、挂车的栏板(含盖)高度应与机动车登记信息、驾驶室两侧喷涂的栏板(含盖)高度数值相符，且误差不超过 ±50 mm。

5. 悬架检查

目视检查悬架的特性，要求如下：

(1) 注册登记安全检验时，货车(三轮汽车除外)、挂车、专项作业车的后轴钢板弹簧片数应与机动车产品公告、机动车出厂合格证一致，且不应有明显增宽、增厚情形；2020 年1 月 1 日起出厂的总质量大于或等于 12 000 kg 的危险货物运输货车的后轴，所有危险货物运输半挂车，以及三轴栏板式、仓栅式半挂车应装备空气悬架。

(2) 在用机动车安全检验时，货车(三轮汽车除外)、挂车、专项作业车的后轴钢板弹簧片数应与机动车登记信息一致，且不应有明显增宽、增厚情形。

6. 客车出口检查

1) 检验方法

先目视检查，目测应急出口尺寸偏小的，再使用长度测量工具测量相关尺寸。

2) 检验要求

在用机动车安全检验时，客车出口应满足以下要求：

(1) 采用动力开启的乘客门，车门应急控制器应正常且其附近应标有清晰的符号或字样注明操作方法，字体高度应不小于 10 mm。

(2) 不应安装有保护装置以外的其他固定、锁止应急门的装置。

(3) 击碎玻璃式的应急窗邻近处配备的应急锤应齐全，推拉式应急窗和外推式应急窗操作装置应正常。

(4) 应急出口的标志应齐全清晰。

7. 客车乘客通道和引道检查

1) 检验方法

先目视检查，目测通道、引道偏窄或高度不符合要求时，再使用通道、引道测量装置检查。

2) 检验要求

注册登记安全检验时，客车的通道、引道应符合 GB 7258、GB 13094、GB 24407 等相关标准的规定。

在用机动车安全检验时，客车的通道、引道应畅通无障碍。

8. 货厢/罐体检查

1) 检验方法

目视检查。目测货厢/罐体有超长、超宽、超高嫌疑时，使用长度测量工具测量相关尺寸。

2) 检验要求

注册登记安全检验时，货厢/罐体应满足以下要求：

(1) 车辆不应设置有货厢(货箱)加高、加长、加宽的结构、装置，不应有"拆除厢式货车顶盖""拆除仓栅式货车顶棚杆""平板货车/挂车的平板上有用于固定集装箱等的锁具""栏板货车/挂车的栏板上有方便加高栏板的铰链"等情形。

(2) 仓栅式载货车辆的载货部位的顶部应安装有与侧面栅栏固定的、不能拆卸和调整的顶棚杆；2018 年 1 月 1 日起出厂的车辆顶棚杆间的纵向距离应小于或等于 500 mm。

(3) 自卸式载货车辆的车厢栏板应开闭灵活，锁紧可靠；侧开式车厢栏板与立柱、底板之间以及后开式车厢后栏板与车厢后断面之间应贴合。

(4) 厢式载货车辆的货厢的顶部应封闭，不可开启(翼开式车辆除外)，其与侧面的连接应采用焊接等永久固定的方式；货厢的后面或侧面应设有固定位置的车门。

(5) 侧帘式载货车辆应设置有竖向滑动立柱、横向挡货杆、托盘、固货绳钩等防护装置，且车厢内应设置有用于对货物进行必要固定和捆扎的固定装置，帘布锁紧装置应锁紧可靠。

(6) 所有集装箱车、集装箱运输半挂车的载货部位应采用骨架式结构，集装箱不应用焊接等方式与骨架成为一体。

(7) 罐体式样、尺寸应与机动车产品公告相符。

在用机动车安全检验时，车辆不应有"加高、加长、加宽货厢""拆除厢式货车顶盖""拆除仓栅式货车顶棚杆""换装大尺寸罐体"等非法改装情形；货厢和栏板的锁止机构应齐全、完好；货厢栏板和底板应规整。

四、车辆外观检查

1. 车身外观

1) 检验方法

目视检查。对于封闭式货厢的货车、挂车，应打开车厢门检查。对于客车、货车，操作检查前风窗玻璃刮水器，目测车窗玻璃可见光透射比、车身尺寸等参数有疑问时，使用透光率计、钢直尺、钢卷尺等工具测量相关参数；对于大型客车、重中型货车、重中型载货专项作业车、重中型挂车，在平整场地上使用钢直尺，在距地 1.5 m 高度内，测量第一轴和最后轴(对于挂车，仅测最后轴)上方的车身两侧对称部位的高度。

2) 检验要求

(1) 注册登记安全检验和在用机动车安全检验时，车身外观应满足以下要求：

a. 车身前部外表面的易见部位上应至少装置一个能永久保持，且与车辆品牌/型号相适应的商标或厂标，在用机动车不应变更商标或厂标。

b. 保险杠、后视镜、下视镜等部件应完好，灯具不应破损、缺失。

c. 车窗玻璃应齐全，驾驶人视区部位应无裂纹、破损，客车、重中型货车驾驶人视区以外的车窗玻璃不应有穿孔或长度超过 25 mm 的裂纹，所有车窗玻璃不应张贴镜面反光遮阳膜。

d. 车体应周正，车体外缘左右对称部位高度差应小于或等于 40 mm。

e. 车身外部不应有明显的镜面反光现象(局部区域使用镀铬、不锈钢装饰件的除外)，不应有任何可能触及行人、骑自行车人等交通参与者的外部构件，不应有可能使人致伤的尖角、锐边等凸起物。

f. 车身(车厢)及其漆面不应有超过 3 处的轻微开裂、锈蚀和明显变形。

g. 喷涂、粘贴的标识或车身广告不应影响安全驾驶。

(2) 注册登记安全检验和在用机动车安全检验时，对应车辆类型和使用性质的车辆还应满足以下要求：

a. 货车和挂车的货厢安装应牢固，其栏板和底板应规整，强度应满足使用要求，装置的安全架应完好无损。

b. 校车和车长大于 7.5 m 的其他客车，不应设置车外顶行李架；设置车外顶行李架的客车，其车外顶行李架长度不应超过车长的 1/3 且高度不应超过 300 mm。

c. 前风窗玻璃驾驶人视区部位及驾驶人驾驶时用于观察外后视镜的部位的可见光透射比应大于或等于 70%；校车、2012 年 9 月 1 日起出厂的公路客车、旅游客车，2018 年 1 月 1 日起出厂的设有乘客站立区的客车、面包车，所有车窗玻璃可见光透射比均应大于 50%。校车、公路客车、旅游客车、设有乘客站立区的客车以及面包车，所有车窗玻璃不应张贴不透明和带任何镜面反光材料的色纸或隔热纸(客车车窗玻璃上张贴的符合规定的客车用安全标志和信息符号除外)；专用校车乘客区车窗结构应符合 GB 24407 的相关规定。

d. 机动车(挂车除外)应在左右至少各设置一面外后视镜，总质量大于 7500 kg 的货车和货车底盘改装的专项作业车应在右侧至少设置广角后视镜和补盲后视镜各一面，车长大于 6 m 的平头货车和平头客车在车前应至少设置一面前下视镜或相应的监视装置。

e. 货车和挂车的载货部分不应设计成可伸缩的结构(中置轴车辆运输列车主车后部的延伸结构除外)或设置乘客座椅。

f. 客车、货车的前风窗玻璃刮水器应能正常工作，关闭时刮片应能自动返回初始位置。

g. 客车、重中型货车、重中型载货专项作业车驾驶室内应设置防止阳光直射而使驾驶人产生炫目的装置。

h. 集装箱车、集装箱挂车用于固定集装箱箱体的锁止机构应齐全、完好。

i. 2019 年 8 月 1 日起出厂的平板式载货车辆的平板不应有插桩结构、凹槽、集装箱锁具等装置，且平板式载货车辆、仓栅式载货车辆的载货部位不应具有举升功能或采用自卸结构。

j. 2019 年 8 月 1 日起出厂的车厢可卸式汽车装载的货厢应为封闭式专用货厢，且车辆应装备有装卸或举升机构，能将专用货厢拖吊到车上，或能升降专用货厢/车架以实现专用货厢的交换。

k. 2019 年 1 月 1 日起出厂的危险货物运输货车、公路客车、旅游客车和未设置乘客站立区的公共汽车应装备单燃油箱，且单燃油箱的容积应小于或等于 400 L。

l. 乘用车加装的前后防撞装置及货车、专项作业车和挂车加装的防风罩、水箱、工具箱、备胎架，不应影响安全和号牌识别。

m. 三轮汽车和摩托车的前后减振器、转向上下联板和方向把不应有变形和裂损，左右后视镜应齐全有效，坐垫、扶手(或拉带)、脚蹬和挡泥板应齐全，且牢固可靠；对无驾驶室的三轮汽车，货厢前部应安装有高出驾驶员坐垫平面至少 800 mm 的安全架。

n. 教练车(三轮汽车除外)和自学用车的车身两侧外后视镜上方或者车身前部两侧应至少各具有一面辅助外后视镜，自学用车在车内还应具有一面辅助内后视镜(原车安装有遮挡内后视镜视野范围的非玻璃材料装置时除外)，每面辅助后视镜的反射面面积应不小于原车相应后视镜反射面面积的 50%。辅助后视镜应安装牢固，不应有任何可能使人致伤的尖角、锐边等凸起物。检验员坐在副驾驶位置上应能完整观察到所有辅助后视镜的反射面，并能通过辅助后视镜有效观察到车辆两侧及后方的交通状态。

(3) 新能源汽车注册登记安全检验和在用机动车安全检验时，车辆还应满足以下要求：

a. 插电式混合动力汽车、纯电动汽车(换电式除外)，应具有外接充电接口，且充电接口表面不应有明显变形或烧蚀痕迹。

b. 目视检查可见区域内，高、低压线束、连接器不应有断裂、破损、表面材料溶解或烧蚀痕迹；2018 年 1 月 1 日起出厂的纯电动汽车、插电式混合动力汽车，目视检查可见区域内 B 级电压电路中的 REESS 应用符合规定的警告标记予以标识。

c. 纯电动汽车、插电式混合动力汽车的 REESS 外壳不应有裂纹、外伤或电解液泄漏等情形。

2. 外观标识、标注和标牌

1) 检验方法

目视检查外观标识、标注和标牌。目测字高偏小时应使用长度测量工具测量相关尺寸。

2) 检验要求

(1) 注册登记安全检验和在用机动车安全检验时，对应车辆类型和使用性质的车辆外观标识、标注和标牌应满足以下要求：

a. 所有货车(半挂牵引车、多用途货车除外)和专项作业车(消防车除外)，其驾驶室(区)两侧应喷涂有总质量；所有半挂牵引车，其驾驶室(区)两侧应喷涂有最大允许牵引质量；载货部位为栏板结构的货车(多用途货车除外)和自卸车，驾驶室两侧应喷涂有栏板高度；罐式汽车和罐式挂车(罐式危险货物运输车辆除外)的罐体上应喷涂有允许装运货物的种类及与机动车产品公告和机动车出厂合格证一致的罐体容积；2018 年 1 月 1 日以前出厂的罐式危险货物运输车辆，其罐体上喷涂的允许装运货物的名称应与机动车产品公告和机动车出厂合格证一致；2018 年 1 月 1 日起出厂的罐式危险货物运输车辆，其罐体或与罐体焊接的支座右侧应有金属的罐体铭牌，罐体铭牌应标注唯一性编码、罐体设计代码、罐体容积等信息；载货部位为栏板结构的挂车，其车厢两侧应喷涂有栏板高度；冷藏车应在外部两侧易见部位喷涂或粘贴明显的"冷藏车"字样和冷藏车类别的英文字母；喷涂的中文和阿拉伯数字应清晰，高度应大于或等于 80 mm。

b. 所有客车(专用校车和设有乘客站立区的客车除外)及 2018 年 1 月 1 日起出厂的面包车乘客门附近车身外部易见位置，应用高度大于或等于 100 mm 的中文和阿拉伯数字标明该车提供给乘员(包括驾驶人)的座位数；2018 年 1 月 1 日起出厂的具有车底行李舱的客车，应在行李舱打开后前部易见位置设置能永久保持的、标有所有行李舱可运载的最大行李总质量的标识。

c. 专用校车以及喷涂或粘贴专用校车车身外观标识的非专用校车应有校车标志，标志由中文字符"校车"、中文字符"核载人数：XX 人"、校车编号和校车轮廓标识组成，且应符合 GB 24315 的相关规定。

d. 2018 年 1 月 1 日起出厂的最大设计车速小于 70 km/h 的汽车(低速汽车、设有乘客站立区的客车除外)，应在车身后部喷涂或粘贴表示最大设计车速(单位：km/h)的阿拉伯数字，阿拉伯数字的高度应大于或等于 200 mm，外围应用尺寸相匹配的红色圆圈包围。

e. 教练车应在车身两侧及后部喷涂有高度大于或等于 100 mm 的"教练车"字样。

f. 气体燃料汽车、两用燃料汽车和双燃料汽车应按 CAB/T 17676 的规定标注其使用的气体燃料类型。

g. 消防车、救护车、工程救险车和警车的车身颜色与外观制式应符合 GB 7258—2017 中第 13 章的有关要求，警车、消防车、救护车、工程救险车安装使用的标志灯具应齐全、有效，其他机动车不得喷涂、安装、使用上述车辆专用的或者与其相类似的标志图案、警报器或者标志灯具。

h. 残疾人专用汽车应在车身前部和后部分别设置残疾人机动车专用标志。

(2) 注册登记安全检验时，产品标牌还应满足以下要求：

a. 标牌应固定可靠、标注的内容应清晰规范，并符合 GB 7258 的规定。

b. 纯电动汽车、插电式混合动力汽车应标明主驱动电机型号和峰值功率、动力电池系统额定电压和额定容量(安时数)；燃料电池汽车应标明储氢容器型式、容积、工作压力。

c. 采用气压制动的汽车、挂车，应在产品标牌(或车辆易见部位上设置的其他能永久保持的标识)上清晰标示制动响应时间。

d. 采用气压制动的汽车和具有储气筒的挂车，应在产品标牌(或车辆易见部位上设置的其他能永久保持的标识)上清晰标示储气筒额定工作气压的数值。

(3) 在用机动车安全检验时，重中型货车(半挂牵引车除外)和货车底盘改装的专项作业车(消防车除外)、总质量大于 3500 kg 的挂车，以及车长大于或等于 6 m 的客车(专用校车、警用大型客车除外)均应在车身(车厢)后部喷涂或粘贴/放置放大的号牌号码；总质量大于或等于 12 000 kg 的自卸车还应在车厢左右两侧喷涂放大的号牌号码，受结构限制车厢后部无法粘贴/放置放大的号牌号码时，车厢左右两侧喷涂有放大的号牌号码的，视为合格；放大的号牌号码字样应清晰，符合 GA 36 中的喷涂或粘贴/放置位置、尺寸、外观要求。

3. 外部照明和信号装置

目视检查外部照明和信号装置并操作的具体要求如下：

(1) 注册登记安全检验和在用机动车安全检验时，外部照明和信号装置应满足以下要求：

a. 前照灯、前位灯、前转向信号灯、前部危险警告信号灯、示廓灯和牵引杆挂车标志灯等前部照明和信号装置应齐全，工作应正常；前照灯的远、近光光束变换功能应正常。远光照射位置不应出现异常偏高现象。

b. 后位灯、后转向信号灯、后部危险警告信号灯、示廓灯、制动灯、后雾灯、后牌照灯、倒车灯、后反射器应齐全，工作应正常；制动灯的发光强度应明显大于后位灯的发光强度。

c. 侧转向信号灯、侧标志灯和侧反射器应齐全，工作应正常。

d. 对称设置、功能相同灯具的光色和亮度不应有明显差异。转向信号灯的光色应为琥珀色。

e. 除转向信号灯、危险警告信号灯、紧急制动信号灯、校车标志灯，扫路车、护栏清洗车等专项作业车在作业状态下的指示灯具，以及消防车、救护车、工程救险车和警车安装使用的标志灯具外，其他外部灯具不应具有闪烁的功能。

f. 机动车不应安装或粘贴遮挡外部照明和信号装置透光面的护网、防护罩等装置(设计和制造上带有护网、防护罩且配光性能符合要求的灯具除外)。

g. 机动车设置的喇叭应能有效发声；教练车(三轮汽车除外)还应设置辅助喇叭开关，其工作应可靠。

h. 2019 年 1 月 1 日起出厂的总质量大于或等于 12 000 kg 的货车，应装备车辆右转弯音响提示装置，并在设计和制造上保证驾驶人不能关闭车辆右转弯音响提示装置。

i. 目视可见的电器导线应布置整齐、捆扎成束、固定卡紧，并无破损现象。

(2) 注册登记安全检验时，车辆外部照明和信号装置的数量、位置、光色还应符合 GB 4785 等相关标准的规定。

4. 轮胎

1) 检验方法

目视检查轮胎，目测胎压不正常时，使用轮胎气压表测量相关参数。检查轮胎花纹深度时，对于大型客车、重中型货车、重中型载货专项作业车、危险货物运输车的转向轮使用轮胎花纹深度计测量；对于大型客车、重中型货车、重中型载货专项作业车的其余轮胎以及其他车型的轮胎检验时，目测轮胎胎冠花纹深度偏小的，使用轮胎花纹深度计测量。使用轮胎花纹深度计测量时注意应测量轮胎的主花纹沟，使深度尺垂直于胎面，并将主尺探头避开花纹沟内的磨损极限标志。有条件时可使用轮胎花纹深度自动测量装置。

2) 检验要求

(1) 注册登记安全检验和在用机动车安全检验时，轮胎应满足以下要求：

a. 同轴两侧应装用同一型号、规格和花纹的轮胎，轮胎螺栓、半轴螺栓应齐全、紧固；轮胎规格应与机动车产品公告和机动车出厂合格证(在用机动车安全检验时为机动车登记信息)相符。

b. 轮胎的胎面、胎壁不应有长度超过 25 mm 或深度足以暴露出轮胎帘布层的破裂和割伤及其他影响使用的缺损、异常磨损和变形，轮胎不应有不规则磨损。

c. 不应出现"螺栓、螺帽和螺柱缺失或未扣紧""螺柱孔出现严重磨损""车轮法兰断裂、轮胎锁环断裂或末端互相接触""轮毂损毁或破裂"等情形。

d. 2018 年 1 月 1 日起出厂的客车、货车的车轮及车轮上的所有螺栓、螺母不应安装有碍于检查其技术状况的装饰罩或装饰帽(设计和制造上为防止生锈等情形发生而配备的、易于拆卸及安装的装饰罩和装饰帽除外)，且车轮螺母、轮毂罩盖和保护装置不应有任何蝶型凸出物。

e. 2020 年 1 月 1 日起出厂的专用校车、车长大于 9 m 的未设置乘客站立区的客车及总质量大于 3500 kg 的危险货物运输货车的转向轮应装备轮胎爆胎应急防护装置。

(2) 注册登记安全检验和在用机动车安全检验时，对应车辆类型和使用性质的车辆还应满足以下要求：

a. 乘用车、挂车轮胎胎冠上花纹深度应大于或等于 1.6 mm，摩托车轮胎胎冠上花纹深度应大于或等于 0.8 mm；其他机动车转向轮的胎冠花纹深度应大于或等于 3.2 mm；其余轮胎胎冠花纹深度应大于或等于 1.6 mm，轮胎胎面磨损标志应可见。

b. 公路客车、旅游客车和校车的所有车轮及其他机动车的转向轮不应装用翻新的轮胎。

(3) 注册登记安全检验时，送检机动车还应满足以下要求：

a. 专用校车应装用无内胎子午线轮胎。

b. 危险货物运输车辆及车长大于 9 m 的其他客车应装用子午线轮胎。

c. 货车的备胎(如有)应可靠固定。

d. 面包车不应使用轮胎名义宽度小于或等于 155 mm 的轮胎。

e. 2018 年 1 月 1 日起出厂的车长小于或等于 7.5 m 的公路客车，若设置了符合 GB 7258—2017 中规定的车内随行物品存放区，其后轮若采用单胎，则后轮的轮胎名义宽度应大于或等于 195 mm。

f. 使用小规格备胎的小型、微型载客汽车，其备胎附近明显位置(或其他适当位置)应装置有能永久保持的、提醒驾驶人正确使用备胎的标识，标识的相关提示内容如有文字说明，则应使用中文。

5. 号牌/号牌板(架)

1) 检验方法

目视检查号牌/号牌板(架)。目测号牌安装位置、形式有疑问时使用长度测量工具测量相关尺寸。

2) 检验要求

(1) 注册登记安全检验时，号牌板(架)应满足以下要求：

a. 车辆应设置能够满足号牌安装要求的前、后号牌板(架)，但摩托车只需设置有能满足号牌安装要求的后号牌板(架)。前号牌板(架)应设于前面的中部或右侧(按机动车前进方向)，后号牌板(架)应设于后面的中部或左侧。

b. 2013 年 3 月 1 日起出厂的车辆，每面号牌板(架)上应至少设有 2 个号牌安装孔，且能保证用 M6 规格的螺栓将号牌直接牢固可靠地安装在车辆上。

c. 2016 年 3 月 1 日起出厂的车辆，每面号牌板(架)(三轮汽车前号牌板(架)、摩托车后号牌板(架)除外)上应设有 4 个号牌安装孔，且能保证用 M6 规格的螺栓将号牌直接牢固可靠地安装在车辆上。

d. 号牌板(架)应保证安装的号牌始终处于规定的位置，且不能翻转、移动。

(2) 在用机动车安全检验时，号牌及号牌安装应满足以下要求：

a. 机动车号牌字符、颜色、安装等应符合 GA 36 的规定，机动车号牌专用固封装置应符合 GA 804 的规定。

b. 机动车号牌应齐全，表面应清晰、整齐、平滑、光洁、着色均匀，不应有明显的皱纹、气泡、颗粒杂质等缺陷或损伤。

c. 机动车应使用机动车号牌专用固封装置固定号牌，固封装置应齐全、安装牢固。

d. 使用号牌架辅助安装时，号牌架内侧边缘距离机动车登记编号字符边缘应大于 5 mm，不应使用可拆卸号牌架和可翻转号牌架。

e. 不应出现影响号牌正常视认的加装、改装等情形。

五、安全装置检查

汽车安全装置包括：汽车安全带、机动车用三角警告牌、灭火器、行驶记录装置、车身反光标识、车身尾部标志板、侧后前下部防护装置、应急锤、急救箱、车速限制/报警功能或装置、防抱死制动装置、辅助制动装置、盘式制动器、制动间隙自动调整装置、紧急切断装置、发动机舱自动灭火装置、手动机械断电开关、副制动踏板、校车标志灯和校车停车指示标志牌、危险货物运输车辆标志、驾驶区隔离设施。

1. 安全带

在用机动车安全检验时，配备的所有汽车安全带应完好且能正常使用，不应出现坐垫套覆盖遮挡安全带、安全带绑定在座位下面、使用安全带插扣等情形。

2. 灭火器

(1) 注册登记安全检验和在用机动车安全检验时，客车、危险货物运输车辆及 2018 年 1 月 1 日起出厂的旅居车应按照 GB 7258 等相关标准的规定配备灭火器，配备的灭火器应在使用有效期内，不应有欠压失效等情形。道路运输爆炸品和剧毒化学品车辆驾驶室内应配备一个干粉灭火器，在车辆两边应配备与所装载介质性能相适应的灭火器各一个。灭火器应固定牢靠，取用方便。

(2) 注册登记安全检验时，专用校车的驾驶人附近应配置 1 具质量不少于 2 kg 的 ABC 干粉灭火器；对于专用校车，至少一个照管人员附近应配置 1 具质量不少于 2 kg 的 ABC 干粉灭火器；2018 年 1 月 1 日起出厂的其他类型载客汽车的手提式灭火器配置应符合 GB 34655 的规定。

3. 应急停车安全附件

注册登记安全检验和在用机动车安全检验时，应急停车安全附件应满足以下要求：

(1) 汽车(无驾驶室的三轮汽车除外)应配备三角警告牌，三角警告牌的外观、形状应符合 GB 19151 的要求。

(2) 2018 年 1 月 1 日起出厂的汽车(无驾驶室的三轮汽车除外)应配备 1 件汽车乘员反光背心。

(3) 2018 年 1 月 1 日起出厂的车长大于或等于 6 m 的客车和总质量大于 3500 kg 的货车，应装备至少 2 个停车楔(如三角垫木)。

4. 行驶记录装置

(1) 注册登记安全检验和在用机动车安全检验时，以下车辆应安装有符合要求的行驶记录装置(包括汽车行驶记录仪或行驶记录功能符合 GB/T 19056 的卫星定位装置等)，且行驶记录装置的连接、固定应可靠，时间、速度等信息显示功能应正常，汽车行驶记录仪主机外壳的易见部位应加施有符合规定的强制性产品认证标志：

a. 公路客车、旅游客车、危险货物运输货车、校车。

b. 2013 年 3 月 1 日起注册登记的未设置乘客站立区的公共汽车、半挂牵引车、总质量大于或等于 12 000 kg 的货车。

c. 2018 年 1 月 1 日起出厂的设有乘客站立区的客车。

d. 2019 年 1 月 1 日起出厂的公路客车、旅游客车、未设置乘客站立区的公共汽车、校车、设有乘客站立区的客车以外的其他客车。除校车、公路客车、旅游客车以外的车长小于 6 m 的其他客车，如果安装了 EDR，则视为合格。

(2) 注册登记安全检验和在用机动车安全检验时，以下车辆应安装车内外录像监控系统，且安装的车内外录像监控系统的功能应正常：

a. 卧铺客车。

b. 2013 年 5 月 1 日起出厂的专用校车。

c. 2018 年 1 月 1 日起出厂的设有乘客站立区的客车。

5. 车身反光标识

(1) 注册登记安全检验和在用机动车安全检验时，车身反光标识应满足以下要求：

a. 货车(多用途货车除外)、货车底盘改装的专项作业车和挂车(设置有符合规定的车辆尾部标志板的专项作业车、旅居挂车除外)后部车身反光标识的粘贴要求和材料类型(反光膜型或反射器型)应符合 GB 7258 和 GB 23254 的规定，反射器型车身反光标识的固定应可靠。

b. 所有货车(半挂牵引车、多用途货车除外)、货车底盘改装的专项作业车和挂车(旅居挂车除外)，侧面粘贴的车身反光标识应符合 GB 7258 和 GB 23254 的规定。

c. 粘贴或安装的车身反光标识应印有符合规定的强制性产品认证标志。

(2) 在用机动车安全检验时，存在部分车身反光标识单元破损、丢失的，若完好的车身反光标识单元的粘贴面积符合 GB 7258 和 GB 23254 的规定，则视为合格。

6. 车身尾部标志板

(1) 注册登记安全检验和在用机动车安全检验时，车身反光标识应满足以下要求：

a. 货车(多用途货车除外)、货车底盘改装的专项作业车和挂车(设置有符合规定的车辆尾部标志板的专项作业车、旅居挂车除外)后部车身反光标识的粘贴要求和材料类型(反光膜型或反射器型)应符合 GB 7258 和 GB 23254 的规定，反射器型车身反光标识的固定应可靠。

b. 所有货车(半挂牵引车、多用途货车除外)、货车底盘改装的专项作业车和挂车(旅居挂车除外),侧面粘贴的车身反光标识应符合 GB 7258 和 GB 23254 的规定。

c. 粘贴或安装的车身反光标识应印有符合规定的强制性产品认证标志。

(2) 在用机动车安全检验时,存在部分车身反光标识单元破损、丢失的,若完好的车身反光标识单元的粘贴面积符合 GB 7258 和 GB 23254 的规定,则视为合格。

7. 侧、后、前下部防护

注册登记安全检验和在用机动车安全检验时,防护装置应满足以下要求:

(1) 总质量大于 3500 kg 的货车(半挂牵引车除外)、货车底盘改装的专项作业车和挂车,其装备的侧面及后下部防护装置应正常有效,货车列车的牵引车和挂车之间装备的侧面防护装置应正常有效。

(2) 罐式危险货物运输车辆的罐体及罐体上的管路和管路附件不应超出车辆的侧面及后下部防护装置,且罐体后封头及罐体后封头上的管路和管路附件外端面与后下部防护装置内侧在车辆长度方向垂直投影的距离应大于或等于 150 mm。

(3) 侧面防护装置的下缘离地高度、防护范围和前缘形式及后下部防护装置的离地高度、宽度、横截面宽度应符合 GB 11567 的规定。

(4) 总质量大于 7500 kg 的货车、货车底盘改装的专项作业车装备的前下部防护装置应正常有效。

(5) 注册登记安全检验时,防护装置的外观、结构、尺寸、与车身的连接方式还应与机动车产品公告相符。

(6) 在用机动车安全检验时,防护装置安装应牢固、无明显变形。

8. 车辆尾部标志板

注册登记安全检验和在用机动车安全检验时,车辆尾部标志板应满足以下要求:

(1) 2012 年 9 月 1 日起出厂的总质量大于或等于 12 000 kg 的货车(半挂牵引车除外)和车长大于 8.0 m 的挂车,以及 2014 年 1 月 1 日起出厂的总质量大于或等于 12 000 kg 的货车底盘改装的专项作业车,应安装车辆尾部标志板。

(2) 车辆尾部标志板的形状、尺寸、布置和固定应符合 GB 25990 的规定。

9. 应急锤与急救箱

注册登记安全检验和在用机动车安全检验时,采用密闭钢化玻璃式应急窗的客车,在相应的应急窗邻近应配备一个应急锤或采用自动破窗装置;2019 年 1 月 1 日起出厂的公路客车、旅游客车和未设置乘客站立区的公共汽车的外推式应急窗邻近处应配备有应急锤。

校车应配备急救箱,急救箱应放置在便于取用的位置并确保有效适用。

10. 防抱制动装置

注册登记安全检验时,以下车辆应装备防抱制动装置,且装备的防抱制动装置自检功能应正常:

(1) 道路运输爆炸品和剧毒化学品车辆,以及 2012 年 9 月 1 日起出厂的其他危险货物运输货车。

(2) 2012 年 9 月 1 日起出厂的半挂牵引车及车长大于 9 m 的公路客车、旅游客车。

(3) 2013 年 5 月 1 日起出厂的专用校车。

(4) 2013 年 9 月 1 日起出厂的车长大于 9 m 的未设置乘客站立区的公共汽车。

(5) 2014 年 9 月 1 日起出厂的总质量大于或等于 12 000 kg 的货车和专项作业车。

(6) 2015 年 7 月 1 日起出厂的面包车。

(7) 2018 年 1 月 1 日起出厂的其他乘用车和客车,以及总质量大于 3500kg 且小于 12 000 kg 的货车和专项作业车(五轴及五轴以上专项作业车除外)、总质量大于 3500 kg 的挂车。

(8) 2019 年 1 月 1 日起出厂的总质量小于或等于 3500 kg 的货车(三轮汽车除外)和专项作业车。

11. 盘式制动器

注册登记安全检验时，以下车辆应装备盘式制动器：

(1) 2012 年 9 月 1 日起出厂的危险货物运输货车的前轮、车长大于 9 m 的客车(未设置乘客站立区的公共汽车除外)的前轮。

(2) 2013 年 5 月 1 日起出厂的专用校车的前轮。

(3) 2013 年 9 月 1 日起出厂的车长大于 9 m 的未设置乘客站立区的公共汽车的前轮。

(4) 2019 年 1 月 1 日起出厂的危险货物运输半挂车的所有车轮。

(5) 2020 年 1 月 1 日起出厂的三轴栏板式、三轴仓栅式半挂车的所有车轮。

12. 制动间隙自动调整装置

注册登记安全检验时，2018 年 1 月 1 日起出厂的以下车辆的所有行车制动器均应装备制动间隙自动调整装置：

(1) 客车。

(2) 总质量大于 3500 kg 的货车和专项作业车(具有全轮驱动功能的货车和专项作业车除外)。

(3) 总质量大于 3500 kg 的半挂车。

(4) 危险货物运输车辆。

13. 紧急切断装置

注册登记安全检验和在用机动车安全检验时，用于运输液体危险货物的罐式危险货物运输车辆应按 GB 18564.1、GB 18564.2 等规定安装紧急切断装置。

注册登记安全检验和在用机动车安全检验时，2019 年 1 月 1 日起出厂的车辆的紧急切断装置自动关闭或提示报警功能应符合 GB 7258 的要求。

14. 手动机械断电开关

注册登记安全检验和在用机动车安全检验时，2013 年 3 月 1 日起出厂的车长大于或等于 6 m 的客车，应设置能切断蓄电池和所有电路连接的手动机械断电开关。

15. 校车标志灯和校车停车指示标志牌

注册登记安全检验和在用机动车安全检验时，校车配备的校车标志灯和校车停车指示标志牌应齐全、有效。

16. 危险货物运输车辆标志

注册登记安全检验和在用机动车安全检验时，危险货物运输车辆标志应满足以下要求：

(1) 危险货物运输车辆应装置符合 GB 13392 规定的标志灯和标志牌，标志灯正面为等腰三角形状，标志牌的形状为菱形。

(2) 道路运输爆炸品和剧毒化学品车辆应粘贴符合 GB 20300 规定的橙色反光带并设置安全标示牌，安全标示牌的内容应与车辆类型相适应。

17. 驾驶区隔离设施

注册登记安全检验和在用机动车安全检验时，以下客车应有防止他人侵入驾驶区的隔离设施。

(1) 2019 年 11 月 1 日起出厂的车长大于或等于 6 m 的设有乘客站立区的客车和未设置乘客站立区的公共汽车。

(2) 2020 年 8 月 1 日起出厂的车长大于 9 m 的公路客车和旅游客车。

注册登记安全检验和在用机动车安全检验时，封闭式货车在最后排座位的后方应安装隔离装置；对 2018 年 1 月 1 日起出厂的封闭式货车，应采用板式隔离装置。

18. 危险货物运输车辆安全装置与标志

运送易燃易爆货物的车辆应符合以下要求：

(1) 应备有灭火器材，其数量、放置位置及固定应符合 GB 20300 的相关规定。排气管应装在罐体(箱体)前端面之前、不高于车辆纵梁上平面的区域。隔热和熄灭火星的装置完好。

(2) 电路系统应有切断总电源和隔离电火花的装置，该装置应安装在驾驶室内。

(3) 车辆尾部的导静电拖地带完整有效，无破损。

危险货物运输车辆的标志应符合 GB 13392 的要求，运输爆炸品和剧毒化学品车辆以及运输液体危险货物罐式车辆的标志和标识应符合 GB 20300、GB 18564.1 和 GB 18564.2 的要求，且应齐全、完整、清晰、无污损，安装位置应符合规定。

装运危险货物的罐(槽)式车辆，其罐体应具备由符合资质的有关机构出具的有效检验合格证明或报告，并在有效期内。

装运大型气瓶、可移动罐(槽)等的车辆，应设置有效的紧固装置，不得松动。

六、底盘动态检查

在行驶状态下，应定性地判断送检机动车的转向系、传动系、制动系、仪表和指示器是否符合运行安全要求。

1. 转向检验

1) 检验方法

检验时，检验员操作车辆，起步并行驶 20 m 以上，轻扶方向盘，利用目视、耳听、操作感知等方式检查车辆是否直线行驶，转向是否灵活、正常。对于大型客车、重中型货车、重中型载货专项作业车、危险货物运输车，使用转向角测量仪测量方向盘最大自由转动量。

2) 检验要求

车辆的方向盘应转动灵活，操纵方便，无卡滞现象，最大自由转动量应符合 GB 7258 的相关规定；对于使用方向把的三轮汽车、摩托车，转向轮转动应灵活。

2. 传动系检验

1) 检验方法

检验时，检验员将车辆起步，车速高于 20 km/h，利用目视、耳听、操作感知等方式检查。

2) 检验要求

传动系应满足的要求是：车辆换挡应正常，变速器倒挡应能锁止；离合器接合应平稳，无打滑、分离不彻底等现象。

3. 制动检验

1) 检验方法

检验时，车辆以不低于 20 km/h 的速度正直行驶，双手轻扶方向盘，急踩制动踏板后迅速放松。

2) 检验要求

车辆正常行驶时不应有车轮卡滞、抱死现象；制动时制动踏板动作应正常，响应迅速，无方向盘抖动、跑偏现象。

4. 仪表和指示器检验

车辆配备的车速表等各种仪表和指示器不应有异常情形。

七、车辆底盘部件检查

车辆底盘部件检查由引车员与车辆底盘部件检验员在地沟工位共同完成。

(一) 制动系人工检验

1. 行车制动系检验

1) 制动管路、制动泵及气(油)路、缓速器的检验

被检车辆驶上地沟，在地沟内进行以下检查：

检查制动部件有无擅自改动的情况，引车员踩下制动踏板，检验员检查制动管路与其他部件有无摩擦和固定松动现象。

采用气压制动的车辆，在储气筒保持一定压力的条件下，关闭发动机，踏下制动踏板，检查各车轮制动气室、气阀及制动管路有无漏气声。对于采用液压制动的车辆，检视制动总泵(主缸)、分泵(轮缸)及制动管路有无漏油现象；检视制动金属管及软管的可视部分有无弯折、磨损、凸起和扁平等现象，接头处的连接是否可靠；检视液压制动助力系统的真空软管有无老化、磨损和破裂等现象，接头处的连接是否可靠。

采用检验锤敲击(连接螺栓、螺母)和目视的方法，检查缓速器连接是否可靠；检视电涡流缓速器外表、定子与转子间是否清洁、有无油污；如装用液压缓速器，应检视其有无漏油现象。

2) 制动报警装置和弹簧储能装置的检验

起动发动机，在驾驶室内进行以下检查：

检视制动系统有无故障报警。对于气压制动车辆，踩下并放松制动踏板若干次，使制

动气压下降至低于起步气压，检查低气压报警装置是否工作正常。

对于装用弹簧储能制动器的车辆，当制动气压下降至低于起步气压时，观察气室推杆是否动作。

3) 储气筒检验

检视储气筒是否安装稳固，有无锈蚀、变形等损伤，储气筒排污(水)阀是否畅通。

4) 制动踏板检验

在驾驶室内，检视制动踏板有无破裂、损坏及防滑面磨光现象。

2. 驻车制动检验

在驾驶室内，检视驻车制动装置机件是否齐全完好，操纵驻车制动，检查驻车制动装置是否灵活有效、拉杆有无过度摇晃现象。

(二) 转向系人工检验

1. 部件连接检验

转向轮停放在底盘间隙检查仪上，操纵滑板开关使转向轮随滑板产生方向位移，在地沟内检视转向机构各部件的连接、固定、锁止、限位是否正常，有无卡阻和运动干涉。

2. 部件技术状况检验

在地沟内检视转向节、臂、横直拉杆、转向器摇臂、球销总成有无变形及拼焊；采用检验锤敲击和目视的方法，检查转向节、臂、横直拉杆、转向器摇臂、球销总成有无可视的裂纹；操纵底盘间隙检查仪滑板开关使转向轮随滑板产生方向位移，检视转向器摇臂、球销总成及各连杆的连接部位有无松旷；检视转向器壳体和侧盖有无裂损和渗漏油现象。

3. 转向助力装置检验

起动发动机，左右转动转向盘，检查转向助力装置是否工作正常，有无传动带打滑、液压油不足和漏油现象。

(三) 行驶系人工检验

1. 车架、车桥、拉杆和导杆检验

1) 车架检验

在地沟内，检视全承载式结构的车身以及非全承载式结构的车架纵梁、横梁有无开裂和变形等损伤，铆钉、螺栓是否齐全有效。

2) 车桥检验

在地沟内，检视车桥的桥壳有无可视的裂纹及变形，车桥密封是否良好，有无漏油现象。

3) 拉杆和导杆

在地沟内，晃动拉杆和导杆，检视车桥与悬架之间的拉杆和导杆有无松旷、移位及可视的变形和裂纹。

2. 车轮及螺栓、螺母

检视各车轮的轮辋有无裂纹，车轮及半轴的螺栓、螺母是否齐全完好。对于疑似松动和损伤的螺栓、螺母，采用检验锤敲击和目视的方法，检查螺栓、螺母是否连接可靠；检视各车轮有无安装有碍于观察螺栓、螺母技术状况的装饰罩和装饰帽。

3. 轮胎

(1) 检视各轮胎的胎冠、胎壁有无长度超过 25 mm 或深度足以暴露出帘布层的破裂和割伤以及凸起、异物刺入等影响使用的缺陷，检查并装轮胎间有无异物嵌入。

(2) 检视各轮胎磨损情况。无磨损标志或标志不清的轮胎，当其花纹深度与规定限值接近而无法准确判定时，采用轮胎花纹深度尺或专用设备测量胎冠花纹深度。具有磨损标志的轮胎，检视胎冠的磨损是否触及磨损标志。

(3) 检视同轴轮胎的规格和花纹是否相同。

(4) 检视各轮胎的速度级别，看其是否不低于车辆最高设计车速的要求。

(5) 采用检验锤敲击和目视的方法，巡检各轮胎的充气状况，必要时用气压表测量轮胎气压。

(6) 检视客车和危险货物运输车的所有车轮、货车的转向轮是否装用翻新的轮胎。

(7) 检视车长大于 9 m 的客车和危险货物运输车是否装用子午线轮胎，卧铺客车是否装用无内胎子午线轮胎。

(8) 检查是否随车配备备用轮胎，若有，检查其固定是否牢固。

4. 悬架

1) 弹性元件

悬架弹性元件的检查在地沟内进行。对于钢板弹簧，检视其有无裂纹、缺片、加片、断裂、塑性变形和功能失效等现象。对于空气弹簧，采用检验锤敲击和目视的方法，检查空气弹簧的气密性和外观状况。同时检视悬架的弹性元件是否安装牢固。

2) 悬架部件连接情况

悬架部件连接的检查在地沟内进行。采用检验锤敲击和目视的方法，检视悬架的弹性元件总成、减振器、导向杆(若装配)等部件是否连接可靠，钢板弹簧的 U 形螺栓、螺母是否齐全紧固，吊耳销(套)有无松旷和断裂，锁销是否齐全有效。

3) 减振器

检视减振器是否稳固有效，有无漏油现象。

(四) 传动系人工检验

1. 离合器、变速器及传动件异响检查

在被检车辆行驶过程中，进行以下检查：

(1) 进行换挡操作，检查离合器接合是否平稳、分离是否彻底、操作是否轻便，有无异响、打滑、抖动和沉重等现象。

(2) 进行换挡操作，检查变速器操纵是否轻便、挡位是否准确，有无异响。

(3) 检查传动轴、主减速器和差速器有无异响。

2. 万向节与轴承、变速器密封性检查

在地沟内进行以下检查：

(1) 晃动传动轴，检视万向节、中间轴承有无松旷及可视的裂损。

(2) 检视变速器有无滴漏油现象。

八、其他部件检查

其他部件应满足以下要求：

(1) 发动机与车身固定连接件紧固、可靠，无严重锈蚀。

(2) 排气管、消声器应安装牢固、不应有漏气现象；排气管口不应指向车身右侧(如受结构限制排气管口必须偏向右侧时，排气管口中心线与机动车纵向中心线的夹角应小于或等于15°)和正下方(对于 2020 年 1 月 1 日起生产的汽车，若排气管口朝下，则其气流方向与水平面的夹角应小于或等于45°)；客车的排气尾管如为直式的，排气管口应伸出车身外蒙皮；专门用于运送易燃和易爆物品的危险货物运输车辆，排气管应装在罐体/箱体前端面之前、不高于车辆纵梁上平面的区域，并应安装机动车排气火花熄灭器；专门用于运送易燃和易爆物品的危险货物运输车辆以及加气量大于或等于 375 L 的气体燃料汽车，机动车尾部应安装接地端导体截面积大于或等于 100 mm^2 的导静电橡胶拖地带，且拖地带接地端应接地。

(3) 电器导线应布置整齐、捆扎成束、固定卡紧以及线路无破损现象；检查连接头是否牢固并有绝缘套。

(4) 燃料箱应固定可靠、不漏油；燃料管路不应有明显老化现象，与其他部件不应有碰擦。

(5) 承载式车身车辆的底部应完整，不应有影响车身强度的变形和破损。

(6) 轮胎内侧不应有不规则磨损、割伤、腐蚀。

本 章 小 结

(1) 机动车人工检验的项目主要包括联网查询、车辆唯一性检查、车辆特征参数检查、车辆外观检查、安全装置检查、底盘动态检查、车辆底盘部件检查七项。

(2) 注册登记安全检验和在用机动车安全检验时，利用联网信息系统查询送检机动车是否发生过交通事故或者是否有违法违章记录信息，是否有因安全缺陷召回等信息。对发生过造成人员伤亡交通事故的送检机动车，人工检验时应重点检查损伤部位和损伤情况，属于使用年限在 10 年以内的非营运小型、微型载客汽车，检验项目增加底盘动态检验、车辆底盘部件检查；对涉及尚未处理完毕的道路交通安全违法行为或道路交通事故的送检机动车，应提醒机动车所有人及时到公安机关交通管理部门处理。

(3) 车辆唯一性检查主要是对机动车的号牌号码和分类、车辆品牌和型号、车辆识别代号(或整车出厂编号)、发动机号码、驱动电机号码)、车辆颜色和外形进行检查，以确认送检机动车的唯一性。

(4) 车辆特征参数检查主要是对机动车的外廓尺寸、轴距、核定载人数和座椅布置、栏板高度、悬架、客车出口、客车乘客通道和引道、货厢/罐体等车辆主要特征和技术参数进行检查，以确认与机动车国家安全技术检验相关的标准、机动车产品公告、机动车出厂合格证、机动车行驶证等技术资料凭证的符合性。

复习思考题

1. 机动车人工检验的项目有哪些？
2. 联网查询的作用是什么？
3. 机动车安全装置检查主要检验哪些项目？
4. 车辆底盘动态检验项目和检验要求是什么？
5. 车辆底盘部件检验项目和检验要求是什么？

第十章　机动车检验检测机构

　　机动车检测站是依法成立，根据《中华人民共和国道路交通安全法》和机动车国家安全管理相关规定及技术标准要求，从事机动车技术状况检验，并向社会出具具有证明作用的数据、结果的检验检测机构。按照服务功能，机动车检测站可以分为汽车安全技术检测站、综合性能检测站和环保检测站三种。根据国家"放、管、服"的有关政策，目前已经实现了"三检合一"，同一检验数据可以用于三类检测报告中，一个检测站可以具备三种职能。随着 GB 38900—2020 的实施，综合性能检测的安全检验内容纳入安全技术检验，其他项目不再作为强制检验项目，可以作为机动车维护保养检验的内容。本章主要介绍机动车安全技术检测站、机动车综合性能检测站、环保检测站以及机动车检验检测机构认证控制系统。

第一节　机动车安全技术检测站

一、安全技术检测站的职能

　　机动车安全技术检测站是依法成立，根据《中华人民共和国道路交通安全法》和机动车国家安全管理规定及技术标准要求，从事机动车安全技术性能检测，并向社会出具具有证明作用的数据、结果的检验检测机构。安全技术性能检测主要是检查与安全行车相关的项目，例如灯光、制动、侧滑等。

　　根据《中华人民共和国道路交通安全法实施条例》第十五条第二款规定："质量技术监督部门负责对汽车安全技术检验机构实行资格管理和计量认证管理，对汽车安全技术检验设备进行检定，对执行国家汽车安全技术检验标准的情况进行监督。"这说明，汽车安全技术检验行为已经由公安机关交通管理部门的一种行政行为转化为由具有第三方公正性的检验机构向社会出具检验数据的行为，汽车安全技术检验机构的资格管理和监督职责也主要由质量技术监督部门承担。

　　检验资格分为常规检验资格和特殊检验资格。取得常规检验资格的安检机构可以承担申请汽车注册登记时的新车注册登记检验和定期检验；取得特殊检验资格的安检机构可以承担肇事、改装和报废等汽车的特殊检验。

1. 新车注册登记检验

　　《中华人民共和国道路交通安全法实施条例》第十条规定：准予登记的汽车应当符

合汽车国家安全技术标准。申请汽车登记时，应当接受对该汽车的安全技术检验。但是，经国家汽车产品主管部门依据汽车国家安全技术标准认定的企业生产的车型，该车型的新车在出厂时经检验符合汽车国家安全技术标准，获得检验合格证的，免予安全技术检验。

新车注册登记检验的目的，一是保证汽车来源的合法性，二是保证汽车在技术性能方面必须符合国家有关规定的要求。目前技术上检验的依据主要就是 GB 38900—2020《机动车安全技术检验项目和方法》和 GB 7258—2017《机动车运行安全技术条件》等标准。

2. 定期检验

定期检验就是在用汽车必须按照公安部门的要求，定期到指定的检测站进行安全技术方面的检验。许多国家都有对在用车进行定期检验的要求。通过定期检验，可及时发现技术上的问题。凡检验不合格的，不准上路，必须进行调整或修理。

目前我国规定汽车应进行年审，不同车型的汽车年审规定也不同。通常小型、微型非营运载客汽车 6 年以内可免检 2 次，但每 2 年需要申请领取检验标志；超过 6 年的，每年检验 1 次；超过 15 年的，每年检测 2 次。营运载客汽车 5 年以内每年年检 1 次；超过 5 年的，每 6 个月年检 1 次。载货汽车和大型非营运载客汽车 10 年以内每年年检 1 次；超过 10 年的，每 6 个月年检 1 次。

3. 特殊检验

除定期检验之外，在某些情况下，汽车要做临时检验。例如：新车或改装车领收临时号牌时；汽车久置不用后，重新使用时；汽车受到严重损坏，在修复之后、上路之前；国外、境外汽车经批准在我国境内短期行驶时；车管部门规定的其他情况(如货运期间的营运车)等。

二、安全技术检验流程

(一) 机动车安全技术检验前的基本要求

按照 GB 38900—2020《机动车安全技术检验项目和方法》的要求，送检机动车应满足以下基本要求：

(1) 车辆应清洁，无滴漏油(液)、漏电现象，轮胎完好，轮胎气压正常且胎冠花纹中无异物，发动机运转平稳，怠速稳定，无异响。

(2) 车辆不应有与 ABS、EPS 及其他与行车安全相关的故障信息。

(3) 纯电动汽车、插电式混合动力汽车、燃料电池汽车不应有与电驱动系统、高压绝缘、动力电池等有关的报警信号。

(4) 组成汽车列车的牵引车的准牵引总质量应大于或等于挂车总质量，组成乘用车列车的乘用车在设计和制造上应具有牵引功能。

(5) 集装箱车、集装箱运输半挂车不应载有集装箱，货车不应装载货物。

如果送检机动车达不到以上基本要求，安全技术检验的机构(以下简称"检验机构")应书面告知送检人整改，符合要求后再进行安全技术检验。

(二) 机动车安全技术检验流程

按照 GB 38900—2020《机动车安全技术检验项目和方法》和 GB 7258—2017《机动车运行安全技术条件》的要求，安全技术检验项目包括人工检验和仪器设备检验，检验顺序为联网查询、车辆唯一性检查、车辆特征参数检查、车辆外观检查、安全装置检查、底盘动态检查、车辆底盘部件检查以及仪器设备检验。机动车安全技术检测站应该具有进行机动车安全技术检验的所有项目的能力。人工检验的检查项目和要求前面已经介绍了，仪器设备检验则主要是检验汽车整备质量、行车制动性能、驻车制动性能、前照灯远光发光强度以及转向轮横向侧滑量等。

1. 整备质量/空车质量

1) 整备质量/空车质量检验方法

整备质量/空车质量可以选择地磅或者轴重仪(包括带称重功能的平板试验台)等方式进行测量。三轴及三轴以上车辆如采用轴(轮)重仪测量，应保证轴(轮)重仪有足够的有效测量长度，确保并装双轴、并装三轴的同侧轮同时停在一块称重板上。安装时所有称重板上表面应水平，高度差均不应超过 ±5 mm。

(1) 应用地磅的测量方法：将车辆平稳缓慢行驶至地磅上，等平稳静止后，测得整备质量/空车质量。

挂车的整备质量的测量，可先测得汽车列车的整备质量、牵引车的整备质量，然后计算得出汽车列车的整备质量与牵引车的整备质量的差值，作为挂车的整备质量。

挂车的空车质量的测量，可先测得汽车列车的空车质量，然后减去引车员质量(按 75 kg 计)和牵引车登记的整备质量，其差值作为挂车的空车质量。

(2) 应用轴重仪的测量方法：用轴重仪测量时，将车辆依次逐轴(将并装双轴和并装三轴视为一轴)平稳缓慢行驶至称重板上，等平稳静止后，测得该轴轴荷；计算所有轴荷之和，计为该车的整备质量/空车质量。

2) 检验要求

注册登记安全检验时，机动车的整备质量应与机动车产品公告、机动车出厂合格证相符，且误差满足：重中型货车、重中型专项作业车、重中型挂车整备质量应不超过 ±3%或 ±500 kg，轻微型货车、轻微型挂车、轻微型专项作业车整备质量应不超过 ±3%或 ±100 kg，三轮汽车整备质量应不超过 ±5%或 ±100 kg，摩托车整备质量应不超过 ±10 kg。

在用机动车安全检验时，2015 年 3 月 1 日起注册登记的货车、重中型挂车的空车质量与机动车注册登记时记载的整备质量技术参数相比，误差应满足：重中型货车、重中型挂车的整备质量不超过 ±10%或 ±500 kg，轻微型货车的整备质量不超过 ±10%或 ±200 kg，且轻微型货车的空车质量应小于 4500 kg。

2. 制动性能检验

1) 台式制动性能检验

台式制动性能检验是安全技术检测站最重要的检测项目之一。检测制动力要使用滚筒反力式制动检验台或平板制动检验台进行检测，对于前轴驱动的乘用车，更宜采用平板制动检验台进行测试。在进行制动性能检验时，要进行轴重的测量。测量轴重使用轴重仪。

有时将轴重仪与制动检验台做在一起。

2) 行车制动性能检验

路试检验制动性能通常使用仪器来测量。利用第五轮仪测量汽车由规定速度制动至车速等于零时车速变化的情况与制动距离，根据测量结果计算出充分发出的平均制动减速度，由制动距离长短和充分发出的平均制动减速度来判断制动性能是否合格。

3) 驻车制动性能检验

驻车制动性能是指车辆在一定坡度上，利用驻车制动系统，使车辆不下滑(溜坡)的能力。驻车制动性能的检验见前文所述。

3. 前照灯检验

前照灯检验主要检验前照灯光束照射位置及前照灯远光光束发光强度，检验时应使用具备远近光光束照射位置检验功能的前照灯检测仪。

4. 转向轮横向侧滑量检验

转向轮横向侧滑量的检验应在侧滑检验台上进行，侧滑检验台宜具有轮胎侧向力释放功能。

机动车安全技术检验流程主要是指机动车进行联网查询确认车辆无异常情形后所进行的检验流程，具体检验流程图如图 10-1 所示。在实际应用过程中，检测站可以根据实际情况适当调整检验顺序。

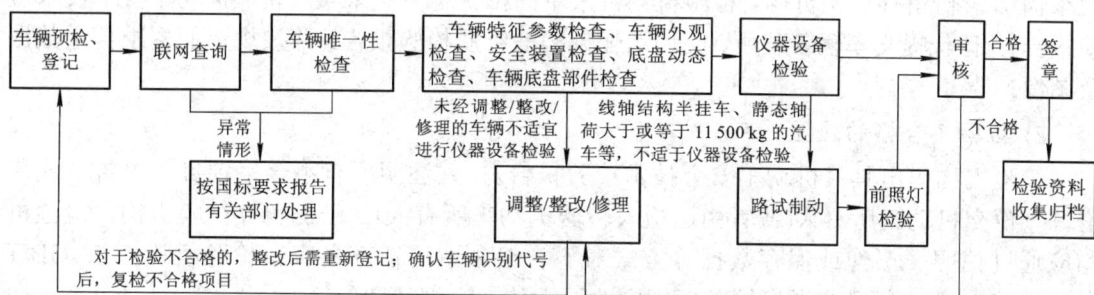

图 10-1　汽车安全技术检验流程图

首先，车辆驾驶员在指定的窗口进行车辆预检、登记，其中在用机动车检验时，应提供送检机动车的机动车行驶证和有效的机动车交通事故责任强制保险凭证。登记完毕后，开始联网查询，联网查询无异常后，由检验人员对该机动车进行唯一性检查。若唯一性检查不合格，应责成送检人对汽车进行整改或移交有关部门处理，此次车辆检验终止；若唯一性检查合格，则进行下一步检验流程，开始进行车辆特征参数检查、车辆外观检查、安全装置检查、底盘动态检查、车辆底盘部件检查。若在此检查过程中发现汽车未经调整、整改或修理无法进行仪器设备检验的情形(如车辆存在严重漏油、漏水、漏气等可能会损坏检验设备的情形，轮胎严重磨损、轮胎胎冠花纹深度不符合标准要求的情形，或汽车底盘积有较多泥土且泥土在检验过程中很容易掉在检验设备上的情形)，应责成送检人对汽车进行调整、整改或修理，待汽车被调整、整改或修理好后再次进行车辆检验登记；若汽车轮胎气压严重不足，则应将轮胎充气至整车出厂时规定的气压后再进入检验流程。

人工检验完成之后，开始进行仪器设备检验，若送检汽车的轴荷超过检测线检验设备的最大允许轴荷，或送检汽车为线内检验设备无法检验的多轴汽车，则汽车不应进入仪器设备检验流程或仅进行仪器设备允许检验项目(如前照灯发光强度、喇叭声级、底盘地沟检查等)的检验。对于不能台试检验制动性能的车辆，可以选择路试检验机动车的制动性能。仪器设备检验包括行车制动和驻车制动检验、转向轮横向侧滑量检验、前照灯发光强度检验。

5. 检验结果判定

仪器设备检验完毕后，由授权签字人(主任检验员)进行审核。授权签字人应逐项确认检验结果并签注整车检验结论。检验结论分为合格、不合格。送检机动车所有检验项目的检验结果均合格的，判定为合格；否则判定为不合格。经审核，车辆检验合格的，给予合格签章。经审核，车辆被评判为合格(建议维护)的，需由送检人签字后，给予合格签章。审核不合格的，告知送检人对不合格项目进行调整、整改或修理；调整、整改或修理完毕后重新登记，复检不合格项目。

1) 检验合格的处置

检验合格的机动车，检验机构应出具《机动车安全技术检验报告》(见表 10-1)，报告一式三份(对于营运车辆为一式四份)，一份交机动车所有人(或者由送检人转交机动车所有人)，一份提交车辆管理所作为机动车安全技术检验合格证明，一份提交交通运输部门(营运车辆)，一份留存检验机构。检验机构可采用高拍仪等方式采集上传《机动车安全技术检验报告》，替代提交车辆管理所、交通运输部门的纸质检验报告，并按规定的要求传递数据及图像。

2) 检验不合格的处置

检验机构应出具《机动车安全技术检验报告》，并注明所有不合格项目。报告一式两份，一份交机动车所有人(或者由送检人转交机动车所有人)，一份留存检验机构。检验机构应通过拍照、摄像或保存数据等方式对不合格项取证留存备查。检验机构应按 GB/T 26765、GA 1186 以及交通运输部门规定的要求传递数据及图像。

3) 异常情形的处理

发现送检机动车有拼装、非法改装、被盗抢、走私嫌疑时，检验机构及其检验员应详细登记该送检机动车的相关信息，拍照、录像固定证据，通过机动车安全技术检验监管系统上报，并报告当地公安机关交通管理部门处理。属于被盗抢骗嫌疑和走私嫌疑的车辆，进入嫌疑车辆调查程序；属于非法改装的车辆，应责令机动车所有人将机动车恢复原状；属于拼装的车辆，应按照相关规定移交有关部门予以拆解、报废。

注册登记安全检验时，发现送检机动车的车辆特征参数、安全装置不符合 GB 1589、GB 7258 等机动车国家安全技术标准、机动车产品公告、机动车出厂合格证时，应拍照、录像固定证据，详细登记送检机动车的车辆类型、品牌/型号、车辆识别代号(或整车型号和出厂编号)、发动机号码/驱动电机号码、整车生产厂家、生产日期等信息，通过机动车安全技术检验监管系统上报。

在用机动车安全检验时，送检机动车空车质量检验不合格的，检验机构及其检验员应结合允许加装的部件(如防风罩、水箱、工具箱、备胎架、起重尾板等)、维修情况、随车工具等开展重点核查；有非法改装嫌疑的，按照非法改装处理。

表 10-1 机动车安全技术检验报告(式样)

一、基本信息					
检验报告编号		检验机构名称			
号牌号码		所有人			
车辆类型		品牌/型号			
使用性质		道路运输证号			
注册登记日期		出厂日期		检验日期	
车辆识别代号(或出厂编号)		发动机号码/驱动电机号码			
检验类别					
更换发动机申请变更登记、更换发动机号码(包括型号和出厂编号)					
二、检验结论					
检验结论		授权签字人			
单位名称(盖章):					

三、人工检验结果				
序号	检 验 项 目	结果判定	具体不符合要求项目情况说明	备注
1	联网查询			
2	车辆唯一性检查			
3	车辆特征参数检查			
4	车辆外观检查			
5	安全装置检查			
6	底盘动态检验			
7	车辆底盘部件检查			

四、仪器设备检验结果					
序号	检 验 项 目	检验结果	标准限值	结果判定	备注

五、建议	六、二维条码
备注	

(三) 机动车安全技术检验时间要求

机动车安全技术检验时，各检验工位应保证足够的检验时间。机动车安全技术检验各工位的最少检验时间见表 10-2。

表 10-2　机动车安全技术检验各工位的最少检验时间　　　　单位：秒

检验工位		最少检验时间		
		非营运小型、微型载客汽车	载客汽车(非营运小型、微型载客汽车除外)、载货汽车(三轮汽车除外)、挂车	摩托车、三轮汽车
人工检验	车辆唯一性检查、车辆特征参数检查、车辆外观检查、安全装置检查	120	240	90
	底盘动态检验	60	60	
	车辆底盘部件检验	40	100	
仪器设备检验	制动 [a]	40	60	30
	前照灯远光发光强度	30		

注：a. 使用平板式制动检验台，最少检验时间为 15 s。

三、检测线的工艺布局

检测线的工艺布局关系到检测的速率、车间内的空气污染、检测结果的准确性和车间长度尺寸面积等，如果布局不合理将给检测带来很多困难和不便。

1. 工序顺序

在检测工艺设备平面布置设计上，尽可能采用直通顺序检测方式。一是要考虑废气排出的难易性，排污较大的检测项目应靠近车间入口处，如车辆废气检测工位和速度表检测工位应设置在车间入口处，并在主风向的下风位，有利于废气迅速排出，减少车间内部污染；二是要考虑前照灯检测对车间内光线的要求，前照灯检测应布置于车间中央，避免阳光照射影响检测精度等；三是要考虑每个工位的检测等时性，使各工位检测时间尽可能相等，同时使后面工位比前面工位检测的时间短一些，以保证线上车辆检测顺畅；四是要考虑在空间布置上的合理性，保证绝大部分车型不会受到空间上的干扰；五是在检测车间基础设计时，室内地面水平一定要高于站场地面水平，避免雨天排水困难和电缆沟、设备基础进水的弊端。

2. 线内设备的布置

第一工位和最后工位的布置必须参考当地的气象资料，要保证绝大多数情况下雨水不能飘入车间内而影响设备的正常工作；同时还要综合考虑检测线进出口的场地情况和转弯半径，设置的位置应利于大型车辆进出，尽量避免因大型车辆进出困难而造成某些设施、设备的损坏。

各设备之间的距离应考虑到常用车型的车身长度和轴间距离，切忌出现一辆车同时占用两个工位，如侧滑检测台、车速表检测台、制动检测台、前照灯检测仪、地沟之间的距离应综合各种车型的轴距和车身总长，不能有一个轴的车轮在制动工位检测，一个轴的车轮处在侧滑检测台或车速表检测台上，这样既影响检测精度也影响设备的使用寿命，同时延误了检测时间；同时从安全角度考虑，应使前后工位检测车辆的间距保持在 2 m 以上。一般情况下在一条线内能同时检测 4 辆车。所以各工位要有相应的检测空间，检测工艺应布置合理，各工位检测时互不干扰。设计设备之间的距离时，尽量以保障区域内大多数车辆的轴距和总长作为设计依据。

在检测线设备布置设计时，还有一个重要环节，是管道及线缆布置和工位机等设施的布置。通常要注意以下几点：

第一，一般采取电缆沟和预埋线缆管式的组合设计，布置要顺畅和简捷，避免过多交叉点；

第二，管、线布置要安全可靠，便于检查维护，尽可能采取强、弱电分置，屏蔽隔离的走线方法；

第三，工位机、光电开关和程序提示显示屏(或点阵屏)位置布置要保证检测车间内通道空间的整洁和开阔。

3. 检测线设计的环保要求及安全设计要求

(1) 废气：检测设备本身不产生废气，废气由检测车辆排出，利用自然风对流或车间内强制排风，产生废气严重的车速、烟度测试位于检测车间一工位，这样废气将直接排出到车间外。厂房两侧要多开窗,并配有多台排风扇,以利于进排气。在设备布局时,要把尾气排放大的项目安置到靠车间两头的位置,如烟度、废气检测、底盘检测、发动机综合检测等项目,在检测线设计中,都分别把它们安放到车间的进出口,有利于废气排放,减少车间污染。

(2) 废水:主要因清洗车辆产生,按国家排放标准将废水排入公共下水道。

(3) 护栏:检测线两旁必须设置护栏,工作时间线内不得有任何人进入,以防人身事故或误触发红外信号。

(4) 警告标志:检测车间内应粘贴禁止吸烟、非工作人员禁止入内的警告标志。

(5) 灭火器:按消防部门要求在每台设备旁设置灭火器。

第二节　机动车环保检测站

一、环保检测站职能

机动车环保检测站是依法成立,根据《中华人民共和国环境保护法》和最新《中华人民共和国大气污染防治法》,依据国家关于机动车排放污染物技术标准要求,从事机动车排放检测,并向社会出具具有证明作用的数据、结果的检验检测机构。

《中华人民共和国大气污染防治法》对在用车定期排放检验、监督抽测、监督管理等提出了要求。涉及机动车检测站的要求主要是按照国务院生态环境主管部门制定的规范,对机动车进行排放检验,并与生态环境主管部门联网,实现检验数据实时共享。

目前技术上检验的依据,主要就是 GB 3847—2018《柴油车污染物排放限值及测量方法(自由加速法及加载减速法)》和 GB 18285—2018《汽油车污染物排放限值及测量方法(双怠速法及简易工况法)》两项国家污染物排放标准,同时各地地方标准停止使用。此外,国家还颁布了 GB 18352.6—2016《轻型汽车污染物排放限值及测量方法(中国第六阶段)》和 GB 17691—2018《重型柴油车污染物排放限值及测量方法(中国第六阶段)》。其中,GB 18352.6—2016 自 2020 年 7 月 1 日起,替代 GB 18352.5—2013《轻型汽车污染物排放限值及测量方法(中国第五阶段)》;但在 2025 年 7 月 1 日前,第五阶段轻型汽车的"在用符合性检查"仍执行 GB 18352.5—2013 的相关要求。GB 17691—2018《重型柴油车污染物排放限值及测量方法(中国第六阶段)》。GB 17691—2018 自发布之日起(2018 年 5 月 22 日)代替 GB 17691—2005,2019 年 7 月 1 日起,所有的生产、进口、销售和注册登记的燃气汽车应符合本标准要求;自 2020 年 7 月 1 日起,所有的生产、进口、销售和注册登记的城市汽车应符合本标准要求;自 2021 年 7 月 1 日起,所有的生产、进口、销售和注册登记的重型柴油车应符合本标准要求。

二、环保检验流程

(一) 环保检验前基本要求

送检机动车应满足以下基本要求:

(1) 车辆应清洁，无滴漏油(液)、漏电现象，轮胎完好，轮胎气压正常且胎冠花纹中无异物，发动机运转平稳，怠速稳定，无异响。

(2) 车辆不应有与 ABS、EPS 及其他与行车安全相关的故障信息。

如果送检机动车达不到以上基本要求，环保检验的机构(以下简称"检验机构")应书面告知送检人整改，符合要求后再进行环保检验。

(二) 汽油车在用车检验

汽油车在用车排放检验按照 GB 18285—2018《汽油车污染物排放限值及测量方法(双怠速法及简易工况法)》执行，具体检验流程见图 10-2。

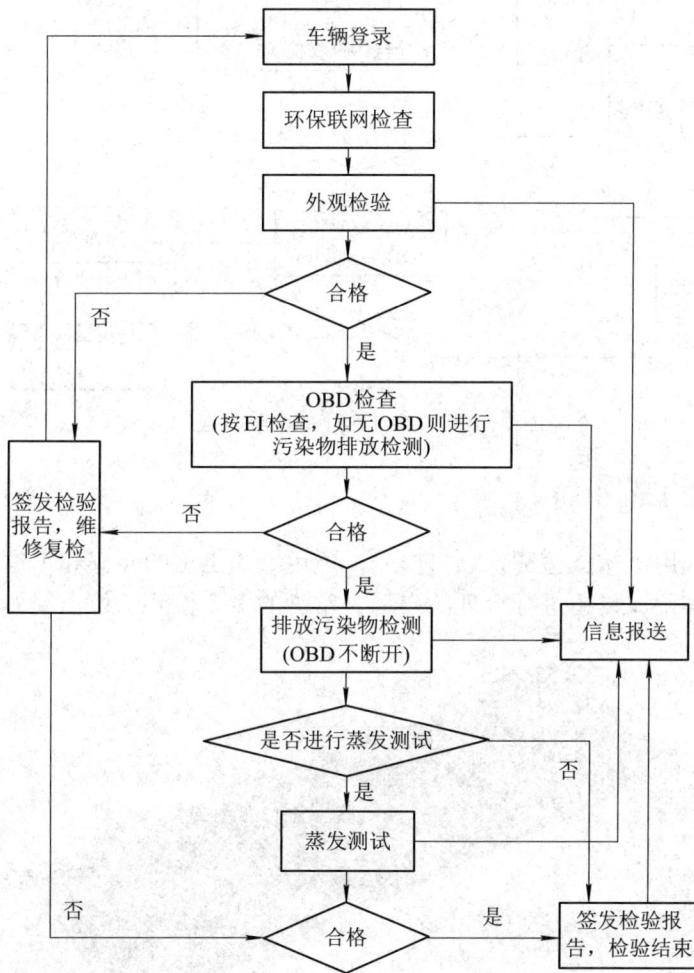

图 10-2 汽油车排放检验流程

(三) 柴油车在用车检验

柴油车在用车检验按照 GB3847—2018《柴油车污染物排放限值及测量方法(自由加速法及加载减速法)》执行，具体检验流程见图 10-3。

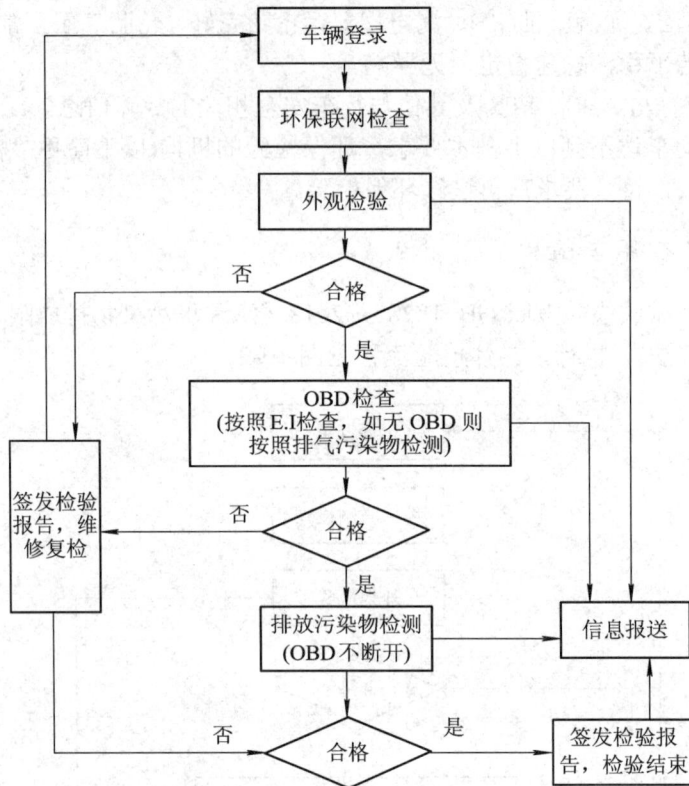

图 10-3　柴油车排放检验流程

三、检测车间的工艺布局

环保检测车间用于排放检测，项目单一，不用考虑工位的布局和工位内项目的设置，仅将检测设备及其附属设备进行合理的布局。常见的多个检测工位布局如图 10-4 所示。

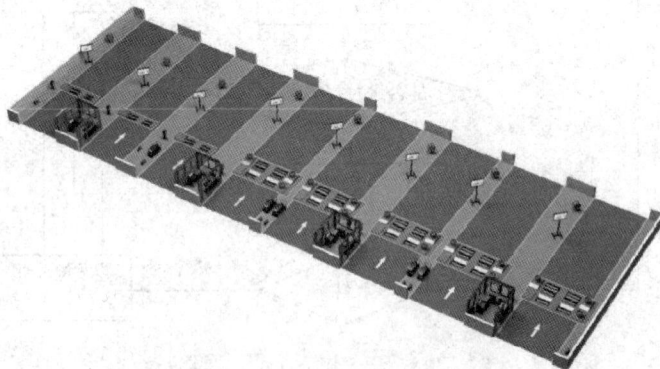

图 10-4　环保检测设备布局图

如果为"三检合一"的检验机构，将环检设备与安检、综检设备统一布局时需要统筹考虑，一般顺序为先环检再安检，综检独有检测项目的检测设备可以穿插在安检中，或者单独成线布局。

检测车间设计的环保及安全设计要求：

(1) 废气：利用自然风对流或车间内强制排风，厂房两侧要多开窗，并配有多台排风扇，以在降低发动机的温度的同时加快空气的流通。

(2) 检测设备两旁必须设置护栏，工作时间线内不得有任何人进入，以防人身事故或误触发红外信号。

(3) 设置有地锚，拖拽车辆，防止车辆冲出台体。

(4) 车间内粘贴禁止吸烟、非工作人员禁止入内的警告标志。

(5) 按消防部门要求在每台设备旁设置灭火器。

第三节　机动车综合性能检测站

一、综合性能检测站职能

汽车综合性能检测站是隶属于交通管理部门管理的检测站，是按照规定的程序和方法，对运输车辆综合性能进行检验、评价并提供检验数据或报告的技术服务机构。GB/T 17993—2017《汽车综合性能检验机构能力的通用要求》对综合性能检测站的职能、检测项目、要求作了明确规定。汽车综合性能检测站主要由检测车间、业务大厅、停车场、试车道路、辅助设施等组成。综合性能检测站的主要任务是：

(1) 接受委托，对道路运输车辆技术状况及性能进行检验和评定。

(2) 接受委托，对车辆维修竣工质量进行检验。

(3) 接受委托，对车辆改装、改造、技术评估以及相关新技术、科研鉴定等项目进行检验。

(4) 接受交通、公安、环保、商检、质检、保险、司法等部门和机构的委托，依据相关标准对车辆进行规定项目的检验与核查。

可以看出，综合性能检测站的功能比安全环保检测站要强一些，也是技术上比较权威的检验部门。

为了进一步实现"放、管、服"，我国对于机动车综合性能的强制检验进行了消减，取消了原有的 GB 18565—2016 所规定的检验项目，将涉及安全检验且确为必须检验的项目纳入到安全技术检验中，即 GB 38900—2020 规定的内容。其他检验项目不再为强制检验项目，可以作为机动车维护保养检验的内容，综合性能检测站也不再进行能力许可和资质认定工作。本章仅为了保证知识体系的完整性，仍将其作为一部分进行介绍。

二、综合性能检测流程及仪器设备

汽车综合性能检测站应能够进行车辆唯一性认定，故障信息诊断，系统、总成及装置技术状况检验，动力性检验，燃料经济性检验，制动性能检验，排气污染物检验，转向操纵性检验，悬架特性检验，前照灯性能检验，车速表示值误差检验，车轮阻滞力(率)检验，以及喇叭声压级检验等项目的检验。具体检验项目参数及检测仪器设备技术要求见表10-3～表10-15。

表 10-3　车辆唯一性认定检验项目或参数及检测仪器设备一览表

序号	项目或参数	检验方式	仪器设备及技术要求				计算机控制方式
			名称	测量范围	分辨力	准确度等级或允许误差	
1	号牌、车辆类型、品牌型号、车身颜色、发动机号、VIN 号、挂车架号	唯一性检查	—	—	—	—	人工录入
2	外廓尺寸	人工检验及测量	钢卷尺或激光测距仪	与承检车型相适应	1 mm	II 级	人工录入
			汽车外廓尺寸检测仪		分度值1 mm	符合 JT/T 1012的规定	联网
3	货车车厢栏板高度		钢卷尺	与承检车型相适应	1 mm	II 级	人工录入
			汽车外廓尺寸检测仪		分度值1 mm	符合 JT/T 1012的规定	联网
4	客车座(铺)位数		—	—	—	—	人工录入

表 10-4　故障信息诊断检验项目或参数及检测仪器设备一览表

序号	项目或参数	检验方式	仪器设备及技术要求				计算机控制方式
			名称	测量范围	分辨力	准确度等级或允许误差	
5	发动机排放控制系统	故障信息诊断能力	仪器诊断	汽车故障电脑诊断仪		通用型,具有 OBD 功能符合 JT/T 632 的规定	人工录入
6	防抱死制动系统(ABS)						
7	电动助力转向系统(EPS)						
8	其他与行车安全相关的故障信息						

表 10-5　系统、总成及装置技术状况检验项目或参数及检测仪器设备一览表

序号	项目或参数		检验方式	仪器设备及技术要求				计算机控制方式
				名称	测量范围	分辨力	准确度等级或允许误差	
9	工作性能：起动性能、柴油发动机停机装置、低/中/高速运转		发动机人工检验	—	—	—	—	人工录入
10	密封性							
11	传动带：助力转向传动带、空气压缩机传动带/齿轮箱							
12	燃料供给：燃料管路、燃料箱							
13	行车制动：制动管路、制动泵(气路)、制动报警装置、缓速器、弹簧储能装置、储气筒、制动踏板		制动系人工检验	—	—	—	—	人工录入
14	驻车制动							
15	部件连接		转向系人工检验	汽车悬架转向系间隙检查仪	符合 JT/T 633 的规定			人工录入
16	部件技术状况							
17	转向助力装置			—	—	—	—	
18	车架		行驶系人工检验及测量		—	—	—	人工录入
19	车桥							
20	拉杆和导杆							
21	车轮及螺栓、螺母			检验锤	—			
22	轮胎	轮胎胎面状况		钢直尺	(0~300)mm	1 mm	Ⅱ级	人工录入
23		轮胎胎冠花纹深度		轮胎花纹深度尺	(0~30)mm	0.1 mm	2级或±0.02 mm	
24		同轴轮胎规格和花纹、轮胎速度级别		—	—	—	—	

序号	项目或参数		检验方式	仪器设备及技术要求				计算机控制方式
				名称	测量范围	分辨力	准确度等级或允许误差	
25	轮胎	轮胎气压	行驶系人工检验及测量	检验锤	—	—	—	人工录入
26		翻新轮胎的使用、轮胎类型、备用轮胎		—	—	—	—	
27	悬架	悬架弹性元件		—	—	—	—	
28		悬架部件连接		—	—	—	—	
29		减振器		—	—	—	—	
30	离合器		传动系人工检验					人工录入
31	变速器							
32	传动件异响							
33	万向节与轴承							
34	外部照明和信号装置		照明、信号装置和标识人工检验					人工录入
35	前照灯远、近光束变换							
36	反射器与侧标志灯							
37	货车车身反光标识和尾部标志板							
38	导线		电气线路与仪表人工检验					人工录入
39	仪表与指示器							
40	卫星定位系统车载终端							
41	胎压检测报警系统							
42	门窗及照明	车门应急控制器、应急门和安全顶窗、应急窗、玻璃破碎装置或安全手锤、门窗玻璃、客车车厢灯和门灯	车身人工检验及测量	—	—	—	—	人工录入
43	车身外观	车身与驾驶室、车身外部和内部不尖锐凸起物、表面涂装、货车货厢、车门、栏板和底板、驾驶室车窗玻璃						
44	对称部位高度差							

续表二

序号	项目或参数		检验方式	仪器设备及技术要求				计算机控制方式
				名称	测量范围	分辨力	准确度等级或允许误差	
45	后视镜和下视镜		附属设备					人工录入
46	风窗刮水器、洗涤器							
47	防眩目装置			—	—	—	—	
48	除雾、除霜装置							
49	排气管和消声器							
50	安全带		安全防护					人工录入
51	侧面防护装置							
52	后部防护装置							
53	保险杠							
54	牵引装置和安全锁止机构							
55	安全架与隔离装置							
56	灭火器材、警示牌、停车楔							
57	微型货物运输车辆安全装置与标志	灭火器材、排气管、隔热和熄灭火星装置		—	—	—	—	
58		切断总电源和隔离电火花装置						
59		导静电拖地带						
60		标志和标识						
61		罐体有效检验合格证明或报告						
62		气瓶、可移动罐(槽)车辆的紧固装置						

表 10-6　动力性检验项目或参数及检测仪器设备一览表

序号	项目或参数		检验方式	仪器设备及技术要求				计算机控制方式
				名称	测量范围	分辨力	准确度等级或允许误差	
63	驱动轮轮边稳定车速	动力性检验	台架检验	底盘测功机	符合 JT/T 445 和 JJG 653 的规定			联网
				大气压计	80 kPa～106 kPa	0.1 kPa	符合气象仪表要求	
				温度计	−30℃～100℃	1℃		
				湿度计	0～100%	2%		

表 10-7　　燃料经济性检验项目或参数及检测仪器设备一览表

序号	项目或参数		检验方式	仪器设备及技术要求				计算机控制方式
				名称	测量范围	分辨力	准确度等级或允许误差	
64	等速百公里燃料消耗量	燃料经济性检验	台架检验	碳平衡油耗仪	符合 JT/T 1013 和 JJG(交通)127 的规定			联网
				底盘测功机	符合 JT/T 445 和 JJG 653 的规定			

表 10-8　　制动性能检验项目或参数及检测仪器设备一览表

序号	项目或参数		检验方式	仪器设备及技术要求				计算机控制方式
				名称	测量范围	分辨力	准确度等级或允许误差	
65	轮(轴)重量		台架检验	轮(轴)重仪[a]	符合 JJG 1014 的规定			联网
66	制动力(率)			① 滚筒反力式或平板式制动检验台 ② 制动踏板力计	滚筒反力式制动检验台符合 GB/T 13564 和 JJG 906 的规定；平板式制动检验台符合 GB/T 28529 和 JJG 1020 的规定			
67	制动不平衡力(率)							
68	驻车制动力(率)							
69	制动特性曲线							
70	列车制动时序	制动性能检验		① 汽车列车制动性能检验台[c] ② 制动踏板开关	符合 JJG 1020 的规定			人工录入或联网
71	列车制动协调时间							
72	列车制动力分配							
73	制动力距离		道路试验	非接触式速度计[d]	符合 JJG 1193 的规定			人工录入
74	制动减速(MFDD)			便携式制动性能检测仪[d]	符合 GB/T 28945 和 JJF 1168 的规定			
				非接触式速度计[d]	符合 JJG 1193 的规定			
75	制动稳定性			试车道路	符合 GB/T 17993—2017 中 7.4.2 的规定			
76	驻车制动			标准坡道[e]	符合 GB/T 17993—2017 中 7.4.3 的规定			
				专用检测设备[e]	—			

表 10-9 排气污染检验项目或参数及检测仪器设备一览表

序号	项目或参数		检验方式	仪器设备及技术要求				计算机控制方式
				名称	测量范围	分辨力	准确度等级或允许误差	
77	点燃式发动机	双怠速工况法(CO、HC、λ)	仪器检验	排气分析仪	符合 JT/T 386、HJ/T 289 和 JJG 688 的规定			联网
78		稳态工况法(CO、HC、NO)	台架检验	汽油车稳态加载污染物排放检测系统	符合 HJ/T 291 和 JJF 1227 的规定			
79		简易瞬态工况法(CO、HC、NO)	台架检验	汽油车简易瞬态工况法排气污染物检测系统	符合 HJ/T 290、JJF 1385、JJF 1221 的规定			
80		瞬态工况法(CO、HC、NO)	台架检验	点燃式发动机汽车瞬态工况法排气污染物检测系统	符合 HJ/T 396、JJG 688、JJF 1221 的规定			
81	压燃式发动机	自由加速法(光吸收系数)	仪器检验	压燃式发动机汽车自由加速法排气烟度检测系统	符合 JT/T 506、HJ/T 395、JJG 847 和 JJG 976 的规定			
82		加载减速法(光吸收系数)	台架检验	柴油车加载减速法排气烟度检测系统	符合 JT/T 506、HJ/T 292、JJG 1221 的规定			

表中"排气污染检验"贯通 77-82 序号的检验方式栏。

表 10-10 转向操纵性检验项目或参数及检测仪器设备一览表

序号	项目或参数		检验方式	仪器设备及技术要求				计算机控制方式
				名称	测量范围	分辨力	准确度等级或允许误差	
83	转向轮横向侧滑量	转向操纵性检验	台架检验	侧滑检验台	符合 JT/T 507 和 JJG 908 的规定			联网
84	转向盘自由转动量		人工辅以仪器检验	转向盘转向力/角测量仪	符合 JJF 1196 的规定			人工录入或联网

表 10-11 悬架特性检验项目或参数及检测仪器设备一览表

序号	项目或参数		检验方式	仪器设备及技术要求				计算机控制方式
				名称	测量范围	分辨力	准确度等级或允许误差	
85	吸收率	悬架特性检验	台架检验	汽车悬架装置检测台	符合 JT/T 448 和 JJF 1192 的规定			联网
86	左右轮吸收率差							

表 10-12　前照灯性能检验项目或参数及检测仪器设备一览表

序号	项目或参数	检验方式	仪器设备及技术要求				计算机控制方式
			名称	测量范围	分辨力	准确度等级或允许误差	
87	前照灯基准中心高度	前照灯性能检测	仪器检验	机动车前照灯检测仪		符合 JT/T 508 和 JJG 745 的规定	联网
88	远光发光强度						
89	远光光束中心垂直方向上、下偏角(或偏距)						
90	远光光束中心水平方向左、右偏角(或偏距)						
91	近光光束明暗截止线转角或中心垂直方向上、下偏角(或偏距)						
92	近光光束明暗截止线转角或中心水平方向左、右偏角(或偏距)						

表 10-13　车速表示值误差检验项目或参数及检测仪器设备一览表

序号	项目或参数		检验方式	仪器设备及技术要求				计算机控制方式
				名称	测量范围	分辨力	准确度等级或允许误差	
93	车速表示值误差	车速表示值误差检验	台架检验	汽车车速表检验台或底盘测功机			车速表检验台符合 GB/T 13563 和 JJG 909 的规定,底盘测功机符合 JT/T 445 和 JJG 653 的规定	联网

表 10-14　车轮阻滞力(率)检验项目或参数及检测仪器设备一览表

序号	项目或参数		检验方式	仪器设备及技术要求				计算机控制方式
				名称	测量范围	分辨力	准确度等级或允许误差	
94	车轮阻滞力(率)	车轮阻滞力(率)检验	台架检验	滚筒反力式制动检验台			符合 GB/T 13564 和 JJG 906 的规定	联网

表 10-15　喇叭声压级检验项目或参数及检测仪器设备一览表

序号	项目或参数		检验方式	仪器设备及技术要求				计算机控制方式
				名称	测量范围	分辨力	准确度等级或允许误差	
95	喇叭声压级	喇叭声压级检验	仪器检验	声级计			符合 GB/T 3785.1、GB/T 3785.2 和 JJG 188 的规定	联网

汽车综合性能检测站按 GB 18565—2016《道路运输车辆综合性能要求和检验方法》、GB 7258—2017《机动车运行安全技术条件》、GB 21861—2014《机动车安全技术检验项目和方法》、JT/T 198—2016《道路运输车辆技术等级划分和评定要求》、GB/T 18344—2016《汽车维护、检测、诊断技术规范》、GB/T 15746—2011《汽车修理质量检查评定方法》、GB 1589—2016《汽车、挂车及汽车列车外廓尺寸、轴荷及质量限值》等规定的要求开展检测工作，应采用计算机控制联网方式进行检测。

第四节　机动车检验检测机构认证

一、管理要求

1. 组织

机动车检验机构应有明确的法律地位，不具备法人资格的综合性能检验机构应经所在法人单位授权。检验机构应建立完善的组织机构，应有与从事检验活动相适应的管理人员和专业技术人员，岗位设置应符合相关要求。

2. 管理体系

(1) 检验机构应建立与其承担的检验工作相适应的管理体系，并持续保证其公正性、独立性。管理体系文件应符合计量认证的相关规定。

(2) 管理体系文件包括以下内部文件和外来文件：

① 内部文件至少应包括：质量手册、程序文件、作业指导书以及相关的制度、守则、服务公约等。

② 外来文件应包括相关的法律、法规、规章、标准和规范等。

二、人员要求

1. 基本要求

机动车检验机构应有机构负责人、技术负责人、质量负责人、授权签字人、网络管理员、仪器设备管理员、档案管理员，以及引车员、外观检验员、底盘检验员、尾气检验员、登录员等检验人员。技术负责人与质量负责人不应相互兼任。

机动车检验机构应建立人员培训制度，并有效实施。机动车检验机构的从业人员应通过专业培训，并在考试合格后方可上岗。检测人员数量需要与其检测能力相匹配。

2. 机构负责人

机动车检验机构机构负责人应熟悉国家、行业、地方有关汽车检验的法律、法规、规章和标准，熟悉机动车检验业务，具备经营管理能力。其岗位职责主要是：

(1) 履行在管理体系中的领导作用和承诺；

(2) 负责管理体系的建立和有效运作；

(3) 确保制定质量方针和质量目标；

(4) 确保管理体系要求融入检验检测全过程；

(5) 确保管理体系所需的资源；

(6) 确保管理体系实现预期结果；

(7) 满足法律法规和客户的要求；

(8) 提升客户满意度；

(9) 识别检验检测过程的风险和机遇，配备适宜的资源，实施相应的质量控制；

(10) 组织质量管理体系的管理评审。

3. 技术负责人

机动车检验机构技术负责人应具有理工科类专业的大专(含)以上学历、中级(含)以上专业技术职称或职业水平(含技师)或同等能力。同等能力可视为具有"博士研究生毕业，从事相关专业检验检测工作 1 年及以上；硕士研究生毕业，从事相关专业检验检测工作 3 年及以上；大学本科毕业，从事相关专业检验检测工作 5 年及以上；大学专科毕业，从事相关专业检验检测工作 8 年及以上"，以下同。

技术负责人应掌握汽车理论和汽车构造知识，有 3 年以上的汽车维修或检测工作经历；掌握国家、行业、地方的汽车维修、检测的法律、法规、规章和相关标准；掌握汽车检测设备的性能，具有检测设备计量检定、校准知识以及分析测量误差的能力。其岗位职责主要是：

(1) 全面负责本机构的技术管理工作；

(2) 负责组织贯彻执行国家、行业标准和技术规范；

(3) 组织论证重大技术项目的可行性；

(4) 负责本机构内外部的技术交流、技术服务、技术咨询工作；

(5) 主持新增项目、检测方法的可行性、适用性的分析和技术验证、审核工作；

(6) 负责对检测过程中技术问题允许例外偏离的批准；

(7) 负责实验室间比对和能力验证的组织实施；

(8) 负责组织开展技术校核工作，编制实验室间比对结果评价报告；

(9) 负责组织编写各类型的作业指导书和检查计划及批准工作；

(10) 负责检测仪器设备的申购、停用、报废的技术审核；

(11) 负责检测工作所需环境和设施配置改造的技术审核；

(12) 负责组织人员解决日常检测工作中的各类技术问题；

(13) 负责整个体系技术运作，如比对活动、质量控制活动、审核活动、投诉活动等涉及技术运行活动中不符合要求的工作的识别，及暂停工作的恢复批准；

(14) 完成最高管理者交办的其他事项。

4. 质量负责人

机动车检验机构质量负责人应具有大专(含)以上学历、中级(含)以上专业技术职称或职业水平(含技师)或同等能力；掌握汽车理论和汽车构造知识，有 3 年以上的汽车维修或检测工作经历；掌握国家、行业、地方的汽车维修检测法律、法规、规章及相关标准；掌握质量管理体系和检验检测机构资质认定的要求。其岗位职责主要是：

(1) 全面主持本机构质量管理工作；

(2) 负责组织编制、修订质量手册和程序文件；

(3) 负责指导和组织质量监督活动的开展；

(4) 负责组织管理体系审核活动；

(5) 负责外部支持服务和供应质量保证的监督；

(6) 负责各项认证、认可的准备及申报工作；

(7) 负责客户投诉的处理活动的组织和协调；

(8) 负责整个体系的管理活动，如审核活动、投诉活动中涉及的体系运行中不符合要求的工作的识别，及暂停工作的恢复批准；

(9) 负责管理活动中允许例外偏离的批准；

(10) 负责检验结果报告的质量、仪器设备管理状况和样品管理状况的监督；

(11) 负责质量事故的分析调查、编写事故分析报告；

(12) 完成最高管理者交办的其他事项。

5. 授权签字人

机动车检验机构授权签字人应具备上述技术负责人和质量负责人规定的资格条件；熟悉报告审核签发程序，且经考核合格。其岗位职责主要是：

(1) 按本机构程序文件中规定的结果报告审批程序和审批内容，对结果报告进行独立的审批，并对其审批的结果报告负责；

(2) 有权要求对异常数据报告进行复检；

(3) 有权要求对数据勘误报告进行重新编制；

(4) 有权按照相关要求对非样品原因造成数据异常的责任人员进行处罚；

(5) 非授权签字人不得签发检验检测报告或证书。

6. 网络管理员

机动车检验机构网络管理员应具有中专(含技校)以上学历，经过计算机相关专业培训；了解机动车检测标准，熟悉计算机控制系统及网络维护要求。其岗位职责主要是：

(1) 负责对本机构使用的网络、服务器、办公区的电脑、设备、信息系统的维护，确保网络正常运行。

(2) 努力学习提高计算机技术，熟悉了解计算机原理，可熟练操作计算机；了解汽车检测业务和检测技术，熟悉检测流程，掌握相关的检测标准。

(3) 处理简单的硬件及软件故障。

(4) 对检测工作中发生的问题及时进行处理。如不能处理时，立即报告技术负责人或质量负责人派人进行处理。

(5) 负责计算机联网检测系统的数据存储、传输等信息安全管理。

7. 仪器设备管理员

机动车检验机构仪器设备管理员应具有理工类专业中专(含技校)以上学历；掌握检测仪器设备的结构、原理、性能和使用方法，具备仪器设备计量鉴定和管理知识，能对检测仪器设备进行维护和校准。其岗位职责主要是：

(1) 负责执行与测量设备有关的控制、管理、核查、量值溯源程序；

(2) 负责仪器设备管理制度的贯彻执行和监督，组织检查仪器设备使用、期间核查、保养和维修情况；

(3) 负责本机构仪器设备档案动态管理；

(4) 根据仪器设备周检计划组织实施仪器设备量值溯源工作，确保仪器性能完好；

(5) 负责检测仪器设备的状态标识；

(6) 协助有关部门编报仪器设备购置、更新申请计划，经批准后组织实施；

(7) 负责协助新购仪器的调研、选型、订购、验收、调试工作，保证新购仪器设备的质量；

(8) 对需要维修、报废的仪器设备，列出清单，阐明理由，经本机构领导批准后组织实施，凡需报废的，应按有关规定办理审批手续；

(9) 负责设备管理工作的协调、备案、收集整理、核查工作。

8. 档案管理员

机动车检验机构档案管理员应具有高中(含技校)以上学历，熟悉档案管理、保密法规和汽车综合性能检验机构管理工作程序；熟悉汽车综合性能检验机构管理体系文件及其运行记录、报告等资料的管理。其岗位职责主要是：

(1) 负责检测资料、数据、报表、业务文件的收发、登记、保管等工作，按档案管理的有关规定及时索取、装订、立卷、归档；

(2) 负责受控文件的登记、发放等日常管理工作；

(3) 负责受控文件档案管理及借阅工作；

(4) 负责跟踪标准、规范、规程等技术文件的有效性，及时收集整理，保证技术文件的现行有效；

(5) 负责存档结果报告、原始记录的归档保存；

(6) 负责人员技术档案、分包机构、供应商记录及内审、管理评审等各项管理活动记录的归档保存工作；

(7) 严守档案机密，保护顾客的信息和所有权；

(8) 妥善保管档案，防止档案丢失、受潮、霉变和虫蛀；

(9) 在销毁失去利用价值的档案材料前，必须与有关技术人员共同鉴定，并经领导审定批准，造册注销；

(10) 负责发放文件的定期检查和需要文件的上报发放工作；

(11) 负责本机构各类文件资料的日常监督管理、归档工作。

9. 检验员

机动车检验机构检验员应具有高中(含技校)以上学历，了解汽车的构造和原理；了解所在工位仪器、设备的构造、原理、性能和使用方法；掌握检测标准，熟练掌握检测操作规程，能进行数据处理工作；熟悉汽车综合性能检测工艺流程，具有计算机操作的基本知识。

检验员包括引车员、底盘检验员、外观检验员、尾气检验员和登录员等。其中，引车员还应持有与承检车型相适应的有效机动车驾驶证，具有 3 年以上驾驶经历；外观检验员、底盘检验员和尾气检验员还应具备汽车维修或检测工作 1 年以上经历，熟练掌握检测标准所规定的检验项目及方法，并具备正确评判的能力；登录员还应具备熟练操作和使用计算机的能力。

检验员的岗位职责主要是：

(1) 负责公正、科学地开展现场检测，填写或校核检测原始记录，在原始记录上签名，对原始记录的准确性负责。

(2) 当承担校核数据工作时应检查数据记录是否完整、抄写或录入计算机时是否有误、数据是否异常等，并考虑以下因素：检测方法、检测条件、数据的有效位数、数据计算和处理过程、法定计量单位和质量控制数据等。

(3) 辅助检测人员工作，可在检测人员指导下记录检测数据，整理检测资料。

(4) 检测人员可编制一般的检测规程，并按检测规程独立进行检测操作，评定检测结果；对现场自身和协助人员及设备、被检样品的安全性负责。

(5) 负责校对同岗位检测人员的检测结果。

(6) 参加仪器的验证活动。

(7) 参加人员培训活动。

(8) 有义务和责任参加新项目、新方法的验证和开发活动。

(9) 有义务和责任参加内外部的能力验证活动。

(10) 负责所涉检测仪器的日常使用、管理和维护，检查并记录仪器的使用状态。

(11) 负责出具检测报告。

三、场所要求

1. 基本要求

(1) 检验机构(指综合检验机构，下同)应合理规划和设置检测车间(含外检检测线、检测工位、停车场、试车道路和业务厅等设施)，并与检验能力相适应。

(2) 检验机构应配备消防设施和设备。

(3) 检验机构的供电设施应符合 GB 50055 的相关规定。

(4) 检验机构建筑物的防雷措施、防雷装置应符合 GB 50057 的有关规定。

(5) 检测线地沟的长度应与承检车型相适应。地沟应设置通行通道及照明装置。地沟边缘应设置防止车辆跌入地沟的安全防护装置。

2. 检测车间

(1) 检测车间的长度、宽度和高度应适应承检车型检测的需要，并方便承检车辆进入和驶出。

(2) 检测车间应通风、防雨，并设置排(换)气装置和排水装置，并有温度、湿度、大气压力测量装置。

(3) 检测车间路面的承载能力应适应承检车型的轴荷要求，行车路面纵向和横向坡度应不大于 0.1%，平整度应不大于 0.2%。在滚筒反力式制动检验台工位前、后，对于 10 t(含)以上级检测线 6 m 内和 3 t 级检测线 3 m 内的行车地面，其附着系数应不低于 0.7，平板式制动检验台工位除外。

(4) 检测车间内的采光和照明应符合 GB 50033 和 GB 50034 的有关规定。

3. 检测线

(1) 检测线应布置在检测车间内，并按检验流程合理分布。

(2) 检测线出入口应设引车道和必要的交通标志以及安全防护装置等。

4. 停车场和试车道路

(1) 停车场的面积应与检测业务量相适应，不得与试车道路和行车道路等设施共用。

(2) 试车道路的承载能力应适应承检车型的轴荷要求，试验车道应铺设平坦、硬实的水泥或沥青路面并设有规范的交通标志标线，路面附着系数应不小于 0.7。试验车道宽度应不小于 6 m，纵向坡度在任意 50 m 长度范围内应不大于 1.00%，横向坡度应不大于 3.0%。大型车辆试验车道应不小于 100 m，小型车辆试验车道应不小于 80 m。

(3) 用于驻车制动性能检验的驻车坡道，坡度分别为 15% 和 20%，坡道的长度应当比承检车型的最大轴距长 1 m，宽度应当比承检车型的最大宽度宽 1 m。采用符合规定的驻车制动检测设备进行检验时，可不构建驻车坡道。

四、设备要求

(1) 机动车检验机构应配备与检测项目或参数相应的检测仪器设备，检测仪器设备应能够满足车辆检测工作的需要。

(2) 机动车检验机构配备的检测仪器设备应符合相应检测仪器设备计量检定规程和检测用标准要求的测量范围、分辨力、准确度等级或允许误差，满足相应仪器设备国家、行业产品标准的要求，使用的计量检测仪器设备应按法定周期进行计量检定或校准，且在有效期内使用。

(3) 机动车检验机构配备的检测仪器设备应与被检测车辆的主要技术参数相适应，检测设备预留计算机连线和联网接口，能够进行计算机联网控制，能够实现实时数据传输、监控。

(4) 检测仪器设备能够适应国家和地方标准，并能随着国家和地方标准的调整而调整。新建汽车检测站在选择检测设备时应尽量考虑选择国内具有先进性的设备，尽可能避免新建设备因国家标准调整而不能使用。

(5) 组合后的检测仪器设备应当具有高效性。在同一条检测线上，要尽可能地使各工位的检测时间均衡一致。若有一个工位占用时间过长，即使其他工位检测速度再快，也可能造成检测车辆的队列阻塞。

(6) 检测仪器设备具备高稳定性和可靠性。设备在使用过程中应当运行平稳、准确可靠，平均无故障工作时间控制系统在一年工作期间内全部重大故障的间隔时间平均值(平均维修时间控制系统在一年工作期间内所有维修时间)与重大故障次数的比值等技术指标应达到规定要求。

(7) 检测仪器设备应当具备一定的防护能力，如具备防雷、防鼠、防潮、防腐蚀、防尘和抗干扰等能力。有条件的汽车检测站可考虑配置 UPS 保护电源，使检测线在外界电源突然断电的情况下能够保证正在检测的车辆继续完成检测。

(8) 检测线内以及部分检测线外的仪器设备应具备计算机联网检验功能，并实现自动检验。应具备有计算机联网检验功能的仪器设备。

(9) 检测线内设备的承载质量和检测范围应与承检车辆相适应。

(10) 计算机控制应具有车辆信息登录、调度、数据采集及处理、传输与保存、报告生成、信息数据查询与统计等功能。控制系统不应改变联网检验仪器设备的结构、原理、分辨力、测量结果有效位数和检验数据，检验参数的采集、处理、判定以及数据修约应符合相关规定。控制系统应具有人工检验项目和未能联网的仪器设备的检验结果录入功能。控制系统应具有承检车型及其发动机的数据库。控制系统应设置检验标准、系统参数的访问权限，并生成操作日志。控制系统应能实现信息共享，并能实时、准确传输车辆检验的相关数据和信息。控制系统应具有异常检测数据报警功能。

本章小结

(1) 机动车检测站是综合运用现代检测技术，对汽车实施不解体检测诊断的机构。它采用现代检测设备与方法、检测汽车各种参数、诊断可能的故障，为全面、准确评价汽车的使用性能和技术状况提供可靠的依据。

(2) 机动车环保检测站是依法成立，根据《中华人民共和国环境保护法》和最新《中华人民共和国大气污染防治法》，依据国家关于机动车排放污染物技术标准要求，从事机动车排放检测，并向社会出具具有证明作用的数据、结果的检验检测机构。

(3) 综合性能检测站的主要任务是：接受委托，对道路运输车辆技术状况及性能进行检验和评定；接受委托，对车辆维修竣工质量进行检验；接受委托，对车辆改装、改造、技术评估以及相关新技术、科研鉴定等项目进行检验；接受交通、公安、环保、商检、质检、保险、司法等部门和机构的委托，依据相关标准对车辆进行规定项目的检验与核查。

(4) 汽车检验机构应有机构负责人、技术负责人、质量负责人、授权签字人、网络管理员、仪器设备管理员、档案管理员，以及引车员、外观检验员、底盘检验员、尾气检验员、登录员等检验人员。技术负责人与质量负责人不应相互兼任。

复习思考题

1. 机动车综合性能检测站的职能有哪些？
2. 机动车安全技术检测项目和流程是什么？
3. 综合性能检测站的主要任务包括哪些方面？
4. 综合性能检测站通用要求是什么？
5. 机动车检验检测机构资质认证要素有哪些？

参 考 文 献

[1]　陈成法，等. 汽车检测诊断技术[M]. 北京：北京理工大学出版社，2020.

[2]　赵英勋. 汽车检测与诊断技术[M]. 北京：清华大学出版社，2018.

[3]　余志生. 汽车理论[M]. 6 版. 北京：机械工业出版社，2018.

[4]　李泽华. 机动车安全技术检验[M]. 北京：化学工业出版社，2020.

[5]　胡向东. 传感器与检测技术[M]. 北京：机械工业出版社，2018.

[6]　[美]凯拉什·卡布尔，迈克尔·佩希特. 可靠性工程[M]. 苏艳，戴顺安，译. 北京：
国防工业出版社，2018.

[7]　恩云飞. 电子元器件失效分析技术[M]. 北京：电子工业出版社，2015.

[8]　林连雷. 面向虚拟试验的虚拟环境构建技术[M]. 北京：科学出版社，2018.

[9]　何耀华. 汽车试验技术[M]. 2 版. 北京：机械工业出版社，2019.

[10]　张钰成. 汽车工程试验技术[M]. 北京：清华大学出版社，2017.

[11]　王望予. 汽车设计[M]. 4 版. 北京：机械工业出版社，2017.

[12]　杨志华. 汽车试验学[M]. 北京：机械工业出版社，2016.

[13]　邓宝清，等. 汽车试验学[M]. 长沙：中南大学出版社有限责任公司，2016.

[14]　杜丹丰. 汽车试验学[M]. 2 版. 北京：人民交通出版社，2017.

[15]　[美]雅各布·弗雷登(Jacob Fraden). 现代传感器手册：原理、设计及应用(原书第 5
版)[M]. 宋萍，等译. 北京：机械工业出版社，2019.

[16]　徐宏伟. 常用传感器技术及应用[M]. 北京：电子工业出版社，2017.

[17]　张学利，刘富佳. 汽车燃油经济性检测[M]. 北京：人民交通出版社，2010.

[18]　毛彩云，王海林. 汽车检测与诊断实验教程[M]. 北京：机械工业出版社，2010.

[19]　韩应键，戴映云，陈南峰. 机动车排气污染物检测培训教程[M]. 北京：中国质检出
版社，中国标准出版社，2011.

[20]　张雪莉. 机动车排气污染物检测技术[M]. 北京：清华大学出版社，2010.

[21]　夏均忠. 汽车检测技术与设备[M]. 北京：机械工业出版社，2009.

[22]　GB 38900－2020《机动车安全技术检验项目和方法》[S]. 北京：国家标准化管理委
员会.

[23]　GB/T 17993－2017《汽车综合性能检验机构能力的通用要求》[S]. 北京：国家标准
化管理委员会.

[24]　GB 21861－2014《机动车安全技术检验项目和方法》[S]. 北京：国家标准化管理委
员会.

[25]　GB 7258－2017《机动车运行安全技术条件》[S]. 北京：国家标准化管理委员会.

[26]　GA 801－2019《机动车查验工作规程》[S]. 北京：国家标准化管理委员会.